CON LUZ PROPIA

CON LUZ PROPIA

VENCER EN TIEMPOS DE INCERTIDUMBRE

MICHELLE OBAMA

Traducción de
Carlos Abreu, Efrén del Valle,
Gabriel Dols y Raúl Sastre

Penguin
Random House
Grupo Editorial

Título original: *The Light We Carry*
Primera edición: noviembre de 2022

© 2022, Michelle Obama
Todos los derechos reservados
Publicado por acuerdo con Random House, una división de Penguin Random House LLC.
© 2022, Penguin Random House Grupo Editorial, S. A. U.
Travessera de Gràcia, 47-49. 08021 Barcelona
© 2022, Penguin Random House Grupo Editorial USA, LLC.
8950 SW 74th Court, Suite 2010
Miami, FL 33156

© 2022, Carlos Abreu Fetter, Efrén del Valle Peñamil, Gabriel Dols Gallardo y Raúl Sastre Letona, por la traducción

Con luz propia es una obra de no ficción. Los nombres y los detalles que identifican a ciertos individuos mencionados en el libro pueden haber sido modificados para proteger su privacidad.

Nuestro agradecimiento por su permiso para reproducir materiales previamente publicados a:
Brooks Permissions: Extracto de «Paul Robeson», de Gwendolyn Brooks. Reproducido con el permiso de Brooks Permissions.
The Permissions Company, LLC en nombre de Copper Canyon Press: Extracto de «A House Called Tomorrow»,
de *Not Go Away Is My Name*. Copyright © 2018, 2020, Alberto Ríos. Reproducido con el permiso de The Permissions
Company, LLC en nombre de Copper Canyon Press, coppercanyonpress.org. Todos los derechos reservados.
Writers House LLC: Extracto de «The Hill We Climb», de Amanda Gorman. Copyright © 2021, Amanda Gorman.
Reproducido con el permiso de la autora.

Créditos de las imágenes en las páginas 297 y 298.

Impreso en Estados Unidos -*Printed in USA*

ISBN: 978-1-64473-744-6

22 23 24 25 26   10 9 8 7 6 5 4 3 2 1

A todos aquellos que utilizan su luz para cerciorarse
de que otros se sienten vistos

Este libro está dedicado a mis padres, Marian y Fraser,
que me infundieron los valores que siempre he utilizado
para abrirme paso en el mundo. Su sabiduría y su sentido común
hacían de nuestro hogar un espacio en el que me sentía vista
y escuchada, en el que podía tomar mis propias decisiones y
en el que pude convertirme en la clase de persona que quería ser.
Siempre estaban allí cuando los necesitaba y, desde muy temprano,
su amor incondicional me enseñó que tenía voz. Les estoy
muy agradecida por encender mi luz.

Si alguien en tu árbol genealógico fue problemático,
cien no lo fueron:

Los malos no ganan, al final no,
por ruidosos que sean.

Simplemente no estaríamos aquí
si eso fuera así.

Estás hecho esencialmente del bien.
Sabiendo eso, nunca caminarás solo.

Eres la gran noticia del siglo.
Eres el bien que lo ha superado

todo, aunque muchos días
no lo parezca.

ALBERTO RÍOS,
fragmento de «A House Called Tomorrow»[1]

ÍNDICE

CON LUZ PROPIA

Aquí está mi padre ayudándome a refrescarme durante
un caluroso verano en el South Side.

INTRODUCCIÓN

En algún momento de mi infancia, mi padre empezó a usar bastón para mantener el equilibrio al caminar. No recuerdo exactamente cuándo apareció en nuestra casa del South Side de Chicago —por aquel entonces, yo tendría cuatro o cinco años—, pero de repente estaba allí, delgado, robusto y de madera suave y oscura. El bastón fue una de las primeras concesiones a la esclerosis múltiple, la enfermedad que había causado a mi padre una marcada cojera en la pierna izquierda. De manera lenta y silenciosa, y probablemente mucho antes de que recibiera un diagnóstico médico, la esclerosis estaba debilitando su cuerpo, corroyéndole el sistema nervioso y debilitándole las piernas mientras él se dedicaba a sus quehaceres cotidianos: trabajar en la planta de tratamiento de aguas de la ciudad, administrar una casa junto a mi madre e intentar criar a unos buenos hijos.

El bastón ayudaba a mi padre a subir las escaleras que conducían a nuestro apartamento o a recorrer una manzana por el barrio. Por las noches lo dejaba apoyado en el reposabrazos de su sillón reclinable y, aparentemente, se olvidaba de él mientras veía programas de deportes por televisión, ponía jazz en el equipo de música o me sentaba en su regazo para preguntarme qué tal había ido el colegio aquel día. Me fascinaban la empuñadura curvada del bastón, el taco de goma negra que tenía en el extremo y el repiqueteo hueco que emitía al caer al suelo. A veces se lo cogía e imitaba los movimientos de mi padre en el salón para ver qué se sentía al caminar como él. Pero yo era demasiado pequeña y el bastón demasiado grande, así que lo incorporé como accesorio cuando jugaba a hacer imitaciones.

Para mi familia, ese bastón no simbolizaba nada. Era una simple herramienta, igual que la espátula de mi madre era un utensilio de cocina, como el martillo que mi abuelo utilizaba cada vez que venía a reparar una estantería o una barra de cortina. Era funcional, protector, algo en lo que apoyarse cuando era necesario.

Lo que no queríamos reconocer era que la enfermedad de mi padre avanzaba de forma paulatina y que su cuerpo se estaba volviendo silenciosamente contra sí mismo. Papá lo sabía. Mamá lo sabía. Mi hermano mayor, Craig, y yo éramos niños, pero los niños no son tontos, e incluso cuando nuestro padre jugaba con nosotros a lanzar la pelota y venía a los recitales de piano y a los partidos de la liga infantil de béisbol, también lo sabíamos. Empezábamos a entender que la enfermedad de mi padre nos hacía más vulnerables como familia, que nos dejaba más desprotegidos. En caso de emergencia, le resultaría más difícil reaccionar y salvarnos de un incendio o de un intruso. Estábamos aprendiendo que no podíamos controlar la vida.

A veces, el bastón también le fallaba. Calculaba mal un paso o tropezaba con un bulto de la alfombra y de repente se caía. Y en ese preciso instante, con su cuerpo suspendido en el aire, veíamos todo lo que esperábamos no ver: su vulnerabilidad, nuestra indefensión, la incertidumbre y los duros tiempos que se avecinaban.

El sonido de un hombre adulto golpeando el suelo es atronador, algo que no olvidas nunca. Hacía temblar nuestro pequeño apartamento como si fuera un terremoto y nosotros salíamos corriendo en su auxilio.

«¡Fraser, ten cuidado!», decía mi madre, como si sus palabras pudieran revertir lo que había ocurrido. Craig y yo hacíamos palanca con nuestros cuerpos jóvenes para ayudar a nuestro padre a levantarse y luego íbamos corriendo a recoger el bastón y las gafas donde se hubieran caído, como si esa rapidez al ponerlo de nuevo en pie pudiera borrar la imagen de su accidente. Como si alguno de nosotros pudiera solucionar algo. Esas situaciones me llenaban de miedo y preocupación, pues me daba cuenta de lo que podíamos perder y de la facilidad con la que podría suceder.

Normalmente mi padre se lo tomaba bien y le restaba importancia a la caída, lo cual era una señal de que no pasaba nada por reírse o gastar una broma. Parecía existir un acuerdo tácito entre nosotros: teníamos que olvidarnos de esos momentos. En casa, la risa era otra herramienta muy utilizada.

Ahora que soy adulta entiendo lo siguiente sobre la esclerosis múltiple: es una enfermedad que afecta a millones de personas en todo el mundo. La esclerosis desorienta al sistema inmunitario, de manera que este empieza a atacar desde dentro, confundiendo a amigos con enemigos, al yo con el otro. Altera el sistema nervioso central eliminando el revestimiento protector de unas fibras neuronales llamadas axones y deja sus delicados hilos desprotegidos.

Si la esclerosis causaba dolor a mi padre, nunca hablaba de ello. Si las limitaciones de su discapacidad lo desanimaban, rara vez lo demostraba. No sé si se caía cuando nosotros no estábamos —en la planta de tratamiento de aguas o entrando o saliendo de la barbería—, aunque por lógica tendría que ser así, al menos de vez en cuando. No obstante, pasaron los años. Mi padre iba a trabajar, volvía a casa y seguía sonriendo. Tal vez era una forma de negación. Tal vez era sencillamente el código con el que decidió vivir: «Si te caes, te levantas y sigues adelante».

Me doy cuenta ahora de que la discapacidad de mi padre me brindó una lección prematura e importante sobre lo que es ser diferente, sobre lo que es ir por el mundo marcado por algo que no puedes controlar. Aunque no pensáramos en ello, la diferencia siempre estaba ahí. Mi familia la llevaba consigo. Nos preocupaban cosas que a otras familias no parecían inquietarles. Éramos cuidadosos con cosas a las que otros no prestaban atención. Cuando salíamos, estudiábamos discretamente los obstáculos y calculábamos la energía que necesitaría mi padre para cruzar un aparcamiento o recorrer las gradas en un partido de baloncesto de Craig. Medíamos las distancias y las alturas de otra manera. Veíamos las escaleras, las calles heladas y los bordillos altos con otros ojos. Observábamos los parques y los museos comprobando cuántos bancos tenían y si había lugares donde pudiera descansar un cuerpo fatigado. Allá donde fuéramos, sopesábamos los riesgos y buscábamos pequeñas ventajas para mi padre. Contábamos cada paso.

Y cuando una herramienta dejaba de funcionarle, cuando la fuerza de la enfermedad mermaba su utilidad, salíamos a buscar otra. Sustituimos el bastón por dos muletas, y después estas por una silla motorizada y una furgoneta especialmente equipada, llena de palancas y dispositivos hidráulicos que ayudaban a compensar lo que su cuerpo ya no podía hacer.

¿A mi padre le gustaban esas cosas o creía que resolvían sus problemas? En absoluto. Pero ¿las necesitaba? Desde luego. Para eso están las herramientas. Nos ayudan a levantarnos y a mantener el equilibrio, a coexistir mejor con la incertidumbre. Nos ayudan a afrontar los cambios, a gestionar las cosas cuando la vida parece fuera de control. Y nos ayudan a seguir adelante, aunque sea con incomodidad, aunque vivamos con los hilos de nuestros axones desprotegidos.

He estado pensando mucho en esas cosas: en lo que llevamos con nosotros, en lo que nos mantiene en pie ante la incertidumbre, y en cómo encontramos nuestras herramientas y nos apoyamos en ellas, sobre todo en momentos de caos. Sin embargo, me sorprende que muchos luchemos con la sensación de sentirnos diferentes, que nuestra percepción de la diferencia siga siendo fundamental en nuestras conversaciones sobre en qué clase de mundo queremos vivir, en quién confiamos, a quién enaltecemos y a quién dejamos atrás.

Por supuesto, son preguntas complicadas con respuestas complicadas. Y «ser diferente» puede definirse de muchas maneras. Pero merece la pena decir algo en nombre de quienes lo sienten: encontrar el camino en un mundo plagado de obstáculos que otros no ven o no pueden ver no es nada fácil. Cuando eres diferente, es como si estuvieras siguiendo un mapa distinto, como si te toparas con desafíos de orientación que no tienen quienes te rodean. A veces te da la sensación de no llevar mapa. Con frecuencia, el hecho de ser diferente te precede al entrar en una habitación; la gente lo ve antes de verte a ti, lo cual te plantea la tarea de superarlo. Y, casi por definición, la superación es agotadora.

Como consecuencia de ello —por una cuestión de supervivencia, en realidad— aprendes, como hizo mi familia, a estar alerta. Aprendes a guardar energías y contar cada paso. Y la esencia de todo esto es una paradoja mareante: ser diferente te condiciona a ser prudente, aun cuando te exige que seas valiente.

He empezado a trabajar en este nuevo libro precisamente en esa tesitura: sintiéndome a la vez prudente y valiente. Cuando publiqué *Mi historia* en 2018, me sorprendió —más bien me dejó pasmada— la respuesta que tuvo. Lo había volcado todo en él, no solo para procesar mi etapa como primera dama de Estados Unidos, sino mi vida en general. No solo conté las partes alegres y glamurosas, también las experiencias más duras que había vivido: la muerte de mi padre cuando yo tenía veintisiete años, la pérdida de mi mejor amiga de la universidad o los problemas que tuvimos Barack y yo para ser padres. Rememoré ciertas experiencias debilitadoras que había vivido cuando era una joven de color. Hablé con franqueza del dolor que sentí al abandonar la Casa Blanca —un hogar que amábamos— y el legado del duro trabajo de mi marido como presidente en manos de un sucesor temerario e insensible.

Dar voz a todo eso parecía un tanto arriesgado, pero también fue un alivio. Durante esos ocho años como primera dama fui prudente y sumamente consciente de que las miradas de toda la nación estaban puestas en Barack, en mí y en nuestras dos hijas, y de que, como personas negras en una casa históricamente blanca, no podíamos permitirnos un solo desliz. Tenía que asegurarme de que estaba utilizando mi plataforma para introducir cambios que marcaran una diferencia significativa, de que los asuntos en los que trabajaba estaban bien ejecutados y a la vez complementaban la agenda del presidente. Tenía que proteger a nuestras hijas y procurar que vi-

vieran con cierto grado de normalidad, y también ayudar a Barack a cargar con lo que a veces parecía el peso del mundo entero. Tomaba cada decisión con extremo cuidado, considerando cada riesgo, evaluando cada obstáculo y haciendo todo lo posible por optimizar las oportunidades de crecimiento de mi familia como personas y no meramente como símbolos de lo que otros amaban u odiaban de nuestro país. La tensión era real y acuciante, pero no me era ajena. Una vez más, estaba contando cada paso.

Escribir *Mi historia* fue como soltar todo el aire atrapado en mis pulmones. Supuso el comienzo de mi siguiente etapa vital, aunque no tenía ni idea de cómo iba a ser. Además, fue el primer proyecto que era solo mío y no estaba ligado a Barack, su administración, la vida de nuestras hijas o mi carrera anterior. Me encantaba esa independencia, pero también creía que me jugaba mucho y me sentía más vulnerable que nunca. Una noche, justo antes del lanzamiento del libro y ya fuera de la Casa Blanca, estaba tumbada en la cama de nuestro hogar de Washington imaginando esa versión tan honesta de mi historia en las estanterías de librerías y bibliotecas, traducida a docenas de idiomas y escrutada por críticos de todo el mundo. A la mañana siguiente debía viajar a Chicago para iniciar una gira internacional que me llevaría a treinta y una ciudades durante aproximadamente un año, y presentaría el libro en estadios ante audiencias de hasta veinte mil personas. Miré fijamente al techo, notando cómo se elevaba la ansiedad en mi pecho como una marea y cómo se arremolinaban las dudas en mi cabeza: «¿Habré contado demasiado? ¿Podré sacar esto adelante? ¿Lo echaré a perder? ¿Y entonces qué?».

Detrás de todo eso había algo más profundo, primario, inamovible y absolutamente aterrador, la pregunta fundamental sobre la cual descansaban todas las demás dudas, cuatro palabras que asolan incluso a las personas más dotadas y poderosas que conozco, cuatro palabras que me han seguido desde que era una niña en el South Side de Chicago: «¿Soy lo bastante buena?».

En ese momento, mi única respuesta era: «No lo sé».

Fue Barack quien me tranquilizó. Sin poder dormir y todavía inquieta, cuando subí a la planta de arriba lo encontré trabajando a la luz de una lámpara en su estudio. Me escuchó pacientemente mientras yo descargaba hasta la última duda que tenía en la cabeza, detallando todas las cosas que podían salir mal. Igual que yo, Barack aún estaba procesando el viaje que llevó a nuestra familia hasta la Casa Blanca. Igual que yo, él también tenía sus propias dudas y preocupaciones, la sensación —por ocasional e irracional que fuera— de que tal vez no era lo bastante bueno. Él me entendía mejor que nadie.

Después de contarle todos mis temores, me aseguró que el libro era espléndido y que yo también lo era. Me ayudó a recordar que la ansiedad era un elemento natural cuando uno hace algo nuevo e importante. Después me abrazó y apoyó ligeramente su frente en la mía. Era lo único que necesitaba.

A la mañana siguiente me levanté y llevé *Mi historia* de gira. Y aquello fue el punto de partida de la que se convertiría en una de las épocas más felices y alentadoras de mi vida. El libro cosechó reseñas excelentes y, para mi sorpresa, batió récords de ventas en todo el mundo. Durante la gira promocional reservé tiempo para visitar a pequeños grupos de lectores, con los que me reunía en centros comunitarios, bibliotecas e iglesias. Escuchar los puntos de conexión que había entre sus historias y la mía fue uno de los aspectos más gratificantes de aquella experiencia. Por las noches acudía más gente a los estadios, decenas de miles cada vez. La energía en los recintos era eléctrica: música a todo volumen y asistentes bailando en los pasillos, haciéndose selfis y abrazándose mientras esperaban a que subiera al escenario. Allí, sentada con un moderador para mantener una conversación de noventa minutos, siempre contaba toda mi verdad. No me callaba nada. Estaba a gusto con la historia que estaba contando, me sentía aceptada por las experiencias que me hacían ser quien soy y esperaba que eso pudiera ayudar a otros a sentirse también más aceptados.

La gira del libro *Mi historia* fue una de las experiencias
más gratificantes de mi vida.

Fue divertido y alegre, pero no solo eso.

Cuando miraba al público, veía algo que confirmaba una certeza sobre mi país y sobre el mundo en general: veía a una multitud variopinta, llena de diferencias y, por lo tanto, mejor. Eran espacios en los que se reconocía y se celebraba la diversidad como una virtud. Distintas edades, razas, géneros, etnias, identidades y atuendos, gente riendo, aplaudiendo, llorando y compartiendo. Creo sinceramente que muchas de esas personas estaban allí por motivos que iban más allá de mí o de mi libro. Mi sensación es que, al menos en parte, habían acudido para sentirse menos solas en el mundo, para encontrar un sentido de pertenencia olvidado. Su presencia —la energía, la calidez y la diversidad de esos espacios— ayudaba a contar cierta historia. Pienso que estaban allí porque era agradable —magnífico, en realidad— mezclar nuestras diferencias estando unidos.

Dudo que en aquel momento alguien pudiera intuir la magnitud de lo que se avecinaba. ¿Quién podía imaginar que precisamente esa unidad que estábamos disfrutando en aquellos actos estaba al borde de una extinción repentina? Nadie se esperaba que una pandemia global nos obligaría a renunciar súbitamente a cosas como los abrazos espontáneos, las sonrisas sin mascarilla y las interacciones relajadas con desconocidos y, lo que es aún peor, que desencadenaría un largo periodo de dolor, pérdida e incertidumbre que afectaría a todos los rincones del mundo. Y de haberlo sabido, ¿habríamos hecho algo de otra manera? No tengo ni idea.

Lo que sí sé es que estos tiempos nos han generado inseguridad e inquietud. Han provocado que muchos nos sintamos más cautelosos, vigilantes y menos conectados. Mucha gente está sintiendo por primera vez algo que millones y millones de personas han tenido que sentir toda su vida: qué es estar desconcertado, sin tener el control y profundamente ansioso a causa de un futuro incierto. En los últimos dos o tres años hemos sufrido periodos de aislamiento sin precedentes, lo que genera una tristeza inimaginable y una sensación de incertidumbre con la que es muy difícil vivir.

Si bien la pandemia ha reprogramado de manera estremecedora los ritmos de la vida diaria, también ha dejado intactas algunas formas de enfermedad más antiguas y arraigadas. Hemos visto que personas negras siguen siendo asesinadas por la policía al salir de una tienda de alimentación, al dirigirse al barbero o durante controles rutinarios de tráfico. Hemos visto crímenes de odio infames contra asiático-estadounidenses y miembros de la comunidad LGTBI+. Hemos visto que la intolerancia y el fanatismo se volvían más aceptables y no a la inversa, y a autócratas sedientos de poder acrecentando su dominio sobre naciones de todo el mundo. En Estados Unidos vimos a un presidente mostrándose impasible mientras la policía lanzaba gas lacrimógeno contra miles de personas que se habían reunido pacíficamente delante de la Casa Blanca solo para pedir menos odio y más justicia. Y cuando los estadounidenses acudieron en tropel a votar lícita y decisivamente para echar a ese presidente del cargo, vimos a una muchedumbre de alborotadores irrumpiendo con violencia en los pasillos más sagrados de nuestro gobierno, creyendo que estaban haciendo grande a nuestro país cuando abrían puertas a patadas y orinaban en la alfombra de Nancy Pelosi.

¿Me he enfadado? Sí, lo he hecho.

¿En algunos momentos me he sentido abatida? Sí, eso también.

¿Me altero cada vez que veo ira e intolerancia disfrazada de eslogan populista sobre la grandeza del país? Desde luego.

Pero ¿soy la única? Por suerte, no. Casi a diario escucho a personas, cercanas y no tan cercanas, que tratan de superar esos obstáculos, que están midiendo su energía, aferrándose a sus seres queridos y haciendo todo lo posible por ser valientes en este mundo. A menudo hablo con gente que se siente diferente, infravalorada o invisible, agotada de tanto esfuerzo por superar obstáculos, convencida de que su luz se ha apagado. He conocido a jóvenes de todo el mundo que intentan encontrar su voz y crear un espacio para su yo más auténtico dentro de sus relaciones y sus lugares de trabajo. Están llenos de dudas: ¿Cómo puedo crear vínculos importantes? ¿Cuándo y cómo debo alzar la voz para abordar un problema? ¿Qué significa «elevarse» cuando estás en una posición tan baja?

Mucha gente que habla conmigo hace lo posible por encontrar su poder dentro de instituciones, tradiciones y estructuras que no fueron construidas para ellos, tratando de descubrir minas terrestres y fronteras en un mapa, muchas mal definidas y difíciles de distinguir. Los castigos por no lograr superar esos obstáculos pueden ser devastadores. Y todo ello resulta tremendamente confuso y peligroso.

A menudo me piden respuestas y soluciones. Desde que se publicó mi último libro he oído muchas historias y respondido a muchas preguntas de personas muy diversas sobre cómo y por qué nos enfrentamos a la injusticia y la incertidumbre. Me han preguntado si por casualidad llevaba en el bolsillo una fórmula para afrontar esas cosas, algo que ayudara a superar la confusión y a salvar las dificultades. Créeme, entiendo lo útil que sería. Me encantaría ofrecer una serie de pasos claros para ayudarte a superar cada incertidumbre y acelerar el ascenso a las cimas que esperas alcanzar. Ojalá fuera así de sencillo. Si tuviera la fórmula, la compartiría al instante. Pero ten en cuenta que a veces yo también me acuesto por las noches preguntándome si soy lo suficientemente buena. Debes saber que, como todo el mundo, me veo en la necesidad de superarme. ¿Y qué hay de esas cumbres a las que tantos aspiramos? En este momento he alcanzado bastantes y, por si sirve de algo, puedo decirte que la duda, la incertidumbre y la injusticia también habitan en esos lugares. De hecho, florecen allí.

La cuestión es que no existe una fórmula. No hay un mago detrás de la cortina. No creo que haya soluciones fáciles o respuestas concisas para los grandes problemas de la vida. Por naturaleza, la experiencia humana la desafía. Nuestros corazones son demasiado complicados y nuestras historias, demasiado confusas.

Lo que sí puedo ofrecer es el contenido de mi caja de herramientas personal. Con este libro pretendo enseñarte lo que guardo en ella y por qué, lo que utilizo profesional y personalmente para mantener el equilibrio y la confianza, lo que me ayuda a seguir adelante incluso en momentos de gran ansiedad y estrés. Algunas de mis herramientas son hábitos y prácticas, otras son objetos físicos y el resto son actitudes y creencias nacidas de mi historia y mis experiencias, de mi proceso continuado de transformación. No busco que esto sea una guía práctica. Al contrario, lo que encontrarás en estas páginas es una serie de reflexiones sinceras sobre lo que me ha enseñado la vida hasta ahora, las palancas que activo para salir adelante. Te presentaré a algunas de las personas que me mantienen en pie y compartiré ciertas lecciones que he aprendido de mujeres increíbles para hacer frente a la injusticia y la incertidumbre. Te contaré las cosas que en ocasiones aún me hacen caer y en qué me apoyo para volver a levantarme. También te hablaré de ciertas actitudes de las que me he desprendido con el tiempo, ya que he comprendido que las herramientas son distintas y mucho más útiles que las defensas.

No hace falta decir que no todas las herramientas sirven en todas las situaciones o de manera uniforme para todas las personas. Lo que es contundente y eficaz para ti quizá no lo sea en manos de tu jefe, tu madre o tu pareja. Una espátula no te ayudará a cambiar una rueda pinchada y una llave de tuerca no te ayudará a freír un huevo —pero no dudes en demostrar que me equivoco—. Las herramientas evolucionan con el tiempo según nuestras circunstancias y nuestro crecimiento. Lo que funciona en una etapa de la vida puede no funcionar en otra. Pero creo que es valioso aprender a identificar los hábitos que nos permiten estar centrados y con los pies en la tierra en contraposición a aquellos que nos causan ansiedad o alimentan nuestras inseguridades. Espero que aquí encuentres cosas de las que sacar provecho —seleccionando lo que es útil y descartando lo que no lo es— a medida que identificas, recopilas y perfeccionas tu propio conjunto de herramientas esenciales.

Por último, me gustaría diseccionar algunas ideas sobre el poder y el éxito, reformulándolas para que veas mejor todo lo que está a tu alcance y te sientas más animado a cultivar tus propias fortalezas. Creo que todos nosotros llevamos dentro un poco de luz, algo totalmente único e individual, una llama que merece la pena proteger. Cuando reconocemos nuestra propia luz, adquirimos poder para utilizarla. Cuando aprendemos a potenciar lo que es único en la gente que nos rodea, somos más capaces de crear comunidades compasivas y propiciar cambios importantes. En la primera parte de este libro examinaré el proceso de encontrar la fortaleza y la luz dentro de uno mismo. La segunda parte abordará nuestras relaciones con los demás y nuestras ideas sobre el hogar, mientras que la tercera pretende entablar un debate sobre cómo podemos reconocer, proteger y fortalecer nuestra luz, sobre todo en tiempos difíciles.

A lo largo de estas páginas hablaremos de cómo encontrar poder personal, poder comunal y poder para superar los sentimientos de incertidumbre e indefensión. No digo que vaya a ser fácil o que no haya docenas de obstáculos en el camino. También debes tener en cuenta que todo lo que sé y las diversas herramientas que utilizo obedecen a un proceso de ensayo y error que me ha llevado años de práctica y reevaluación constantes. Me pasé décadas aprendiendo sobre la marcha, cometiendo errores, haciendo cambios y corrigiendo el rumbo según avanzaba. He progresado lentamente hasta llegar donde me encuentro hoy.

Si eres una persona joven y estás leyendo esto, por favor, recuerda ser paciente contigo mismo. Este es el principio de un largo e interesante viaje que no siempre resultará cómodo. Te pasarás años recabando datos sobre quién eres y cómo funcionas, y solo poco a poco encontrarás el camino hacia una mayor certeza y una idea más consistente sobre ti mismo. Paulatinamente, empezarás a descubrir y utilizar tu luz.

He aprendido que no pasa nada por reconocer que la autoestima viene envuelta en vulnerabilidad, y que lo que compartimos como humanos en esta tierra es el impulso de luchar por mejorar, siempre y ocurra lo que ocurra. Nos volvemos más valientes en la luz. Si conoces tu luz, te conoces a ti mismo. Conoces tu historia de una manera honesta. Por mi experiencia, este tipo de autoconocimiento construye la confianza, que a su vez genera tranquilidad y la capacidad para mantener la perspectiva, lo cual al final nos permite conectar de manera valiosa con los demás. Y, para mí, eso es la base de todo. Una luz alimenta a otra. Una familia fuerte da fortaleza a otras. Una comunidad comprometida puede despertar a quienes la rodean. Ese es el poder de la luz que llevamos dentro.

En un principio concebí este libro como algo que ofreciera compañía a los lectores que estaban pasando por momentos de cambio, que fuera útil y estabilizador para quien estuviera entrando en una nueva fase de su vida, con independencia de si esa fase estaba marcada por una graduación, un divorcio, una nueva profesión, un diagnóstico médico, el nacimiento de un hijo o la muerte de una persona cercana. Mi idea era observar el cambio sobre todo desde fuera, examinar los desafíos que generan el miedo y la incertidumbre desde la distancia de una superviviente, hablar desde el punto de vista de una persona que, a punto de cumplir sesenta años, había logrado superarlo sin problemas.

Por supuesto, debería haber sabido que no era así.

Los últimos años nos han sumido en cambios profundos, y allí nos han mantenido prácticamente sin descanso. Muchos no habíamos experimentado nunca algo parecido, ya que la mayoría de la gente de mi edad, e incluso más joven, no ha pasado por una pandemia global, ni ha visto bombas cayendo en Europa, ni tampoco ha vivido una época en la cual las mujeres no tienen el derecho básico de tomar decisiones fundamentadas sobre su propio cuerpo. Hemos estado relativamente protegidos, pero ahora no tanto. La incertidumbre sigue impregnando casi todos los rincones de la vida y se manifiesta de maneras tan generales como la amenaza de una guerra nuclear y tan íntimas como la alarma que te provoca tu bebé si se pone a toser. Nuestras instituciones han sufrido sacudidas y nuestros sistemas se han tambaleado. La gente que trabaja en la sanidad y la educación ha sufrido un estrés incalculable. Los adultos jóvenes presentan niveles inéditos de soledad, ansiedad y depresión.[2]

Nos cuesta saber en quién y en qué confiar, dónde depositar nuestra fe. Y el dolor, sin duda, permanecerá con nosotros. Los investigadores calculan que más de 7,9 millones de niños de todo el planeta han perdido a una madre, un padre o un abuelo cuidador a causa del COVID-19.[3] En Estados Unidos, más de un cuarto de millón de niños —en su mayoría de comunidades de color— han sufrido la pérdida de un cuidador primario o secundario por el coronavirus. Es imposible imaginar el impacto de todo esto, del hecho de que todos esos pilares hayan desaparecido.

Puede que tardemos en encontrar de nuevo nuestro punto de apoyo. Las pérdidas tendrán repercusiones en los próximos años. Recibiremos una sacudida tras otra. El mundo seguirá siendo a la vez hermoso y frágil. Las incertidumbres no van a desvanecerse.

Pero cuando el equilibrio no es posible, se nos presenta el desafío de evolucionar. En mi último libro explicaba que mi viaje me ha enseñado que en la vida hay pocas cosas inamovibles, que los hitos tradicionales que consideramos principios y finales en realidad no son más que eso, hitos en un camino mucho más largo. Nosotros también estamos siempre en movimiento, avanzando. Nos hallamos en un constante proceso de cambio. Seguimos aprendiendo aunque estemos cansados de aprender, cambiando aunque estemos agotados de tanto cambio. Hay pocos resultados garantizados. Cada día se nos presenta la tarea de ser una versión más nueva de nosotros mismos.

Ahora que seguimos sumidos en los desafíos de la pandemia,

que nos enfrentamos a problemas de injusticia e inestabilidad y que nos preocupa un futuro incierto, quizá sea hora de dejar de preguntarse cuándo acabará todo esto y, por el contrario, empezar a formularse preguntas más prácticas sobre cómo plantar cara a los desafíos y al cambio: ¿Cómo nos adaptamos? ¿Cómo podemos sentirnos más cómodos y menos paralizados en la incertidumbre? ¿Con qué herramientas contamos para sostenernos? ¿Dónde podemos encontrar otros pilares de apoyo? ¿Cómo podemos crear seguridad y estabilidad para los demás? Y si trabajamos como uno solo, ¿qué podríamos superar juntos?

Como he dicho, no tengo todas las respuestas, pero me gustaría entablar esta conversación. Es valioso que analicemos esto juntos. Me gustaría abrir un espacio para un diálogo más amplio. Creo que es la mejor forma de mantener el equilibrio para seguir creciendo.

PRIMERA PARTE

Nada puede atenuar la luz que brilla desde dentro.

MAYA ANGELOU[1]

Tejer me ha ayudado a descubrir cómo calmar una mente ansiosa.

CAPÍTULO 1

EL PODER DE LO PEQUEÑO

A veces reconoces una herramienta solo cuando ves que te funciona. Y a veces resulta que las herramientas más pequeñas nos ayudan a ahondar en los sentimientos más grandes. Lo aprendí hace un par de años cuando pedí por correo unas agujas de tejer sin saber muy bien para qué las necesitaba.

Fue durante las primeras y tensas semanas de la pandemia y nos encontrábamos en nuestra casa de Washington D. C. Estaba comprando por internet de una manera muy dispersa, encargando cosas como juegos de mesa y material para manualidades, además de comida y papel higiénico, sin saber qué iba a pasar, plena y avergonzadamente consciente de que las compras por impulso son una respuesta típicamente estadounidense a la incertidumbre. Aún trataba de entender que, en lo que parecía un instante, hubiéramos pasado de una «vida normal» a una emergencia a nivel mundial. Todavía intentaba comprender el hecho de que cientos de millones de personas se hallaran en grave peligro y de que lo más seguro y útil que podíamos hacer los demás era quedarnos tranquilamente en casa.

Día tras día veía las noticias, impactada por la gran injusticia de nuestro mundo. Estaba presente en los titulares, en las pérdidas de puestos de trabajo, en los recuentos de muertos y en los barrios en los que las ambulancias aullaban con más fuerza. Leí artículos sobre los trabajadores de los hospitales, a los que les daba miedo irse a casa después de su turno por si contagiaban a su familia. Vi imágenes de furgonetas de depósitos de cadáveres aparcadas en la calle y salas de conciertos reconvertidas en hospitales de campaña.

Sabíamos muy poco y teníamos miedo de muchas cosas. Todo parecía grande. Todo parecía relevante.

Todo era grande. Todo era relevante.

Costaba no sentirse abrumado.

Me pasé los primeros días hablando por teléfono con amigos y asegurándome de que mi madre, que era octogenaria y vivía sola en Chicago, podía comprar comida sin riesgos. Nuestras hijas volvieron de la universidad alteradas por lo que estaba sucediendo y un poco reacias a separarse de sus amistades. Les di un fuerte abrazo a las dos y les aseguré que era temporal, que dentro de poco estarían asistiendo de nuevo a bulliciosas fiestas, preocupándose por un examen de sociología y comiendo ramen en alguna habitación de la residencia de estudiantes. Lo decía para convencerme a mí misma. Lo decía porque sé que parte del trabajo de un progenitor es proyectar una pizca más de certeza aunque te tiemblen un poco las rodillas, aunque en privado te causen ansiedad cosas mucho más importantes que llevar a tus hijas de vuelta con sus amigos. Aun cuando estás inquieto, expresas en voz alta tus mayores esperanzas.

Con el paso de los días, mi familia adoptó una rutina tranquila, y las cenas pasaron a ser más largas de lo habitual. Procesábamos las noticias e intercambiábamos impresiones sobre lo que habíamos oído o leído: las perturbadoras estadísticas o los mensajes inquietantemente erráticos provenientes de la Casa Blanca, nuestro antiguo hogar. Probamos los juegos de mesa que había comprado, hicimos unos cuantos puzles y vimos películas en el sofá. Siempre que encontrábamos algo de lo que reírnos, nos reíamos, porque, de lo contrario, todo resultaba demasiado aterrador.

Sasha y Malia siguieron haciendo sus deberes por internet. Barack estaba ocupado escribiendo sus memorias presidenciales y cada vez más centrado en el hecho de que los estadounidenses pronto decidirían si Donald Trump debía quedarse o irse. Entretanto, yo invertí mis energías en una iniciativa que ayudé a crear en 2018 con el nombre de When We All Vote (Cuando Todos Votamos), destinada a animar a los votantes y aumentar la participación en las urnas. A petición de nuestro alcalde, colaboré en una campaña de servicio público con el apropiado nombre de Stay Home D. C. (Quédate en Casa D. C.), que alentaba a los residentes a no salir de sus viviendas y a hacerse un test si se encontraban mal. Grabé mensajes de ánimo para los extenuados trabajadores de urgencias. Y, en un esfuerzo por aligerar una mínima parte de la carga que soportaban muchos padres, lancé una serie de vídeos semanales en los que leía cuentos a los niños.

No parecía suficiente.

Desde luego que no era suficiente.

Era una realidad que muchos compartíamos: nada era ni remotamente suficiente. Había demasiados huecos que llenar. Frente a la enormidad de la pandemia, todos los esfuerzos parecían pequeños.

Créeme, no me engaño con relación a mi suerte y mis relativos privilegios en esa situación. Entiendo que estar obligado a mantenerte al margen de una emergencia mundial no es una adversidad, sobre todo en comparación con lo que vivieron muchos en aquel momento. Mi familia hizo exactamente lo que se nos pidió a muchos por la seguridad de todos: atrincherarnos y resguardarnos de una tormenta devastadora.

Como para muchos otros, ese periodo de quietud y aislamiento supuso un gran desafío para mí. Fue como si una trampilla se abriese y dejara entrar un remolino de preocupaciones que no alcanzaba a comprender y no podía controlar.

Hasta entonces me había pasado la vida ocupada —manteniéndome ocupada—, creo que en parte para sentir que tenía cierto control. En el trabajo y en casa siempre vivía conforme a listas, agendas y planes estratégicos. Los utilizaba como hoja de ruta, como una manera de saber adónde iba, todo ello para llegar hasta allí de la forma más eficiente posible. También podía ser un poco obsesiva a la hora de hacer progresos y medirlos. Es posible que naciera con ese impulso preinstalado. A lo mejor lo heredé de mis padres, que mostraban una fe ciega en que Craig y yo teníamos capacidad para hacer algo grande, aunque también dejaron muy claro que no harían el trabajo por nosotros, porque creían que debíamos descubrirlo por nosotros mismos. También es probable que parte de esa diligencia obedeciera a mis circunstancias, al hecho de que en nuestro barrio de clase trabajadora las oportunidades raras veces llamaban a tu puerta. Tenías que salir a buscarlas. De hecho, a veces tenías que perseguirlas con insistencia.

Y yo no tenía ningún problema en ser obstinada. Me pasé años concentrada en conseguir resultados. Cada nuevo espacio en el que entraba se convertía en una zona de pruebas. Controlaba mis progresos por medio de estadísticas —mi nota media, mi puesto en la clase— y fui recompensada por ello. Cuando trabajaba en un bufete especializado en Derecho de sociedades situado en la planta 47 de un rascacielos de Chicago, aprendí a acumular el máximo número de horas facturables cada día, semana y mes. Mi vida se convirtió en una pila de minutos cuidadosamente contabilizados, a pesar de que mi felicidad empezaba a menguar.

Nunca he tenido demasiadas aficiones. A veces veía a algunas personas —normalmente mujeres— tejiendo en aeropuertos y aulas universitarias o cuando se dirigían al trabajo en autobús, pero nunca les presté mucha atención, ni a esas mujeres ni a actividades como tejer, coser, hacer ganchillo ni nada parecido. Estaba demasiado ocupada contabilizando horas y analizando mis estadísticas.

Pero por lo visto llevaba la costura en mi ADN. Resulta que soy descendiente de muchas costureras. Según mi madre, todas las mujeres de su familia aprendieron a utilizar la aguja y el hilo, hacer ganchillo y tejer. No era tanto una pasión como una cuestión práctica: se trataba de un seguro contra la pobreza. Si sabías hacer ropa y arreglos, siempre tendrías un modo de ganar dinero. Cuando pocas cosas eran fiables en la vida, podías recurrir a tus manos.

Mi bisabuela, Annie Lawson —a la que yo llamaba Mamaw—, perdió a su marido siendo muy joven, y se ganaba un dinero para ella y sus dos hijos en Birmingham, Alabama, arreglando prendas de otros. Gracias a eso había comida en la mesa. Por motivos similares, los hombres de la familia de mi madre aprendieron habilidades como la carpintería y la reparación de calzado. La familia numerosa compartía recursos, ingresos y hogar. A consecuencia de ello, mi madre se crio en una casa con dos padres, seis hermanos y, durante unos años, Mamaw, que se había trasladado de Birmingham a Chicago y siguió cosiendo, sobre todo haciendo arreglos para personas blancas con dinero. «No había abundancia de nada —dice mi madre—, pero siempre sabíamos que íbamos a comer».

En los meses de verano, Mamaw metía su máquina de coser Singer en la maleta y viajaba en autobús durante horas hasta el norte de la ciudad, donde una de las familias para las que trabajaba tenía una casa de vacaciones a orillas de un lago. Se quedaba allí unos días. En nuestra familia nadie podía imaginarse aquel lugar, donde los veleros cabeceaban en el agua, los niños llevaban prendas de lino y las vacaciones duraban meses, pero lo que sí sabíamos era que hacía calor, que la Singer pesaba mucho y que, en aquel entonces, Mamaw era cualquier cosa menos joven.

Aquel pesado esfuerzo hacía que su hijo —mi abuelo, Purnell Shields, a quien más tarde llamaríamos Southside— sacudiera la cabeza y se preguntara en voz alta por qué la gente que podía permitirse una casa de veraneo no se compraba una máquina de coser para esa casa y le ahorraba a Mamaw la molestia de cargar con ella. Pero, por supuesto, no había manera de formular educadamente esa pregunta a la gente en cuestión. Y, en cualquier caso, la respuesta estaba clara: no es que no pudieran, es que no querían. Seguro que ni siquiera se les pasó por la cabeza. Así que Mamaw iba arriba y abajo con la Singer todo el verano para ocuparse de la ropa de otros.

Mi madre ha llevado consigo esa historia todos estos años. La cuenta sin sermoneos, pero detrás se oculta un discreto recordatorio del peso que ha cargado nuestra familia, nuestra gente; de todo lo que tuvieron que arreglar, servir, remendar y acarrear para salir adelante.

De joven, yo no pensaba conscientemente en esas cosas, pero por instinto sentía parte de ese peso. Estaba allí, integrado en mis incansables esfuerzos, una responsabilidad que sentía por los demás, por llegar más lejos, por hacer más y ceder menos. Y creo que mi madre también lo sentía. Cuando, en un momento dado, mi padre anunció que Craig y yo debíamos aprender a cosernos los agujeros de los calcetines, mi madre lo hizo callar enseguida: «Fraser, quiero que se concentren en el colegio, no en los calcetines. Así, algún día podrán comprarse todos los calcetines que necesiten».

Podríamos decir que crecí con esa idea grabada en la mente, orientada a una vida en la que me compraría calcetines nuevos en lugar de remendarlos. Me esforcé en cosechar logros y cambié varias veces de profesión. Abandoné el culto a las horas facturables y me dediqué a trabajos que me acercaran más a mi comunidad, aunque no eran menos ajetreados. Fui madre, lo cual trajo consigo una felicidad incalculable a la vez que introducía toda una nueva serie de variables en la carrera de obstáculos que me parecía disputar cada día. Como hacen muchas madres, planificaba, organizaba, ordenaba y economizaba. Memoricé el trazado de los pasillos de Target y Babies R Us para lograr la máxima eficiencia. Creé procesos y sistemas que funcionaban para nuestra familia, para mi trabajo y para mi salud y cordura, y los repasaba y renovaba continuamente cuando las niñas crecieron y la carrera política de Barack empezó a devorarlo todo, y yo seguía adelante, intentando anotarme mis propios logros.

Si tenía un pensamiento difuso, un dolor no resuelto o un sentimiento imposible de categorizar, normalmente lo dejaba en una estantería mental apartada y me decía que lo recuperaría más tarde, cuando estuviera menos ocupada.

Mantenerse ocupado tiene ventajas tangibles. Me lo confirmaron los ocho años que pasé en la Casa Blanca, cuando la avalancha de responsabilidades —hacer acto de presencia, responder, representar, comentar o consolar— raras veces disminuía. Como primera dama me acostumbré a moverme en el ámbito de lo grande: grandes asuntos, grandes acontecimientos, grandes multitudes y grandes resultados. Y, por supuesto, lo grande iba de la mano de mucha actividad. Ese ritmo frenético nos dejaba a Barack y a mí, y por supuesto a quienes trabajaban con nosotros, pocas oportunidades para pensar en las cosas negativas. Operábamos de manera optimizada, sin permitirnos ninguna resistencia. Hasta cierto punto, fue esclarecedor. Ayudaba a que nuestra perspectiva fuera grande, amplia y, en general, optimista. En ese aspecto, estar ocupado es una herramienta. Es como ponerse una coraza: si alguien dispara flechas en tu dirección, es menos probable que te alcancen. Simplemente no hay tiempo.

Sin embargo, los primeros meses de la pandemia lo dinamitaron todo. Hicieron añicos la estructura de mis días. Las listas, los horarios y los planes estratégicos que siempre me habían servido como guía se llenaron de pronto de anulaciones, aplazamientos y grandes signos de interrogación. Cuando me llamaban los amigos, a menudo era para hablar de las cosas que les preocupaban. Todos los proyectos de futuro pasaron a estar marcados con un asterisco. El futuro en sí también lo estaba. Esto me recordaba lo que sentía de pequeña cada vez que tomaba conciencia de la vulnerabilidad de mi padre cuando se caía al suelo. En momentos así, vemos con claridad la precariedad de todas las cosas en una fracción de segundo.

Algunas de esas antiguas sensaciones habían reaparecido. Justo cuando yo creía que lo tenía todo controlado, volvía a sentirme como entonces: desorientada y a la deriva. Era como si me encontrara en una ciudad en la que los letreros y los monumentos reconocibles hubieran desaparecido. ¿Debía girar a la derecha o a la izquierda? ¿Por dónde quedaba el centro? Había perdido el norte. Y con él, parte de mi coraza.

Ahora sé que eso es justo lo que hacen las grandes tormentas: traspasan nuestros límites y revientan nuestras cañerías; derriban estructuras e inundan nuestras rutas y caminos habituales; arrancan los postes de las señales y nos dejan en un paisaje cambiado, tras cambiarnos a nosotros mismos, y sin otra opción que encontrar una nueva manera de seguir adelante.

Aunque ahora soy consciente de ello, durante un tiempo no veía otra cosa que la tormenta.

La preocupación y el aislamiento me habían llevado a retraerme, a retroceder. Redescubrí todas las preguntas sin respuesta que había arrinconado en los trasteros de mi mente, todas las dudas que había guardado allí. Y, una vez desenterradas, ya no podía volver a ocultarlas. Nada parecía encajar. Todo se me antojaba incompleto. El orden que siempre había perseguido cedía el paso a una inquietud caótica. Algunas de mis preguntas eran concretas —¿había valido la pena endeudarme para pagar la carrera de Derecho?, ¿me había equivocado al distanciarme de una amistad complicada?—, mientras que otras eran más amplias y profundas. No pude evitar volver a cavilar sobre la decisión de nuestro país de elegir a Donald Trump como sucesor de Barack Obama. ¿Qué lección debíamos extraer de eso?

Barack y yo siempre habíamos intentado regirnos por los principios de la esperanza y del trabajo duro, pasando por alto lo malo en favor de lo bueno, convencidos de que la mayoría de nosotros teníamos objetivos comunes y que el progreso era algo viable y mensurable, aunque fuese de forma muy gradual a lo largo del tiempo. Quizá se trate de un relato basado en la ilusión y el optimismo, por supuesto, pero invertimos nuestros esfuerzos en él. Le entregamos nuestras vidas. Y eso fue lo que llevó a nuestra sincera y esperanzada familia negra hasta la Casa Blanca. Por el camino nos encontramos con millones de estadounidenses que parecían compartir esa manera de pensar. Durante ocho años, intentamos vivir según esos valores, conscientes de que habíamos llegado tan lejos a pesar de —y tal vez como desafío a— la intolerancia y los prejuicios tan presentes en el estilo de vida americano. Entendíamos que nuestra presencia en la Casa Blanca como afroamericanos lanzaba un mensaje sobre lo que era posible, así que redoblamos nuestra apuesta por la esperanza y el trabajo duro para potenciar al máximo esa posibilidad.

Tanto si las elecciones de 2016 supusieron un rechazo a todo ello como si no, fue doloroso. Aun así dolía. Me estremecía cuando oía al hombre que había sucedido a mi esposo en el cargo de presidente utilizar abiertamente y sin cortarse expresiones racistas y justificar en cierto modo el egoísmo y el odio, negarse a condenar a los supremacistas blancos o a apoyar a quienes se manifestaban por la justicia racial. Me horrorizaba escucharlo hablar de la diferencia como una amenaza. Me parecía algo más que una simple derrota política, algo mucho peor.

Detrás de todo eso subyacía una serie de pensamientos desmoralizadores: «No nos habíamos esforzado lo suficiente. Nosotros mismos no estábamos a la altura. Los problemas eran demasiado grandes. Los abismos eran demasiado profundos, insalvables».

Sé que los líderes de opinión y los historiadores seguirán haciendo sus lecturas sobre el resultado de esas elecciones, repartiendo tanto culpas como aciertos, analizando las personalidades, la economía, la polarización de los medios, los troles y los bots, el racismo, la misoginia, el desencanto, las desigualdades, los vaivenes del péndulo de la historia..., todos los factores de mayor y menor importancia que nos habían llevado a esa situación. Intentarán enmarcar en una lógica más amplia lo ocurrido y sus causas, y me imagino que estas conjeturas mantendrán a la gente ocupada durante mucho tiempo. No obstante, cuando estaba encerrada en casa durante esos aterradores primeros meses de 2020, no encontraba lógica alguna en lo que sucedía. Solo veía a un presidente cuya falta de integridad se traducía en una mortalidad creciente a escala nacional, y que continuaba gozando de un índice de popularidad considerable.

Seguí adelante con el trabajo que había estado realizando —participaba en campañas virtuales de registro de votantes, apoyaba causas justas, acompañaba a las personas en su dolor—, pero en mi fuero interno me resultaba cada vez más difícil alimentar la esperanza o creerme capaz de ayudar a mejorar las cosas. Los líderes del partido me habían pedido que pronunciara un discurso en la Convención Nacional Demócrata, que se celebraría a mediados de agosto, pero aún no me había comprometido. Cada vez que me lo planteaba, me sentía bloqueada, embargada por la frustración y la pena por todo lo que ya habíamos perdido como país. No se me ocurría qué decir. Sentía que un manto de abatimiento caía sobre mí, mi mente se quedaba embotada. Nunca había lidiado con algo similar a la depresión, pero me parecía estar sufriendo un episodio de baja intensidad. Me costaba mucho armarme de optimismo o pensar en términos razonables sobre el futuro. Y, lo que era aún peor, notaba que empezaba a rayar en el cinismo, que tenía la tentación de concluir que mis esfuerzos eran inútiles, de sucumbir a la idea de que no había nada que hacer frente a los tremendos problemas y las profundas preocupaciones del momento. Este era el pensamiento contra el que más tenía que luchar: «Si nada puede arreglarse ni completarse, ¿por qué molestarnos en intentarlo?».

Me encontraba muy desmoralizada cuando por fin me animé a coger las agujas de punto para principiantes que había pedido por internet. Estaba combatiendo una sensación de desesperanza —de no estar a la altura— cuando desenrollé la hebra del ovillo de lana gris que había comprado; le di una primera vuelta en torno a la aguja y la aseguré con un pequeño nudo corredizo antes de dar una segunda vuelta.

También había comprado un par de manuales para aprender a tejer, pero, cuando les eché un vistazo, me costó traducir los diagramas de la página al movimiento de mis manos. Así que acudí a YouTube y descubrí —como suele suceder— un auténtico mar de tutoriales y una comunidad mundial de entusiastas del punto que ofrecían horas de pacientes enseñanzas y acertados consejos. Sola en el sofá de casa, con la mente aún cargada de ansiedad, miraba cómo tejían otras personas. Empecé a imitarlas. Mis manos seguían a las suyas. Tejíamos un punto del derecho y otro del revés, uno del derecho, otro del revés. Y al cabo de un tiempo ocurrió algo interesante. Mi atención comenzó a enfocarse y mi mente recuperó un poco de serenidad.

Durante esas décadas de incesante actividad había dado por hecho que mi cabeza estaba al mando de todo, incluidos los movimientos de mis manos. No se me había ocurrido dejar que las cosas fluyeran en sentido contrario. Pero este era el efecto que me producía tejer. Invertía el flujo. Relegaba mi atribulado cerebro al asiento de atrás del coche mientras permitía que mis manos condujeran durante un rato. Me distraía de la ansiedad el tiempo suficiente para proporcionarme algo de alivio. En cuanto cogía las agujas, notaba que se producía esa reorganización: mis dedos tomaban las riendas, mi mente se quedaba atrás.

Me había entregado a algo más pequeño que mis miedos, mis preocupaciones y mi rabia, más pequeño que la sensación de desesperanza que me invadía. Había algo en aquella repetición de movimientos minúsculos y precisos, en el suave y rítmico entrechocar de las agujas, que encauzaba mi mente en una nueva dirección. Me conducía por un camino que se alejaba de la ciudad en ruinas y subía por una ladera tranquila hasta un lugar desde donde veía las cosas con más claridad y divisaba de nuevo algunos monumentos reconocibles. Ahí estaba mi hermoso país. Ahí estaban la bondad y la gentileza de las personas que ayudaban a sus vecinos, que reconocían los sacrificios de los trabajadores esenciales, que cuidaban de sus hijos. Ahí estaban las multitudes que se manifestaban en la calle, resueltas a no permitir que volviera a pasar inadvertida la muerte de una persona negra. Ahí estaba la oportunidad de elegir a un nuevo líder, si votaba un número suficiente de personas. Y ahí estaba mi esperanza, que había resurgido.

Desde aquella posición privilegiada, conseguí mirar más allá de la angustia y la frustración y localizar mi convicción perdida, mi fe en nuestra capacidad para adaptarnos, cambiar las cosas y salir adelante. Mi pensamiento voló hacia mi padre, hacia Southside, hacia Mamaw y los antepasados que los precedieron. Me planteé todo lo que habían tenido que reparar, coser y acarrear a lo largo de los años, y cómo su fe se basaba en la creencia de que la vida sería mejor para sus hijos y nietos. ¿Cómo no honrar su lucha, sus sacrificios? ¿Cómo no seguir socavando las injusticias aún presentes en el corazón de la vida estadounidense?

Después de haber estado dando largas al contenido del discurso para la convención, por fin sabía lo que quería expresar. Plasmé mis ideas en palabras y estuve corrigiendo ese discurso hasta que, un día de principios de agosto, me senté en un pequeño espacio alquilado, rodeada de un puñado de personas, y lo grabé. Con la vista fija en el objetivo de una cámara de vídeo, dije lo que más ganas tenía de decirles a mis compatriotas. Hablé con tristeza y vehemencia de lo que habíamos perdido y de lo que aún podíamos recuperar. Expuse con la mayor claridad posible mi opinión de que Donald Trump no estaba capacitado para afrontar los retos a los que se enfrentaban nuestro país y el mundo. Hablé de la importancia de empatizar con los demás y de combatir el odio y la intolerancia, y les pedí encarecidamente a todos que votaran.

En algunos sentidos, era un mensaje sencillo, pero al mismo tiempo sentí que era el discurso más apasionado que había pronunciado jamás.

También era la primera vez que participaba en un mitin importante sin público en vivo, por lo que no había escenario, ni estallidos de aplausos, ni confeti cayendo del techo, ni abrazos con nadie una vez concluido el acto. Como muchos aspectos de 2020, aquello me dejó un regusto extraño y me hizo sentir un poco sola. Aun así, esa noche me fui a la cama sabiendo que había conseguido salir del pozo de oscuridad y que había aprovechado el momento que estaba viviendo. Tal vez más que nunca, había experimentado esa claridad explosiva que surge cuando hablas desde el centro absoluto de tu ser.

Quizá parezca extraño, pero tengo que reconocer que no sé si lo habría conseguido sin haber vivido aquel periodo de inmovilidad forzada y sin la estabilidad que encontré en el acto de tejer. Tuve que centrarme en lo pequeño para volver a pensar en lo grande. Conmocionada por la enormidad de lo que estaba ocurriendo, había necesitado que mis manos me recordaran que existían cosas buenas, sencillas y alcanzables. Y descubrí que eran muchas.

Ahora hago punto mientras hablo por teléfono con mi madre, en las reuniones por Zoom con mi equipo de trabajo y durante las tardes de verano en que nos visitan los amigos y se sientan con nosotros en el patio trasero. Gracias al punto, ver las noticias de la noche me resulta un poco menos estresante, y algunas horas del día se me hacen menos solitarias. Además, me ha ayudado a reflexionar de manera más razonable sobre el futuro.

No pretendo convencer a nadie de que tejer sea la cura para todos los males. No sirve para acabar con el racismo, ni con un virus, ni con la depresión. Tampoco para crear un mundo más justo, frenar el cambio climático o resolver un gran problema. Es demasiado pequeño para eso.

Tan pequeño que apenas parece tener importancia.

Lo que reafirma la idea que intento expresar.

Con el tiempo he comprendido que a veces los grandes problemas se vuelven más manejables si los contraponemos a algo pequeño de forma deliberada. He aprendido que cuando todo empieza a parecerme grande, y por lo tanto aterrador e insalvable, cuando llego al extremo de sentir, pensar o ver demasiado, puedo tomar la decisión de centrarme en lo pequeño. Los días que mi mente no contempla más que un escenario monolítico de calamidades y devastación, cuando me paraliza la sensación de no estar a la altura y la inquietud empieza a apoderarse de mí, cojo las agujas y le doy a mis manos la oportunidad de tomar el control, de sacarnos tranquilamente de esa situación difícil.

Cuando se empieza una nueva labor, el primer paso consiste en «montar un punto». Y para finalizarla, se «remata el punto». He descubierto que ambas acciones me resultan de lo más satisfactorias; son como los sujetalibros de una tarea manejable y finita. Me proporcionan una sensación de plenitud en un mundo que siempre se me antojará caótico e incompleto.

Cada vez que tus circunstancias empiecen a agobiarte, te recomiendo que desvíes tu atención en la dirección opuesta, hacia lo pequeño. Busca algo que te ayude a reordenar tus pensamientos, un remanso de paz donde puedas permanecer un tiempo. Con esto no me refiero a que te quedes sentado pasivamente frente al televisor o navegando con el móvil. Busca una actividad dinámica que requiera que uses la mente, pero también el cuerpo. Concéntrate en un proceso. Perdónate por resguardarte temporalmente de la tormenta.

Tal vez seas demasiado duro contigo mismo, como yo. Tal vez consideres que todos los problemas son urgentes. Tal vez quieras alcanzar grandes cosas en la vida, avanzar siguiendo un plan audaz, sin perder un segundo. Todo eso está bien, y no es un error albergar aspiraciones elevadas. Sin embargo, de vez en cuando conviene darse el gusto de obtener pequeños logros. Tienes que distanciarte un poco y dejar que tu mente descanse de los pensamientos agotadores y los problemas complicados. Porque siempre habrá pensamientos agotadores y problemas complicados, en su mayor parte persistentes y sin resolver. Los agujeros siempre serán profundos, y las respuestas siempre tardarán en llegar.

Así que, mientras tanto, no viene mal anotarse un pequeño tanto. Entiende que está bien ser productivos a pequeña escala, invertir en esfuerzos que son adyacentes a nuestras grandes metas y nuestros sueños más ambiciosos. Busca una labor que seas capaz de llevar a cabo de forma activa y entrégate a ella, aunque no aporte un beneficio inmediato a nadie que no seas tú mismo. Podrías dedicar una tarde a empapelar el baño, por ejemplo, a hornear pan, a practicar la decoración de uñas o a hacer bisutería. O bien podrías pasarte dos horas elaborando fielmente la receta de pollo frito de tu madre, o diez horas construyendo en el sótano una maqueta a escala de la catedral de Notre Dame. Permítete el regalo de estar absorto en otras cosas.

Una de las cosas que hice poco después de dejar la Casa Blanca fue ayudar a fundar Girls Opportunity Alliance (Alianza para las Oportunidades de las Niñas), un programa sin ánimo de lucro que apoya a las adolescentes y a los líderes comunitarios que trabajan para promover la educación de las niñas en todo el mundo. A finales de 2021, a raíz de esta iniciativa, pasé un rato con cerca de una docena de alumnas de bachillerato del South Side y el West Side de Chicago, algunas de solo catorce años de edad. Sentadas en círculo, intercambiamos historias un jueves después de clase. Me veía reflejada en aquellas chicas —había crecido en las mismas calles, con el mismo sistema de educación pública y el mismo tipo de problemas— y esperaba que ellas pudieran verse reflejadas en mí.

Al igual que muchos estudiantes de todo el mundo, habían visto cómo se malograba más de un año de clases presenciales a causa de la pandemia y seguían afectadas por ello. Algunas hablaban de parientes fallecidos por COVID-19. Una describió la sensación de desconexión que percibía entre sus compañeros de instituto. A otra, que había perdido a su hermano hacía poco en un episodio de violencia con armas de fuego, le costó expresarlo en voz alta sin que se le escaparan los sollozos. Muchas mencionaron que se sentían estresadas porque querían recuperar el tiempo y la energía que habían perdido, y todo lo que aquellos meses de tristeza e inactividad les habían arrebatado no solo a ellas, sino también a sus familias y sus comunidades. Las pérdidas eran reales y los retos les parecían inasumibles.

—Estoy frustrada porque me han robado la mitad de mi segundo año y todo mi tercer año —comentó una chica.

—Me he sentido muy aislada —dijo otra.

—El confinamiento se me hizo pesado enseguida —añadió una tercera.

La primera tomó la palabra de nuevo. Se llamaba Deonna. De gruesas trenzas y mejillas redondeadas, ya había comentado que le encantaba cocinar y charlar. Para ella, lo peor de las limitaciones impuestas por la pandemia era que habían minado su capacidad de ver más allá de su entorno inmediato, la manzana donde vivía.

—Apenas tenemos oportunidad de salir a explorar y conocer cosas diferentes —dijo—. Y casi todo lo que vemos son tiroteos, drogas, juegos de dados, bandas. ¿Qué se supone que podemos aprender de eso?

Agregó que se le iba el tiempo en cuidar de su abuela, trabajar a media jornada, evitar a los gamberros de su barrio y terminar el bachillerato para poder matricularse en una escuela de cocina. Y estaba agotada.

—Y todo eso me tiene machacada —añadió Deonna, aunque acto seguido se encogió de hombros como para intentar recobrar el buen humor—, pero sé que saldré adelante, así que en realidad no es tan estresante... —Miró a las otras chicas del grupo, que asentían con la cabeza, antes de concluir con una última confesión—: Pero lo es.

En ese momento, las demás sonrieron y asintieron de forma aún más enérgica.

Me sentí identificada con lo que había dicho Deonna, con esa idea que se había ganado nuestra aprobación: el tira y afloja interno sobre si nuestra situación es muy dura o no. Un mismo día puede resultar abrumador y a la vez soportable; un mismo desafío puede parecer gigantesco, luego alcanzable y, dos horas después, insuperable otra vez. Es algo que no solo depende de las circunstancias, sino también de nuestro estado de ánimo, nuestra actitud y nuestro punto de vista; causas que pueden cambiar de un momento a otro. Los factores más nimios pueden subirnos la moral por las nubes o hundirnos en el fango: si hace sol o no, cómo llevamos hoy el pelo, cómo hemos dormido, si hemos comido o no, si alguien se ha tomado la molestia de dirigirnos una mirada amable o no... Podemos o no reconocer en voz alta todas esas fuerzas que nos dejan abatidos a tantos de nosotros, las condiciones sociales moldeadas por la opresión sistémica ejercida durante generaciones, pero es innegable que están ahí.

Cuando se trata de compartir el dolor o reflexionar sobre las pérdidas, muchos medimos nuestras palabras porque sabemos que podrían confundirse con una manifestación de autocompasión, lo que, en una afroamericana decidida a llegar lejos salvando obstáculos históricos, quedaría mal y seguramente sería desperdiciar un tiempo precioso. Nos sentimos culpables por quejarnos, pues somos conscientes de que muchos lo tienen peor que nosotros. Entonces ¿qué hacemos? Irradiamos nuestra fuerza hacia el exterior para que el mundo la vea y a menudo guardamos lo demás —nuestras vulnerabilidades, nuestras preocupaciones— en un lugar oculto, donde nadie pueda verlo. Sin embargo, en privado, en nuestro interior, estamos montados en un balancín, yendo y viniendo entre pensamientos de «lo tengo controlado» y «esto me supera».

Como diría Deonna: «No es estresante, pero lo es».

Varias estudiantes con las que me reuní ese día en Chicago expresaron su desasosiego por problemas de mayor alcance. Reconocían que se sentían culpables por no poder hacer más: por sus familias, por sus barrios, por todos los fragmentos rotos de nuestro país y por los males que aquejan a nuestro planeta, por todos y cada uno de los daños que quedaban por reparar. Eran conscientes de las grandes cuestiones, lo que les producía una sensación de impotencia y una ligera parálisis. Por si fuera poco, se avergonzaban de sentirse paralizadas. Somos afortunados, claro está, de que en el mundo haya personas de quince y dieciséis años con este grado de madurez, empatía y compromiso, pero parémonos un momento a pensar en la carga tan enorme y pesada que llevan sobre los hombros estas chicas que van al instituto cada día. ¿Cómo es posible que no les parezca excesiva?

Recibo muchos correos electrónicos y cartas de personas que escriben con cierta urgencia expresando grandes sueños y grandes sentimientos. Un número notable de ellos contiene una de las siguientes declaraciones, o las dos:

«Quiero tener un impacto positivo».

«Quiero cambiar el mundo».

Estos mensajes destilan entusiasmo y buenas intenciones, y a menudo provienen de jóvenes que muestran su consternación por todo lo que ven y quieren solucionar, por todo lo que se proponen lograr. Otra constante es la idea de que hay que actuar lo antes posible, lo que, por supuesto, es una consecuencia típica tanto de la juventud como de la pasión. Cerca de una semana después del asesinato de George Floyd en 2021, me contactó una joven de nombre Iman. «Quiero cambiar todo el sistema ya. Siento la urgencia de arreglarlo todo», escribió. A continuación, añadía que tenía quince años.

Una adolescente de Florida llamada Tiffany me mandó hace poco un mensaje en el que esbozaba sus sueños: «Quiero conquistar el mundo con la música, la danza y el teatro —decía—. Quiero conquistar el mundo como Beyoncé, pero más a lo grande». Se sentía impulsada a cumplir su destino en la vida para que sus padres, sus abuelos y sus antepasados estuvieran orgullosos de ella. «Quiero conseguirlo todo —aseguraba, antes de agregar—: Pero a veces la salud mental no me lo pone fácil».

Y esto es lo que le respondo no solo a Tiffany, sino a todo aquel, joven o no, que intenta descubrir su propósito en la vida en medio de todos los problemas enormes, abrumadores y urgentes que aquejan al mundo: «Sí, eso es justo lo que ocurre. Cuando queremos tener un impacto positivo, cambiar el mundo, a veces la salud mental nos lo pone difícil».

Porque esa es precisamente su función. La salud se basa en el equilibrio. El equilibrio se basa en la salud. Debemos ser cuidadosos, y a veces incluso vigilantes, en lo que a la salud mental se refiere.

Tu mente controla los mandos en todo momento, aunque sea de manera imperfecta, tratando de mantenerte equilibrado mientras decides cómo gestionar tus pasiones, ambiciones y grandes sueños, además de tus penas, limitaciones y miedos. Unas veces pisa ligeramente el freno para reducir la velocidad. Otras, detecta un problema y hace sonar la alarma: si intentas ir demasiado rápido, si entras en una dinámica de trabajo insostenible, si estás atrapado en pensamientos desordenados o si adquieres patrones de comportamiento perjudiciales. Es importante que prestes atención a cómo te sientes, a las señales que lanzan tu cuerpo y tu mente. No tengas miedo de pedir ayuda si tú o alguien que conoces lo está pasando mal. Existen numerosos recursos y herramientas que pueden resultar útiles —hemos incluido una lista al final del libro—. Para proteger nuestra salud mental, muchos buscamos el apoyo profesional de psicólogos o de orientadores en los centros de estudio, llamamos a teléfonos de atención psicológica o consultamos en nuestros centros sanitarios de referencia. Es fundamental recordar que no estamos solos.

Está bien que bajes el ritmo de vez en cuando, date un respiro y expresa tus preocupaciones en voz alta. Es bueno que mires por tu bienestar, convierte en un hábito el descanso y la reparación. También he descubierto que, de cara a cambiar el mundo, conviene dividir esos grandes objetivos de todo o nada en sus distintos componentes. De este modo, es menos probable que acabes abrumado, agotado o con la sensación de que tus esfuerzos no sirven para nada.

Nada de esto supone una derrota. La derrota llega cuando lo grande se convierte en enemigo de lo bueno, cuando nos quedamos atrapados en la enormidad de todo y nos estancamos antes de haber empezado, cuando los problemas parecen tan grandes que renunciamos a dar los pasos más pequeños, a gestionar lo que realmente está bajo nuestro control. No olvides priorizar las cosas que puedes hacer, aunque solo sea para conservar tu energía y ampliar tus posibilidades. Tal vez sea centrarse en terminar el instituto. Tal vez sea mantener una disciplina con tus finanzas para contar con más opciones en el futuro. Tal vez sea trabajar para construir relaciones duraderas con otras personas y obtener más apoyo a lo largo del tiempo. Recuerda que resolver los grandes problemas o alcanzar la grandeza suele llevar años. Intuyo que lo que Tiffany pretendía decirme era que hay veces que le faltan las fuerzas y el fervor necesarios para conquistar el mundo y ser más grande que Beyoncé. Me imagino también que a Iman no le ha resultado fácil mantener en el tiempo la urgencia y las ganas de «cambiar todo el sistema ya».

Por eso es fundamental que no olvidemos colocar lo pequeño al lado de lo grande. Las dos cosas se complementan. Las metas pequeñas nos ayudan a proteger la felicidad, a evitar que lo grande acabe por devorarla. Y resulta que, cuando nos sentimos bien, nos paralizamos menos. Algunos estudios demuestran que es más probable que quienes están más contentos con su vida apoyen de forma activa las grandes causas sociales que quienes están descontentos, lo que refuerza la idea de que es bueno dedicar las mismas energías a cuidar de nuestro bienestar que a defender nuestras convicciones más férreas.[2] Cuando nos permitimos celebrar pequeñas victorias como si fueran importantes y significativas, comenzamos a entender la naturaleza gradual del cambio: cómo un voto puede contribuir a cambiar nuestra democracia, cómo criar a un niño de manera que crezca sano y se sienta querido puede ayudar a cambiar un país, cómo educar a una niña puede cambiar a mejor un pueblo entero.

Cuando vivía en la Casa Blanca teníamos un huerto en el Jardín Sur, y en primavera plantábamos de forma conjunta maíz, judías y calabazas, las conocidas como «las tres hermanas». Se trata de un ingenioso método de cultivo que los nativos americanos han utilizado durante cientos de años y se basa en la idea de que cada variedad de planta tiene algo vital que ofrecer a las demás: los largos tallos del maíz sirven de tutores naturales por los que trepan las judías. Estas, a su vez, aportan nitrógeno, un nutriente que favorece el crecimiento de las otras plantas, y las calabazas, que crecen muy cerca del suelo, tienen unas hojas anchas que ayudan a evitar las malas hierbas y a mantener la tierra húmeda. El ritmo de crecimiento de cada variedad es distinto, pero la combinación da lugar a un sistema de protección y beneficios mutuos: las plantas altas y las bajas mantienen una colaboración constante. Lo que nos proporciona una cosecha sana no es el maíz o las judías por separado, sino la mezcla del maíz con las judías y las calabazas. El equilibrio nace de la combinación.

He empezado a pensar en mi vida y en la comunidad humana en general en esos términos. Si siento que pierdo el equilibrio, que carezco de apoyo o que la realidad me supera, hago balance del estado de mi huerto, de lo que he plantado y lo que aún me falta por añadir a la mezcla. ¿Qué está alimentando mi suelo? ¿Qué me ayuda a evitar las malas hierbas? ¿Estoy cultivando lo alto junto con lo bajo?

Esta práctica se ha convertido en algo muy valioso para mí, en una herramienta en la que confío; he aprendido a reconocer y valorar el equilibrio cuando lo percibo, a disfrutar y tomar nota de los momentos en que me siento más estable, concentrada, despejada, y a pensar de forma analítica en lo que me ha ayudado a llegar hasta allí. He descubierto que, cuando practicamos este tipo de introspección, nos resulta más fácil reconocer el desequilibrio y buscar la ayuda que necesitamos. Hay que aprender a reconocer nuestras señales de alarma internas y reaccionar antes de que la situación se nos vaya de las manos. ¿Le he hablado mal a un ser querido? ¿Me preocupa algo que escapa a mi control? ¿Mi miedo va en aumento?

Una vez identificada la causa que me ha hecho perder el equilibrio, lo primero que hago es repasar mi arsenal de remedios y probar distintos enfoques para recuperar la estabilidad. Muchos de ellos son pequeños. A veces solo necesito pasear al aire libre, pegarme una buena sudada en una sesión de ejercicio o dormir toda la noche de un tirón. O tranquilizarme y realizar una tarea tan sencilla como hacer la cama. O simplemente darme una ducha y ponerme ropa decente. En otros momentos, lo que necesito es charlar largo y tendido con un amigo o pasar un rato a solas, volcando mis reflexiones por escrito. En algunos casos, caigo en la cuenta de que me conviene dejar de evitar algo —un proyecto o alguna interacción— que he estado posponiendo. En ocasiones, descubro que lo que me ayuda es ayudar a otros, aunque solo sea con un pequeño gesto que contribuya a que su día sea un poco más sencillo o agradable. Con frecuencia, lo único que necesito para restablecer mi estado de ánimo son unas risas.

En aquella reunión con las jóvenes de Chicago, les pregunté qué habían hecho para contrarrestar la sensación de pérdida, la inactividad y el estrés de la pandemia, qué pequeñas cosas les habían proporcionado alivio. En cierto sentido, intentaba ayudarlas a identificar las causas de su desequilibrio y las herramientas que les habían servido para serenarse y estabilizarse. Esto nos había desviado de la conversación sobre las grandes preocupaciones y las inquietudes que habíamos expresado. El ambiente se animó. Las respuestas surgían con facilidad. Empezamos a reírnos más. Dos de ellas comentaron que el baile y la música las habían ayudado a seguir adelante. Otras dijeron que fue el deporte. Una chica que se llamaba Logan nos contó, orgullosa, que había memorizado todas las canciones de *Hamilton*, porque sí.

Son estos pequeños reajustes los que nos ayudan a desenredar los nudos más grandes. Las prácticas «porque sí» son las que fertilizan nuestro suelo. Además, he descubierto que los pequeños logros a veces se acumulan. Un leve impulso a menudo genera otro, un acto de estabilización da lugar a otro. Para avanzar de manera gradual hacia medidas de mayor alcance e impacto, a veces basta con probar una cosa nueva, completar una tarea aparentemente insignificante.

Esto me lo dejó claro una chica de catorce años llamada Addison, quien nos contó que, durante los primeros meses de la pandemia, había empezado a grabar vídeos para compartirlos con los seres queridos a quienes no podía visitar, lo que después la llevó a elaborar un plan de empresa y fundar su propia productora audiovisual. Por su parte, Madison, superada por la impacto y el dolor que siguió a la muerte de George Floyd, había comenzado a participar como voluntaria en campañas de recogida de alimentos y de limpieza de espacios públicos, y descubrió que eso la ayudaba a valorar más lo que tenía y a mantener los pies en la tierra. Luego estaba Kourtney, que se había pasado meses en casa, mano sobre mano, hasta que comprendió que «tenía que salir de mi agujero y hacer algo». Así que se la jugó y se presentó como candidata al consejo estudiantil —de forma virtual— y perdió. «¡Pero lo intenté!», anunció al grupo con aire triunfal. Su trayectoria política fallida le había infundido una dosis inesperada de seguridad que la motivó a crear una asociación juvenil que trabaja en proyectos de voluntariado en su barrio.

Este es el poder de lo pequeño, donde los pasos intermedios importan, donde puede ser un alivio comprometerse con nuestra realidad más inmediata, y donde un comienzo puede conducir más fácilmente a un final.

Así es como se invierte el camino del «esto me supera» al «lo tengo controlado».

Así es como seguimos creciendo como personas.

Cuando estás empezando algo nuevo, no siempre puedes ver adónde te diriges. Tienes que aceptar que no sabes exactamente cómo saldrán las cosas. Si se trata de hacer calceta, montas el primer punto y te guías por un gráfico, una serie de letras y números que al no iniciado pueden parecerle algo críptico e ininteligible. El diagrama te indica cuántos puntos agregar y en qué orden, pero pasa un tiempo hasta que te percatas de que la labor está tomando forma y el patrón empieza a apreciarse. Hasta ese momento, te has limitado a mover las manos y seguir los pasos. En cierto modo, se trata de un acto de fe.

Lo que me recuerda que, en realidad, no tiene nada de insignificante. La fe se practica de maneras muy sutiles. Y practicarla nos refresca la memoria sobre lo que es posible. Al hacerlo, decimos «puedo». Decimos «me importa». No nos rendimos.

Tanto al tejer como en muchos otros aspectos de la vida, he aprendido que la única forma de obtener la gran respuesta que buscamos consiste en añadir un punto detrás de otro. Tejes, tejes y tejes hasta que terminas una vuelta. Tejes la segunda encima de la primera, luego la tercera, la cuarta... Al final, con esfuerzo y paciencia, empiezas a vislumbrar la prenda en sí. Ves una especie de respuesta —aquello que esperabas conseguir—, algo nuevo que surge entre tus manos.

Tal vez sea un gorrito verde que quieres regalarle a una amiga en su fiesta prenatal. Tal vez sea un suave jersey de cuello redondo para tu marido, que es de Hawái y se resfría fácilmente en invierno. Tal vez se trate de un top de alpaca con unos bonitos tirantes enrollados que resaltan la preciosa piel color canela de tu hija de diecinueve años cuando, sonriente, coge las llaves del coche, pasa como un cohete por tu lado y sale por la puerta a este mundo caótico y siempre incompleto.

Y durante un par de minutos, te das cuenta de que ha valido la pena, de que lo que has hecho es suficiente.

Quizá eso cuente como progreso.

Me gusta pensar que sí.

Así que sigamos avanzando.

ARRIBA: Chewbacca, el peludo personaje de *La guerra de las galaxias* que aparece junto a Barack, asustó tanto a Sasha que la niña se encerró en su habitación hasta que le aseguramos que el wookie se había marchado de la fiesta de Halloween. ABAJO: La familia disfrazada para la fiesta de Halloween que celebramos en la Casa Blanca al año siguiente. No volvimos a invitar a Chewbacca.

CAPÍTULO 2

DESCODIFICAR EL DOLOR

De niño, a mi hermano Craig le encantaban las historias de terror. No parecían darle ningún miedo. Por las noches, se acostaba en la habitación que compartíamos en Euclid Avenue y se quedaba escuchando algún programa de radio sobre historias de fantasmas hasta conciliar el sueño. A través de la delgada mampara que separaba su espacio y el mío, yo escuchaba al presentador narrar con su voz de barítono relatos de cementerios y zombis, desvanes oscuros y capitanes de barco muertos, que remarcaba con estridentes efectos de sonido: chirridos de puertas, risotadas diabólicas y alaridos de terror.

—¡Apaga eso! —le gritaba desde mi cama—. No lo soporto.

Pero no me hacía caso. La mitad de las veces, ya estaba dormido.

Craig también era muy aficionado al programa de televisión *Creature Features,* que reponía películas de culto sobre monstruos los sábados por la noche. A veces, aun a sabiendas de que era un error, me sentaba a su lado en el sofá y, tapados con la misma manta, nos sumergíamos en viejos clásicos como *El hombre lobo, Drácula* y *La novia de Frankenstein.* O, mejor dicho, yo me sumergía en ellos. Craig no tanto. Yo lo vivía con intensidad: se me desbocaba el corazón cada vez que abrían un ataúd chirriante para robar un cadáver o lloraba de espanto cuando las momias volvían a la vida.

Mientras tanto, mi hermano miraba la pantalla con una sonrisa de oreja a oreja, preso de la fascinación, pero también de una modorra inexplicable. Con frecuencia, cuando salían los créditos, él ya se había quedado frito.

Craig y yo veíamos las mismas películas, hombro con hombro en el sofá, pero nuestras experiencias eran claramente distintas. Esto se debía a la manera en que cada uno filtraba lo que percibían sus ojos. En aquel entonces, yo carecía por completo de filtros: no veía más que a los monstruos, no sentía más que miedo. Craig, que tenía la ventaja de sacarme un par de años, lo miraba todo a través de un cristal más grueso, con un contexto más amplio. Esto le permitía divertirse con aquellas películas, darse el gusto de sobresaltarse sin dejar que el terror se apoderara de él. Sabía descodificar lo que tenía delante: eran actores disfrazados de monstruos. Solo existían en la pantalla del televisor y él, a diferencia de la miedosa de su hermana, sabía que estaba a salvo en el sofá.

Lo que para él no era nada, para mí era una experiencia espeluznante.

Y, sin embargo, yo repetía. Cada pocas semanas, me dejaba caer en el sofá junto a Craig dispuesta para otra sesión de *Creature Features*, en parte por mi deseo de estar con mi hermano mayor siempre que se presentara la ocasión, pero creo que también con la esperanza de aprender a sentirme tan cómoda como él con el miedo que me provocaban zombis y monstruos.

A diferencia de mi hermano, nunca llegué a ser fan del cine de terror. Hoy en día, las emociones fuertes de ese tipo no me interesan. Sin embargo, con los años he descubierto la importancia de enfrentarme al miedo y a la ansiedad cuando trabajo para encontrar mi equilibrio dentro de las situaciones que me asustan.

Tuve la suerte de criarme en un ambiente razonablemente seguro y estable, entre personas dignas de confianza, y soy consciente de que esto me sirve de referencia para entender lo que se siente al disfrutar de seguridad y estabilidad, un privilegio que por desgracia no todo el mundo comparte. Hay muchos aspectos de la experiencia de los demás con el miedo que no conozco y me son ajenos. No sufrí abusos, por ejemplo. No he vivido una guerra de cerca. Mi integridad física se ha visto amenazada de vez en cuando, pero por suerte nunca he estado en peligro. Por otro lado, soy una persona negra que vive en Estados Unidos. Soy una mujer en un mundo patriarcal. Y soy un personaje público, por lo que estoy expuesta a que me critiquen y me juzguen, lo que en ocasiones me convierte en el blanco de la ira y del odio de otras personas. A veces me cuesta dominar los nervios. Percibo una sensación de riesgo que preferiría que no estuviera allí. Como muchas personas, también tengo que armarme de valor para salir a hablar en público, expresar mis opiniones o afrontar un nuevo reto.

Casi todo lo que describo aquí es un miedo abstracto: miedo a pasar vergüenza o al rechazo, preocupación por que las cosas salgan mal o alguien resulte herido. Lo que he comprendido es que el riesgo es parte integrante de la experiencia humana, con independencia de quiénes seamos, qué aspecto tengamos o dónde vivamos. Se nos presenta en diferentes formas y grados de gravedad, pero nadie es inmune a él. El *Oxford English Dictionary* define «riesgo» como «peligro de sufrir una pérdida, un daño o un fracaso». ¿Quién va por la vida sin ser consciente de esos peligros? ¿A quién no le preocupa sufrir una pérdida, un daño o un fracaso? Analizamos nuestros miedos en todo momento, intentando distinguir las alarmas reales de las artificiales. Esto puede resultar especialmente complicado en un entorno en el que los medios de comunicación a menudo utilizan el miedo para subir las audiencias. En enero de 2022, por ejemplo, en respuesta al aumento de la tasa de crímenes violentos, en el canal de noticias Fox News aparecieron faldones como: LAS CIUDADES DE ESTADOS UNIDOS SE CONVIERTEN EN INFERNALES PAISAJES APOCALÍPTICOS o ASISTIMOS EN DIRECTO A LA CAÍDA DE LA CIVILIZACIÓN, con lo que, en esencia, se estaban montando una película de monstruos sobre la situación del país.[3] Si estas afirmaciones fueran mínimamente ciertas, resultaría imposible saber qué medidas tomar. En esas condiciones, sería impensable salir de casa o llegar con vida al año 2023.

Pero salimos de casa, y llegaremos con vida a 2023.

Sí, corren tiempos difíciles. Y sí, incluso las noticias reales pueden ser de lo más alarmantes, pero cuando el miedo se vuelve paralizante, cuando nos arrebata la esperanza y la iniciativa personal, entonces sí que nos encaminamos hacia el desastre. Por eso debemos prestar mucha atención a cómo evaluamos nuestras preocupaciones y aprender a procesar el miedo. A mi parecer, las decisiones que tomamos cuando estamos asustados a menudo tienen repercusiones más amplias en nuestra vida.

El objetivo no es librarnos por completo del miedo. He conocido a muchas personas valientes, desde héroes cotidianos hasta gigantes como Maya Angelou y Nelson Mandela; personas que, a primera vista, podrían parecer inmunes al miedo. Me he reunido —e incluso convivido— con líderes mundiales acostumbrados a tomar decisiones bajo presión que ponen en peligro unas vidas y salvan otras. Conozco a cantantes capaces de desnudar su alma frente a estadios abarrotados, a activistas que se han jugado la libertad e incluso la vida para proteger los derechos de otros, y a artistas cuya creatividad se alimenta de una audacia extraordinaria. Creo que ni una sola de esas personas afirmaría que en algún momento no ha tenido miedo. Por el contrario, lo que creo que tienen en común es la capacidad de convivir con el riesgo y aceptar su presencia, y al mismo tiempo mantener el equilibrio. Han aprendido a sentirse cómodos con el miedo.

¿Qué significa sentirnos cómodos con el miedo? Para mí, es un concepto muy simple: se trata de aprender a lidiar con este sentimiento, de encontrar la manera de que los nervios nos guíen en vez de paralizarnos. Se trata de mantener la calma en presencia de los zombis y los monstruos con los que nos topamos inevitablemente en la vida para enfrentarnos a ellos de un modo más racional, y de confiar en nuestra propia valoración sobre qué es perjudicial y qué no. Cuando vivimos así, no estamos del todo cómodos ni del todo asustados. Aceptamos que existe una zona intermedia y aprendemos a movernos en ella, despiertos y alerta, pero sin quedarnos paralizados.

Uno de mis primeros recuerdos de la infancia —yo tendría unos cuatro años— es de cuando me eligieron para actuar en una representación navideña que mi tía abuela Robbie estaba montando en su parroquia. Me hizo mucha ilusión porque me brindaría la oportunidad de ponerme un bonito vestido de terciopelo rojo y unos zapatos de charol, y mi única responsabilidad sería girar alegremente como una peonza en el escenario, frente a un árbol de Navidad.

Sin embargo, cuando me llevaron al ensayo, me encontré con algo que no había previsto. Robbie y su equipo de diligentes feligresas habían engalanado el escenario con purpurina y adornos propios de la festividad, y el árbol estaba rodeado de un montón de regalos envueltos y un puñado de peluches descomunales que eran casi tan altos como yo. Pero lo que más me llamó la atención fue una tortuga verde de aspecto escalofriante que estaba justo al lado de donde se suponía que yo debía colocarme. Solo con verla se me encendieron todas las alarmas. No sé por qué, pero me quedé petrificada. Sacudiendo la cabeza y pugnando por contener las lágrimas, me negué a subir al escenario.

Nuestros temores infantiles pueden parecernos un poco ridículos a posteriori, y los míos no son una excepción. A menudo surgen como una reacción instintiva a lo desconocido, a aquello que aún no somos capaces de comprender: ¿Qué es ese crepitar y esos estallidos que se oyen en el cielo? ¿Quién vive en ese espacio oscuro que hay debajo de mi cama? ¿Quién es este señor tan distinto a las personas que veo a diario? Tras estas preguntas subyacen otras, también instintivas, que guían la reacción de una mente joven: ¿Me hará daño esta cosa nueva? ¿Por qué habría de fiarme de ella? ¿No sería mejor chillar y echar a correr?

Sasha aún se estremece cuando se acuerda de la primera fiesta de Halloween que organizamos en la Casa Blanca para familias de militares y cientos de personas más. Había algo para picar, disfraces y actuaciones en vivo. Puesto que el grueso de los asistentes —incluidas nuestras dos hijas— contaban menos de diez años, planeamos el acto de manera que no hubiera sustos, sino solo un poco de diversión desenfadada. El problema fue que yo tomé la catastrófica y, al parecer, casi imperdonable decisión de invitar a un pequeño grupo de personajes de *La guerra de las galaxias*.

Por la intensidad y la duración del llanto que provocó en la pequeña Sasha la aparición de Chewbacca, cualquiera habría pensado que había invitado al mismísimo Satanás. No le importó en absoluto que el hombre del disfraz peludo marrón fuera tranquilo y amable, ni que a los demás niños no les afectara lo más mínimo su presencia. Mi niña, por lo general intrépida, entró en pánico. Salió escopetada de la fiesta y se pasó las horas siguientes escondida arriba, en su habitación. Se negó a abandonar su refugio hasta que le aseguramos una docena de veces que Chewbacca se había marchado.

Su wookie era equivalente a mi tortuga: intrusos en nuestra visión, aún no desarrollada, de cómo debían ser las cosas.

Bien mirado, el miedo a menudo surge de esta manera, como una respuesta innata al desorden y a lo diferente, a la intrusión de algo nuevo o intimidante en nuestra conciencia. Puede ser totalmente racional en algunos casos y totalmente irracional en otros. Por eso es importante que aprendamos a filtrarlo bien.

Respecto a mi participación en la obra navideña, recuerdo que la tía Robbie, que andaba escasa de tiempo pues debía ocuparse de un grupo entero de actores y no estaba para mimar a nadie, sacó su sentido práctico y me dio a elegir entre dos opciones muy simples: o me avenía a compartir el escenario con los peluches, y realizaba mi actuación estelar girando como una peonza con mi vestido rojo frente a un público nutrido, o me limitaba a mirar desde el regazo de mi madre cómo el espectáculo continuaba sin mí. La decisión estaba en mis manos. Podía actuar o no actuar. En realidad, a ella le daba igual. Pero no pensaba ceder ante mi miedo retirando esa tortuga del escenario.

Supongo que una prueba de lo mucho que me gustaba ese vestido de terciopelo rojo y de las ganas que tenía de lucirlo es que, al final —después de derramar más lágrimas y enfurruñarme un poco—, hice de tripas corazón, subí al escenario y, con el pulso acelerado, me acerqué al árbol. Ahora veo cuánto me ayudó la postura inflexible de Robbie sobre el asunto. Me dio la oportunidad de sopesar mis opciones y analizar la racionalidad de mi miedo. No sé si era consciente de lo que hacía o simplemente estaba demasiado ocupada para perder el tiempo; el caso es que permitió que yo me encargara de la descodificación, pues tenía claro que la tortuga no representaba peligro alguno, por supuesto. Dejó que lo descubriera por mí misma.

Cuando, con pasitos cortos, llegué por fin a mi sitio junto al árbol, me sorprendió que la tortuga no fuese tan grande como me había parecido. De cerca, sus ojos no me resultaban tan amenazadores. La vi como lo que era, un objeto blando, inerte e inofensivo...; tal vez, incluso gracioso. No había amenaza alguna, solo novedad. Mi mente joven estaba procesando el temor que me inspiraba subir a un escenario que no conocía. Era una sensación incómoda, sin duda, pero se fue atenuando conforme crecía la familiaridad. Una vez que lo superé, me sentía ligera de pies, libre para girar como una peonza sobre mi centro.

Y eso fue lo que hice. Al parecer, el día de la función me entregué tanto —con la falda ondeando al viento, el rostro elevado hacia el cielo en éxtasis— que mis padres lloraron de risa durante toda la obra. Y a mí, aquel primer ensayo en la parroquia me sirvió como preparación para muchos momentos que viviría más adelante. Fue mi primera práctica en el arte de anteponer lo racional a los nervios.

En mi opinión, muchos nos pasamos décadas cruzando una y otra vez el mismo terreno psicológico, contemplando el equivalente a mi tortuga u otro, dudando si subir a un escenario o al siguiente. El miedo es muy potente desde el punto de vista fisiológico. Nos sacude como una descarga eléctrica que pone el cuerpo en alerta. Con frecuencia nos asalta cuando nos enfrentamos a situaciones nuevas o nos encontramos frente a personas y sensaciones también nuevas. La ansiedad, prima hermana del miedo, es más difusa y quizá nos afecta aún más por su capacidad de alterarnos los nervios incluso cuando no existe una amenaza inmediata, cuando solo nos imaginamos los posibles resultados negativos de las cosas, cuando tememos lo que puede pasar. Sin embargo, cuando saltamos de la infancia a la madurez, las preguntas siguen siendo en esencia las mismas: ¿Estoy a salvo? ¿Qué está en juego? ¿Puedo permitirme hacer mi mundo un poco más grande aceptando algo nuevo?

En general, la novedad siempre nos exige un punto más de prudencia. Pero la cuestión es que a veces cedemos demasiado ante nuestros miedos. Es fácil malinterpretar un temor repentino o una punzada de ansiedad como un aviso de que debemos echar el freno, quedarnos donde estamos y evitar una experiencia nueva.

A medida que nos hacemos mayores, nuestra respuesta al miedo, al estrés y a todo aquello que nos intimida se va matizando. Por supuesto, ya no chillamos ni echamos a correr como cuando somos pequeños, pero nos retraemos de otras maneras. La evitación es el equivalente adulto de los chillidos de un niño. Puede que no solicites un ascenso en el trabajo por no significarte, o no cruces una habitación para presentarte a una persona a la que admiras, o no te matricules en un curso que supondría un desafío para ti o no entables conversación con alguien de cuyas opiniones políticas o religiosas no sabes nada. Al intentar ahorrarnos la inquietud y la incomodidad que nos genera asumir un riesgo, rechazamos una posible oportunidad. Al aferrarnos solo a lo conocido, empequeñecemos nuestro mundo. Renunciamos a la posibilidad de crecer como personas.

Creo que siempre vale la pena preguntarse: ¿Tengo miedo porque corro un peligro real o simplemente porque me encuentro ante algo nuevo?

Descodificar el miedo implica detenernos a analizar nuestros instintos, examinar qué nos intimida y qué nos despierta mayor atracción, y, lo que es más importante, por qué nos sentimos intimidados o atraídos por ello.

Esto es aplicable también a cuestiones sociales más amplias. Cuando evitamos lo que es nuevo o diferente y no nos cuestionamos esos impulsos, es más probable que busquemos y privilegiemos los aspectos más uniformes de nuestra vida. Podemos agruparnos en comunidades basadas en la uniformidad; podemos abrazar la conformidad como un tipo de comodidad, un medio de eludir el miedo. Y, sin embargo, cuando nos refugiamos en lo uniforme, lo único que conseguimos es que lo diferente nos asuste más. Perdemos cada vez más la capacidad de acostumbrarnos a cosas —o personas— con las que no tenemos una familiaridad inmediata.

Si el miedo es una respuesta a la novedad, entonces podemos considerar que la intolerancia es a menudo una reacción al miedo: ¿Por qué te has cambiado de acera al ver a un chico negro que vestía una sudadera con capucha? ¿Por qué pusiste en venta tu casa cuando una familia de inmigrantes se mudó a la vivienda de al lado? ¿Por qué te sientes amenazado cuando ves a dos hombres besándose en la calle?

Creo que nunca he sentido tanta ansiedad como cuando Barack me anunció su intención de presentarse a las elecciones para la presidencia de Estados Unidos. La perspectiva me pareció realmente aterradora. Y, lo que es aún peor, durante la conversación intermitente que mantuvimos a lo largo de algunas semanas a finales de 2006, me dejó claro que la decisión dependía de mí. Me quería, me necesitaba, y yo era su compañera. Por lo tanto, si consideraba la iniciativa demasiado arriesgada o temía que acarreara demasiados problemas a la familia, estaba en mi mano arrancarla de raíz.

Bastaba con que dijera que no. Y, en honor a la verdad, pese a que muchas personas de nuestro entorno animaban a Barack a presentarse, yo estaba más que dispuesta a zanjar el asunto. Pero sabía que, antes que nada, lo menos que podía hacer era razonar esa decisión con sinceridad. Se lo debía a él —a nosotros—. Tenía que reflexionar más allá del sobresalto inicial, pasar por el tamiz mis preocupaciones en busca de mis pensamientos más racionales. Me pasé un par de semanas rumiando esta idea aparentemente absurda e intimidante. Le daba vueltas en el trayecto a la oficina y durante las sesiones de ejercicio en el gimnasio. Le daba vueltas mientras arropaba a nuestras hijas a la hora de dormir y mientras estaba tendida en la cama al lado de mi marido.

Entendía que Barack quisiera ser presidente, pero, al mismo tiempo, no me atraía el mundillo de la política. Me gustaba mi trabajo. Quería proporcionarles a Sasha y Malia una vida ordenada y tranquila. No me entusiasmaba que nuestra rutina se viera alterada, ni tampoco los imprevistos, y sabía que una campaña traería consigo mucho de ambas cosas. También sabía que estaríamos expuestos a críticas. A una avalancha de críticas. Presentarse a las elecciones presidenciales equivale más o menos a pedirle a cada estadounidense que te muestre su aprobación o su rechazo con su voto.

Lo reconozco, estaba muerta de miedo.

Me repetía a mí misma que sería un alivio decir que no. Si decía que no, las cosas se quedarían tal como estaban. Seguiríamos cómodamente instalados en nuestra casa, en nuestra ciudad y en los empleos que ya teníamos, rodeados de las personas que ya conocíamos. No habría cambios de colegios, ni de residencia, ni de ningún otro tipo.

Ahí estaba; por fin había salido a la luz lo que mi miedo intentaba encubrir: no quería cambios. No quería sufrir incomodidad, ni incertidumbre, ni pérdida de control. No quería que mi esposo se postulara para presidente porque no había manera de predecir, ni siquiera imaginar, qué nos depararía la experiencia. Albergaba preocupaciones legítimas, por supuesto, pero ¿qué era lo que me daba miedo en realidad? La novedad.

Percatarme de esto me ayudó a pensar con mayor claridad. En cierto modo, hizo que la idea me pareciera menos absurda, menos intimidante. Conseguí descomponer mis preocupaciones de manera que resultaran menos paralizantes. Ya llevaba años practicando esta destreza —desde mi encuentro con aquella tortuga en el escenario de la tía Robbie—, y Barack también. Me recordé a mí misma que los dos habíamos afrontado numerosos cambios y novedades a lo largo de nuestra vida. Cuando éramos adolescentes, abandonamos la seguridad de nuestras familias para ir a la universidad. Luego emprendimos nuevas trayectorias profesionales. Fuimos las únicas personas negras en muchas situaciones y habíamos sobrevivido. Barack ya había perdido y ganado otras elecciones. Habíamos lidiado con la infertilidad, con la muerte de progenitores y con el estrés de criar a nuestras hijas cuando eran pequeñas. ¿Nos había provocado ansiedad la incertidumbre? Claro, muchas veces. Y, a pesar de todo, ¿no nos habíamos vuelto más competentes y nos habíamos adaptado de forma gradual? Sí, así había sido. De hecho, habíamos adquirido mucha práctica en ello.

Esto fue lo que finalmente me convenció.

Me resulta extraño pensar que, si me hubiera dejado llevar por el miedo, habría podido alterar el curso de la historia.

Pero no lo hice. Dije que sí.

Por encima de todo, no quería vivir la versión alternativa de esa decisión. No quería que fuéramos una familia que se sentaba a la mesa del comedor a hablar sobre los caminos que no habíamos elegido o lo que podría haber sido. No quería tener que decirles a mis hijas que hubo un momento en que su padre habría podido llegar a ser presidente; que contaba con la confianza de muchas personas y el valor para acometer una labor titánica, pero que yo había tirado por la borda esa posibilidad con el pretexto de que lo hacía por el bien de todos, cuando en realidad lo que protegía era el estado de cosas con el que me encontraba cómoda, mi interés en que todo se quedara como estaba.

Me sentía un poco obligada y motivada por el legado de mis dos abuelos, dos hombres negros orgullosos que habían trabajado duro y cuidado de su familia, pero cuya vida había estado constreñida por el miedo —con frecuencia, un miedo tangible y justificado—, lo que había reducido su mundo. A Southside, el padre de mi madre, le costaba confiar en cualquiera que no fuera miembro de la familia, y le resultaba casi imposible fiarse de un blanco, de modo que rehuía el trato con mucha gente, incluidos médicos y dentistas, lo que acabó por minarle la salud. Se preocupaba mucho por la seguridad de sus hijos y sus nietos, convencido de que nos pasaría algo si nos alejábamos demasiado de casa, mientras se le cariaban los dientes y hacía caso omiso de los primeros síntomas del cáncer de pulmón. Su casa, que estaba a unas pocas manzanas del hogar donde crecí, era su castillo; un espacio seguro y alegre en el que sonaba jazz, todos reíamos, comíamos bien y nos sentíamos queridos. Sin embargo, casi nunca veíamos a Southside fuera de allí.

Dandy, mi otro abuelo, tenía un temperamento distinto. Era menos juguetón y menos sociable que Southside, pero igual de receloso respecto al mundo. Llevaba el dolor más a flor de piel, al igual que el orgullo, y ambos sentimientos a veces se mezclaban y se manifestaban como rabia. Al igual que Southside, Dandy nació en el Sur, donde regían las leyes Jim Crow. Perdió pronto a su padre y emigró a Chicago con la esperanza de una vida mejor, pero no solo se encontró con la Gran Depresión, sino también con la realidad de que en el Norte imperaba el mismo sistema de castas raciales que en el Sur. Había soñado con estudiar una carrera, pero en vez de eso tuvo que trabajar como jornalero, lavaplatos, empleado de una lavandería y encargado de colocar los bolos en una bolera. Hacía arreglos, remiendos, transportes.

Mis abuelos poseían la inteligencia y la aptitud para conseguir empleos sindicalizados —Dandy como electricista y Southside como carpintero—, pero se vieron privados de un trabajo estable porque en aquella época los sindicatos rara vez admitían a personas negras. Aunque yo había crecido con una idea parcial de lo que el racismo les había costado a mis cuatro abuelos —las puertas que se les habían cerrado, las humillaciones de las que no querían hablar—, era consciente de que no tenían más opción que vivir dentro de esos límites que les imponían. Y también comprendía el impacto de estas barreras, lo profunda que era la huella que habían dejado en el carácter de mis abuelos.

Recuerdo un día, yo acababa de entrar en la adolescencia, en el que Dandy tuvo que llevarme en coche a una cita con el médico porque mi madre estaba trabajando. Me recogió en Euclid Avenue, vestido como para salir de paseo, destilando la misma altanería y el mismo orgullo que cuando lo visitábamos en su apartamento. Cuando arrancamos en dirección al centro, advertí que tenía la mandíbula tensa y sujetaba el volante con fuerza. Realizó un tímido giro a la izquierda para tomar lo que creía que era una calle de doble sentido, hasta que le indiqué que no lo era. Entonces cambió de carril con torpeza, lo que provocó que la conductora del coche de al lado diera un volantazo y tocara el claxon, lo que a su vez ocasionó que Dandy se saltara un semáforo en rojo.

Si mi abuelo hubiera sido aficionado a la bebida, yo habría pensado que estaba borracho, pero no se trataba de eso en absoluto. Me di cuenta de que estaba tenso por aquella misión extraña en una zona de la ciudad que no conocía bien, con los nervios agarrotados. Aunque rondaba los sesenta y cinco años por aquel entonces, apenas se había movido fuera de las manzanas que recorría en sus trayectos rutinarios por el barrio. Era como si el mismo miedo estuviera conduciendo. Y la cosa no iba bien.

Nuestros sufrimientos dan lugar a nuestros temores. Nuestros temores dan lugar a nuestros límites.

Para muchos, esto puede suponer una pesada carga que se transmite de generación en generación. Cuesta mucho luchar contra una herencia así, desaprenderla.

Mis padres fueron producto de los suyos, es decir, personas en general prudentes y pragmáticas, cuidadosas a la hora de asumir riesgos y plenamente conscientes de los peligros que entrañaba que un afroamericano avanzara en una dirección nueva. Pero, al mismo tiempo, creo que vieron las consecuencias de los límites que condicionaban la vida de sus padres, la relativa pequeñez de su mundo. Ahora me asombra pensar en todas las oportunidades que me habría perdido si hubiera dicho que no a la iniciativa de Barack de presentarse a la presidencia: todas las personas que no habría conocido, las experiencias que no habría vivido y las cosas que no habría aprendido sobre mi país y mi mundo si hubiera permitido que el miedo se interpusiera. Agradezco a mis padres que hicieran cuanto estaba en su mano por romper el ciclo del miedo, por evitar que heredáramos sus límites. Querían algo distinto y mejor para sus hijos —una esfera de comodidad más amplia por la que pudiéramos movernos—, lo que se reflejaba en sus esfuerzos por ayudarnos a descodificar nuestros miedos.

De niña, cuando me asustaban las tormentas eléctricas que azotaban Chicago las húmedas tardes de verano, mi padre me rodeaba con sus brazos y analizaba la mecánica de aquellos fenómenos meteorológicos. Me explicaba que los truenos no eran más que columnas de aire que chocaban entre sí y que había maneras de evitar el impacto de un rayo, como no acercarse a las ventanas o al agua. Nunca me dijo que superara el miedo, ni lo tachó de irracional o ridículo; simplemente descompuso la amenaza con datos sólidos y me proporcionó herramientas para mantenerme a salvo.

Mi madre, por su parte, prefería dar ejemplo y se mostraba expeditiva e imperturbable ante casi todo lo que me aterraba. Barría las arañas de aspecto repugnante del peldaño de la puerta. Ahuyentaba a los perros que nos seguían desde el porche de la familia Mendoza cada vez que pasábamos por delante. Y una mañana de domingo, cuando Craig y yo nos las ingeniamos sin saber cómo para prender fuego a un par de Pop-Tarts en la tostadora mientras nuestros padres aún dormían, ella se materializó al instante, desenchufó el aparato y, con toda tranquilidad, tiró el amasijo humeante al fregadero.

Incluso estando en bata y medio dormida, era una diosa de la eficiencia. Y he aprendido que la eficiencia es la otra cara de la moneda del miedo.

Craig y yo crecimos rodeados de amenazas que no eran abstractas. El South Side de Chicago no era Barrio Sésamo. Sabíamos que había zonas peligrosas que debíamos evitar. Algunos vecinos habían muerto porque sus casas se habían incendiado. Presenciamos desalojos de personas porque sus deudas habían aumentado, pero su sueldo no. Mi familia tenía innumerables razones para estar alerta, seguramente más de las que creía cuando era pequeña. Pero lo que mis padres nos enseñaron fue a examinar ese estado de alerta, a analizar la mecánica de lo que nos asustaba, a distinguir cuándo el miedo nos protegía y cuándo nos frenaba.

Mis padres nos impulsaron a mi hermano y a mí a ser más competentes, creando oportunidades para que experimentáramos una sensación de autoconfianza y dominio cada vez que alcanzábamos un nuevo objetivo. Creo que, a su modo de ver, la eficiencia era una forma de garantizar la seguridad; saber cómo dar un paso adelante a pesar de los nervios constituía una protección en sí misma. Su labor consistía en mostrarnos que era posible. Por ejemplo, yo estaba muerta de miedo las primeras veces que tuve que ir y volver andando sola de la escuela, pero mi madre insistió en que había llegado el momento de que aprendiera. Por aquel entonces estaba en preescolar y tenía cinco años..., y con esa edad se podría creer que mi madre había perdido el juicio. ¿De verdad pensaba que podía ir a pie al colegio por mi cuenta?

Pero esa fue la razón por la que me obligó a hacerlo. Entendía la importancia de dejar a un lado sus temores y que yo descubriera mis capacidades. Su fe en mí me infundía una sensación de orgullo e independencia, dos cualidades que se convertirían en piedras angulares de mi desarrollo como ser humano autónomo.

Recuerdo la tensión de cada paso que di en ese primer trayecto de manzana y media hasta la escuela. Y, con la misma claridad, recuerdo la sonrisa que se le dibujó a mi madre cuando eché a correr en el último tramo del camino de vuelta a casa.

Había estado esperándome, de pie en el patio delantero, estirando el cuello para verme en cuanto doblara la esquina de nuestra calle. Me percaté de que ella también estaba algo nerviosa por todo el asunto. Y había tenido un poco de miedo.

Sin embargo, eso no la había detenido. Y ya no me detendría a mí tampoco. Me había enseñado a sentirme cómoda con el miedo.

Esta idea me ha acompañado durante la crianza de mis dos hijas. Me ha hecho pararme a pensar cada una de las veces que he tenido que luchar contra el feroz y arraigado impulso de protegerlas de todas las cosas aterradoras e hirientes de este mundo. En cada etapa del camino, he tenido ganas de apartar a sus enemigos, eliminar los riesgos a los que se enfrentaban y guardarles las espaldas contra las amenazas que se cernían sobre ellas. Soy consciente de que esta tentación es fruto de un instinto primario y de mi miedo. Así que, en vez de caer en ella, intento hacer como mi madre y quedarme en ese patio delantero mientras ellas encuentran su propio camino para convertirse en personas independientes y con confianza en sí mismas, al tiempo que refuerzan su seguridad tomando sus propias decisiones. Las miro alejarse y aguardo a que regresen, con los nervios a flor de piel y el corazón martilleándome en el pecho. Porque lo que me enseñó mi madre es que, al impedir que nuestros hijos sientan miedo, en realidad impedimos también que se sientan capaces.

«Márchate con una cucharadita de miedo y vuelve con una carreta de eficiencia». Esta era la doctrina en el 7436 de Euclid Avenue. Es lo que he intentado poner en práctica con mis hijas, aunque yo cargue con mi eterna mochila de preocupaciones. Me quedo aguardando cómoda con mis miedos.

De niños, Craig y yo no solo veíamos películas de monstruos por la tele. Había un famoso motociclista llamado Evel Knievel, un héroe americano que vestía un mono de cuero blanco adornado con barras y estrellas, imitando vagamente el estilo de Elvis Presley, y realizaba acrobacias peligrosas como saltar con la moto sobre hileras de coches y autobuses aparcados, o lanzarse a través de un profundo cañón en Idaho. Era un inconsciente, pero resultaba fascinante verlo en la pantalla. Unas veces completaba sus saltos con éxito y otras se estrellaba. Se fracturó un montón de huesos, sufrió muchas conmociones, en ocasiones lo atropellaba su propia moto, pero él siempre conseguía salir arrastrándose. ¿Era un milagro o un desastre? En aquella época nadie se atrevía a pronunciarse al respecto. Nosotros simplemente contemplábamos a aquel hombre, que arrancaba su enorme y pesada Harley-Davidson e intentaba echar a volar.

Algo así sentí en 2007 después de decir que sí a la campaña presidencial de Barack, como si de pronto nos hubiéramos elevado en el aire montados en una motocicleta, desafiando las leyes de la gravedad y el sentido común.

Ahora entiendo por qué se habla de «lanzar» una campaña política. Esa es la sensación que produce: una rápida aceleración hacia las alturas. La rampa es corta y empinada. De repente, uno se ve lanzado hacia arriba con sus seres queridos, y surca el cielo de un modo deliberadamente llamativo para atraer la atención del público.

Para mí, esto representaba un nivel inédito de incertidumbre. Al fin y al cabo, soy producto de mis padres y mis abuelos; es decir, que no salto ni vuelo, sino que más bien asciendo poco a poco, peldaño a peldaño. Como buena capricornio, me gusta formarme una idea de la situación antes de dar el siguiente paso. Allí arriba, sin embargo, en la estratosfera de una desenfrenada carrera presidencial, no resultaba fácil. El ritmo era demasiado rápido y la altura demasiado vertiginosa, por no hablar de que llevábamos a nuestras hijas de paquete en esa demencial moto voladora.

Fue en esa época cuando me familiaricé aún más con mis miedos, esa parte despiadada y negativa de mí que estaba segura de que nada iba a salir bien, que era imposible. Tenía que recordarme una y otra vez que debía ignorarla. Porque sabía exactamente qué ocurriría si la escuchaba: los nervios me traicionarían, la fe me abandonaría, mi cerebro sucumbiría ante la imposibilidad de todo, y entonces empezaría a caer.

Miraría hacia abajo desde aquella altura inconcebible, sobrecogedora, divisaría el lugar exacto donde nos estrellaríamos y acabaríamos precipitándonos. Podía iniciar la caída en picado solo con mis pensamientos.

Esta es otra cosa que he aprendido: la duda surge de dentro. Tu parte miedosa siempre intenta apoderarse de los mandos y cambiar el rumbo. Su función consiste en imaginar catástrofes, asustarte para que dejes pasar oportunidades y torpedees tus sueños, porque entonces es más probable que te quedes en el sofá de casa, cómodo y pasivo, sin correr el menor riesgo. Por consiguiente, desafiar el miedo casi siempre implica desafiar una parte de ti mismo. Para mí, esto constituye un aspecto esencial de la descodificación: tienes que aprender a identificar y luego dominar algo en tu interior. Superar esos temores requiere práctica. Cuanto más practiques, mejor lo harás. Cada salto que he dado ha servido para que el siguiente me resultara más fácil.

En una entrevista para CBS News, Lin-Manuel Miranda describió el pánico escénico como una especie de «combustible para cohetes».[4] Recordó la primera vez que se subió a un escenario, nada más empezar el colegio, para hacer un playback de una canción de Phil Collins en un concurso escolar. Sintió un intenso dolor de estómago y en ese momento comprendió que tenía dos opciones sobre qué hacer con su miedo: «Entendí que podía dejar que me arrollara o bien montarme en él —dijo—. Y así es como veo los nervios.

Son una fuente de combustible. [...] Puedes montarte en ellos y dejar que impulsen la nave o, si no te subes, la harán volar por los aires».

Eso me recuerda la primera vez que Lin-Manuel fue a actuar a la Casa Blanca, como invitado en nuestro recital de poesía y *spoken word* inaugural en 2009. Tenía veintinueve años y se le notaba nervioso. Había terminado a toda prisa una canción en la que llevaba un tiempo trabajando para cantarla en la gala. Era la pieza que, más adelante, se convertiría en la obertura del exitazo que fue el musical *Hamilton*, pero Lin-Manuel se encontraba en los comienzos de aquel proyecto, en una fase todavía experimental, y no tenía muy claro si funcionaría. Iba a ser la primera vez que rapease sobre Alexander Hamilton con público —un público que además, a sus ojos, resultaba especialmente intimidador—, y no tenía ni idea de si aquello gustaría. Se había dicho a sí mismo que si la canción no era bien acogida esa noche, quizá tendría que enterrar todo el proyecto.

Debo señalar que ese razonamiento provenía de su parte miedosa. El mensaje era el clásico «fracasa y todo estará perdido». A la parte miedosa le encanta hacer acto de presencia en momentos de máximo estrés, y tiene los objetivos muy claros: quiere vetarlo todo. Eso de que bailes como una peonza le parece fatal.

Aquella noche, Lin-Manuel se subió al escenario, saludó y nos presentó el comienzo de su musical a las doscientas personas reunidas en la Sala Este, todas vestidas con nuestras mejores galas; sus nervios se dispararon al instante. Empezó a mirar frenético a un lado y a otro. Él sostiene que estaba buscando las indicaciones de las salidas por si tenía que huir corriendo.[5] Además, se atropellaba un poco al hablar, con un tono algo extraño de voz que parecía sorprenderle a sí mismo.

Más tarde recordaría la experiencia en una entrevista para un pódcast: «Estaba muy nervioso. Y lo primero que hice, que fue un error, fue mirar a los ojos al presidente de los Estados Unidos. Y lo vi claro: "No puedo mirarlo, me da demasiado miedo"».[6] Al parecer, luego me miró a mí y también se asustó, pero después sus ojos encontraron los de mi madre. Estaba sentada en una silla al otro lado de Barack y algo en su expresión, que yo conozco perfectamente, le transmitió que todo saldría bien.

Lo que sucedió a continuación lo vivimos como un pequeño momento histórico en sí mismo. Acompañado por el pianista Alex Lacamoire, Lin-Manuel nos obsequió con tres electrizantes minutos de rap que deslumbraron al público por la ferocidad y el sentido del espectáculo de su autor y su perspectiva absolutamente fresca sobre los Padres Fundadores. Y cuando hubo terminado, sonrió, se despidió con la mano y bajó del escenario, después de haber canalizado su miedo hasta convertirlo en algo inolvidable y dejarnos a todos sin palabras y sobrecogidos.

Habíamos presenciado cómo alguien había montado y cabalgado sus nervios.

Fue impresionante. Y opino que de ese momento puede desprenderse un mensaje de mayor alcance sobre lo que se vuelve posible cuando encontramos maneras de convertir el miedo en combustible para cohetes.

No se puede evitar que nuestros nervios nos acompañen cada vez que nos acercamos a lo desconocido, cada vez que nos adentramos en una nueva frontera y sentimos que lo que está en juego aumenta. Piénsalo, ¿quién se siente totalmente cómodo el primer día de clase? ¿Quién no lleva consigo una cucharada de miedo cuando se estrena en un nuevo empleo? ¿O acude a una primera cita? ¿Quién no siente una descarga eléctrica cuando entra en una sala llena de extraños o se pronuncia en público sobre un tema importante? Son momentos de clara incomodidad que nos impone la vida de forma habitual; pero también pueden resultar emocionantes.

¿Por qué? Porque no sabemos lo que nos espera al otro lado de esa experiencia inicial. Y es posible que el viaje hasta allí nos transforme.

¿Cómo vas a conocer a tu media naranja si no acudes a esa cita?

¿Cómo saldrás adelante si no aceptas ese nuevo empleo o te mudas a una nueva ciudad? ¿Cómo vas a aprender y crecer si el miedo te impide salir de casa para ir a la universidad? ¿O dar un paso adelante en una sala llena de personas nuevas, o viajar a otro país o trabar amistad con alguien cuyo color de piel es diferente del tuyo? Es en lo desconocido donde brillan las posibilidades. Si no corres ese riesgo, si no superas un par de sacudidas, te estarás privando de tus oportunidades de transformación.

¿Puedo permitirme agrandar un poco mi mundo? Yo creo que la respuesta casi siempre es que sí.

Hoy en día me sigue asombrando que Barack y yo lográsemos aterrizar con nuestra motocicleta voladora y que pasásemos ocho años en la Casa Blanca. Pero, de algún modo, lo conseguimos. La mala noticia es que eso no ha eliminado de mi vida el miedo y la incertidumbre. La buena es que ya no me intimidan tanto mis propios pensamientos.

Creo que realmente vale la pena conocer tu parte miedosa. ¿Por qué? Bueno, para empezar, nunca te va a abandonar. No puedes deshacerte de ella. Está poco menos que integrada en tu psique y te acompañará en todos los escenarios que pises, todas las entrevistas de trabajo a las que acudas y todas las nuevas relaciones que empieces. Está ahí y no piensa callarse. Tu parte miedosa es el mismo impulso de autoprotección que conociste de pequeño —el mismo conjunto de instintos que te llevaba a llorar durante una tormenta o a chillar como un poseso cuando te obligaban a sentarte en el regazo del Papá Noel del centro comercial—; solo que ahora, al igual que tú, ha crecido y se ha vuelto más sofisticada. Y dada la cantidad de veces que la has obligado a soportar situaciones incómodas en la vida, además está bastante enfadada contigo.

Como he dicho, quiere que te bajes de la moto y te quedes en el sofá.

Tu parte miedosa es, en pocas palabras, una compañera de por vida que no has escogido. Y para que quede claro, ella tampoco te escogió. Porque das asco, eres un fracasado, no eres muy listo y nunca haces nada bien. Así que, en serio, ¿por qué iba a elegirte nadie para nada?

¿Te suena? A mí sí.

Llevo conviviendo con mi parte miedosa cincuenta y ocho años ya. No nos entendemos. Me hace sentir incómoda. Le gusta verme débil. Tiene un fichero gigante, lleno a rebosar, con todos los errores y pasos en falso que he cometido en mi vida, y no para de escudriñar el universo en busca de más pruebas de mis carencias. Odia mi apariencia, a todas horas y en cualquier circunstancia. No le gusta el e-mail que le envié a un compañero de trabajo. Tampoco le gusta el comentario que hice en el banquete de anoche; no se puede creer que diga tantas tonterías en general. Todos los días intenta convencerme de que no sé lo que me hago. Todos los días intento llevarle la contraria, o al menos anularla con pensamientos más positivos; pero aun así, no se irá.

Es todos y cada uno de los monstruos que he conocido. Y también soy yo.

Con el tiempo, sin embargo, he ido aceptando su presencia. Tampoco es que me alegre, pero al menos reconozco que ocupa una parcela de mi cabeza. A decir verdad, le he concedido la ciudadanía plena, aunque solo sea porque así resulta más fácil ponerle nombre y descodificarla. En vez de fingir que no existe o tratar de derrotarla a todas horas, he llegado a conocer mi parte miedosa igual de bien que ella me conoce a mí. Y solo así ha aflojado su control y reducido su sigilo. Las sacudidas ya no me pillan tan desprevenida. En mi caso, mi parte miedosa mete mucho ruido, pero por lo común es ineficaz —más truenos que relámpagos—, y eso ha hecho que sus planes no me afecten tanto.

Siempre que noto que la negatividad y la autocrítica comienzan a hacer demasiado ruido en mi cabeza, siempre que empiezan a acumularse las dudas, intento detenerme un momento y llamar a las cosas por su nombre. He estado practicando para dar un paso atrás y dirigirme a mi miedo con familiaridad, sin ofrecerle más que un encogimiento de hombros medio amistoso y unas sencillas palabras:

«Anda, hola. Eres tú otra vez.
Gracias por aparecer; por mantenerme en alerta.
Pero te veo.
No eres ningún monstruo para mí».

Un simple abrazo es una de las herramientas más poderosas que tenemos
para comunicar nuestra alegría por la presencia de otra persona.

CAPÍTULO 3

EMPEZAR DE BUENAS

Tengo un amigo llamado Ron que comienza la jornada saludándose ante el espejo. Lo hace sin ironía, y a menudo en voz alta.

No lo sé por Ron, sino por su mujer, Matrice.

Me contó que Ron a veces la despierta dando los buenos días con entusiasmo a su propio reflejo por encima del lavabo.

«¡Hooola, colega!». Matrice lo imita a la perfección, como sucede a menudo con las esposas. Y en su imitación de la voz de su marido puede apreciarse la bocanada de afecto renovado que Ron encuentra para sí mismo al comienzo de cada día. Está cargada de cariño. Suena como si saludara a un buen compañero de trabajo o a un viejo amigo que hubiese aparecido de forma inesperada. Como si fuera una grata sorpresa encontrar a esa persona que va a hacerle compañía ese día, con independencia de lo que les depare.

Matrice dice que, incluso para ella, oír esas palabras desde la cama es la mejor manera de despertarse.

La primera vez que mencionó esa costumbre de Ron, me reí. Me pareció divertido, en parte porque no me costó nada imaginármelo. Ron es un hombre sencillo, brillante y exitoso, por quien los demás se sienten atraídos al instante. Transmite confianza sin resultar presuntuoso; irradia afecto, carisma y seguridad en sí mismo. Ha sido alcalde de una gran ciudad. Tiene unos hijos preciosos y una familia feliz. Posee una sonrisa radiante, una actitud relajada y un aplomo envidiable.

Dándole vueltas, sin embargo, comprendí que el «¡Hooola, colega!» de Ron era más que un hábito divertido. Creo que hay algo importante detrás de este tipo de costumbres. Nos muestra a alguien que afianza su aplomo, alguien que opta por comenzar la jornada con un gesto amable consigo mismo.

Ron, claro está, es un hombre. Como tal, podemos suponer que llega ante el espejo con unos cuantos complejos menos sobre su apariencia de los que muchas de nosotras acarreamos. Para no pocas personas, sobre todo mujeres, el espejo puede ser un lugar terrorífico. A muchas nos cuesta acercarnos a él con un mínimo de tranquilidad, y más a primera hora de la mañana. Y cedemos con facilidad al automatismo de ser inclementes al autoevaluarnos. A menudo hemos asimilado comentarios negativos sobre nuestra apariencia, mensajes que nos han hecho sentirnos objetificadas, insignificantes o invisibles. A las mujeres también se nos exige más, sistemáticamente, en todo lo que tiene que ver con el arreglo personal y el estilo, lo que a su vez requiere unos preparativos más caros y laboriosos antes de que nos sintamos cómodas para ir al trabajo o afrontar, sin más, una nueva jornada.

Yo, en particular, tengo muchas mañanas en las que enciendo la luz del baño, echo un vistazo y me entran ganas de apagarla en el acto. Cara a cara conmigo misma, sucumbo al impulso de catalogar mis defectos, fijarme solo en lo que está reseco e hinchado y reconocer solo las partes de mí que podrían y deberían mejorar. Al evaluarme, me alieno al instante. Empiezo el día dividida: una parte de mí es crítica y la otra, una payasa. Una muerde; la otra, siente dolor. Es una sensación desagradable, se mire como se mire, y cuesta desprenderse de ella.

Y de eso quiero hablar en estas líneas, de la posibilidad de empezar de buenas. Yo imagino que, como los demás, mi amigo Ron a menudo llega al espejo cansado e hinchado. Y que también tiene defectos que, sin duda, piden a gritos ser inspeccionados y escrutados. Sin embargo, lo que él ve primero, lo que escoge reconocer, es a una persona completa, alguien a quien realmente se alegra de ver. A diferencia de muchos, Ron ha concluido que el autodesprecio no es un buen punto de partida para empezar el día.

El «¡Hooola, colega!» de Ron posee una fuerza discreta. Es eficaz, está libre de fanfarronería hueca y es íntimo —o lo era hasta que Matrice lo compartió conmigo—. Y lo más importante: no es una evaluación. No reclama ningún «Estás horrible» o «¿Por qué no te esfuerzas más?». Plantado ante el espejo, Ron desvía cualquier impulso de juzgarse o denigrarse. Se niega a tirar de autocrítica y en lugar de eso empieza con un sencillo mensaje de compasión y aprobación.

Bien pensado, es exactamente la clase de reacción que la mayoría de nosotros nos desvivimos por obtener de los demás —padres, profesores, jefes, amantes, etcétera—, para luego sentirnos fatal cuando no la recibimos. En mi opinión, parte de la belleza de ese «¡Hooola, colega!» estriba en que no es muy ambicioso. No puede calificarse de charla motivadora: no requiere pasión ni elocuencia, ni fe alguna en que el día que nos espera será maravilloso, lleno de nuevas oportunidades y crecimiento positivo. Se trata de un saludo amistoso, y punto: dos palabras pronunciadas con cariño. Y por este motivo, quizá sea algo que nosotros podríamos intentar.

En una conversación televisada para el Club de Lectura de Oprah hace muchos años, la difunta premio Nobel de Literatura Toni Morrison describió algo significativo que había aprendido sobre la crianza de los hijos, y en general sobre lo que significaba ser adulta en presencia de niños, y quizá incluso sobre lo que significaba ser humana. «Cuando un niño entra en una habitación, sea tu hijo o el de otra persona —dijo dirigiéndose al público aquel día—, ¿se os ilumina la cara? Eso es lo que ellos buscan».[7]

Por entonces los dos hijos de Morrison ya eran mayores, pero ella no había olvidado la lección. «Cuando mis niños entraban en la habitación de pequeños, yo los examinaba para ver si se habían abrochado el cinturón, si se habían peinado o si llevaban los calcetines subidos —explicó—. Una cree que su afecto y su amor profundo saltan a la vista porque se está ocupando de ellos. No es así. Cuando te ven, ven la cara crítica. "¿Qué habré hecho mal ahora?"».

Como madre, Morrison había descubierto que la cara crítica se impone a todo lo demás, por mucho afecto y amor profundo que la acompañen. En presencia de alguien, la cara crítica siempre gana, y provoca que hasta un niño de cuatro años se pregunte qué estará haciendo mal. Muchos nos pasamos la vida detectando la presencia de caras críticas a nuestro alrededor, sintiéndonos bombardeados por sus juicios, preguntándonos qué estaremos haciendo mal e interiorizando las respuestas de forma dañina, algo que llevaremos dentro de por vida. Demasiado a menudo dirigimos esa mirada crítica hacia nosotros mismos. Nos castigamos con el «qué está mal» antes de tener ocasión de vislumbrar siquiera el «qué está bien».

Lo que nos lleva a la segunda parte de la epifanía de Toni Morrison: es correcto —y en ocasiones hasta importante— inclinar la balanza en el otro sentido. Con sus hijos, Morrison aprendió a dejar los juicios en segundo plano y empezar con algo más afectuoso, más sincero e inmediato: una cara iluminada, una sensación de alegría incontenible, un reconocimiento, no por haberse peinado o llevar los calcetines subidos, sino de la persona completa que se presentaba ante ella. «Porque cuando entraban en la habitación, me alegraba de verlos —dijo—. Es tan sencillo como eso, la verdad».

Había aprendido a anteponer su alegría, no solo con sus hijos, sino con todos los niños. Como Ron, se comprometió a empezar de buenas.

Eso no quiere decir que Toni Morrison malcriara a sus niños o rebajase sus expectativas hacia ellos. Tampoco que educara a unos hijos incapaces de cuidarse solos o que siempre esperasen la aprobación ajena. Creo que es todo lo contrario, en realidad. Lo que Morrison hacía por sus hijos era lo mismo que hicieron mis padres por mí; les transmitía el sencillo mensaje de que estaban a la altura. Así validaba su luz, ese brillo único que cada uno llevaba dentro; les enseñaba, literalmente, que lo tenían en su interior y les pertenecía, que era un poder que poseían por ellos mismos.

Cabe señalar, por supuesto, que los mensajes que nos transmiten alegría y la sensación de que estamos a la altura suelen escasear en la vida, y rara vez se nos dan por adelantado. En los centros de enseñanza, en el trabajo y hasta dentro de las familias y las relaciones de pareja se nos pide una y otra vez que demostremos nuestra valía, hasta que quedamos condicionados a creer que debemos superar una serie de pruebas para obtener la aprobación o progresar. Raro es el jefe que nos otorga toda su confianza desde el primer día o el compañero de trabajo que nos mira con alegría cada vez que llegamos. Y también puede ocurrir que incluso a la pareja más estupenda del mundo no se le ilumine la cara al vernos llegar si está sacando la basura o a punto de cambiar otro pañal.

Pero la cuestión es que cuando alguien se ilumina por nosotros, no lo olvidamos; la sensación nos traspasa. Todavía recuerdo el cariño que le tenía a mi profesora de tercero, la señorita Seals, que parecía experimentar verdadera felicidad al ver a sus alumnos a diario. Cuando empiezan de buenas con nosotros, cuando otra persona nos saluda con alegría incontenida o confía en nuestra capacidad para sacar las cosas adelante, eso puede tener un efecto duradero y edificante. ¿Cuántos recordamos la cara de aquel profesor, progenitor, entrenador o amigo que nos saludaba con alegría antes que nada? Hay estudios que demuestran que, cuando los profesores se toman tiempo para recibir a los alumnos uno por uno a la puerta, el nivel de implicación en las actividades de clase aumenta en más de un 20 por ciento, a la vez que disminuye el comportamiento disruptivo.[8] En realidad, se trata del concepto más sencillo del mundo: la alegría es nutritiva, es un regalo. Cuando alguien se alegra de vernos, nos sentimos un poco más firmes. Nos resulta más fácil mantener el equilibrio. Y es una sensación que se nos queda.

Los niños nos enseñan lo instintiva que es la necesidad de inspirar alegría todo el tiempo. Son como imanes para la ternura. En la Casa Blanca recibíamos a grupos de niños todos los años el Día de Llevar a los Hijos al Trabajo. Llegaban un par de centenares, hacían un recorrido por la cocina, conocían a nuestros perros Bo y Sunny y echaban un vistazo al vehículo presidencial blindado conocido como la Bestia. Antes de irse, me sentaba con ellos en la Sala Este y respondía a cualquier pregunta que quisieran hacerme. Levantaban la mano y esperaban a que les diese la palabra. Querían saber cosas como: «¿Cuál es tu comida favorita?», «¿Por qué haces tanto ejercicio?», «¿Aquí hay piscina?» o «¿El presidente es simpático?».

Durante una de esas visitas, una niña pequeña llamada Anaya levantó la mano. Cuando le llegó el turno de palabra, se puso en pie y me preguntó por mi edad —la respuesta en aquel entonces era cincuenta y uno—, y luego me halagó diciendo que parecía muy joven para ser tan vieja. Entre risas, le hice una seña para que se acercase a mí y le di un gran abrazo.

Se alzaron más manos de inmediato. A medida que la sesión se acercaba a su fin, parecía que muchas de las preguntas restantes se hubieran evaporado, reemplazadas por una sola.

—Por favor, ¿me das un abrazo a mí también? —preguntó un niño.

Y después otro:

—¿Me das un abrazo?

A eso le siguió un conjunto de voces procedentes de toda la sala, un coro infantil que elevaba la misma petición:

—¡Yo también, yo también, yo también!

Aquellos niños parecían entender de forma innata que un abrazo iba a ser lo más significativo que se llevaran a casa de aquella jornada, una sensación que recordarían durante mucho más tiempo que las palabras que yo pudiera pronunciar, más que cualquier información que estuviera en condiciones de dispensarles. Querían la sensación, sentir la pura alegría que inspiraban, por encima de cualquier otra cosa. Y la verdad es que yo quería que me correspondieran. En ese sentido, la alegría es recíproca. Como primera dama, tuve más encuentros con adultos que con niños, pero fueron los segundos los que nutrieron mi alma y me dieron energía en los días en que me sentía agotada. Reunirme con ellos se contaba entre lo mejor de mis responsabilidades. Era consciente de que muchos niños del mundo no habían experimentado ni experimentarían nunca que a alguien se le iluminara la cara al verlos. Sentía que uno de mis deberes como primera dama era ser esa luz para todos aquellos con los que me encontrara, por si acaso. Le dedicaba a cada niño la misma sonrisa radiante que tenía para mis hijas, sabedora de que con mi alegría podía demostrarles que importaban y lo valiosos que eran.

En los capítulos siguientes veremos con más detenimiento lo que hace falta para encontrar y alimentar relaciones basadas en la alegría: cómo identificar a los constructores de equilibrio en tu mundo y cómo serlo para quienes te rodean. También hablaremos de los desafíos que supone no solo ser vistos con alegría, sino ser vistos en general; del hecho de que muchos luchamos con una sensación de invisibilidad o nos vemos en la necesidad de superar estereotipos para que nos reconozcan plenamente por quienes somos. De momento, sin embargo, solo quiero ofrecer un pequeño recordatorio: el verdadero crecimiento comienza con la alegría que sientes al verte a ti mismo.

Así pues, volvamos a Ron, saludándose al comienzo de un nuevo día; esas dos palabras pronunciadas con tono cariñoso. Se esfuerza por anteponer la alegría a cualquier juicio. Y con ello, se siente seguro de sí mismo.

Es fácil olvidar que podemos hacer eso por nosotros mismos. Somos capaces de efectuar una entrega a domicilio de aprobación y amabilidad, incluso a la persona cansada e imperfecta que se nos aparece en el espejo. Podemos reconocer nuestra propia luz, nuestro sentido de lo que se es, sin más. Se han escrito muchos libros sobre el poder de la gratitud, y con motivo: funciona. No requiere gran cosa, en realidad; quizá basta con un poco de práctica. Quizá basta con estar atentos para detectar cuándo llega el automatismo de machacarnos; hay que saber lo rápido que nos golpean esos pensamientos y sustituirlos por nuestra propia versión amable de ese «Hooola, colega», sea cual sea.

Llevo un tiempo intentando concederme por las mañanas un comienzo deliberadamente amable: de forma consciente e intencionada, atrapo ese primer pensamiento de autorreproche o con tintes negativos que me viene a la cabeza y lo aparto a un lado. Después invito a un segundo pensamiento más positivo, más tierno; algo meditado y bondadoso conmigo misma. Y escojo eso como trampolín. Mi segundo pensamiento suele ser bastante sencillo. A menudo se trata de un calmado pero agradecido reconocimiento de que he llegado, una vez más, a la línea de salida de un nuevo día.

Recuerda que el listón está bastante bajo. Empezar de buenas no significa necesariamente empezar a lo grande. No tienes que hacer ninguna declaración sobre lo que piensas hacer ese día, ni descubrir un pozo de confianza hasta entonces oculto o fingir que eres invencible. Tampoco hace falta que hagas esto en voz alta, y desde luego no es necesario hacerlo delante del espejo. Lo único importante es que, de una manera u otra, bloquees al criticón que llevas dentro para que lo adelante la alegría; mirarte a los ojos —aunque sea metafóricamente— con un mínimo de afecto y pronunciar alguna clase de saludo amistoso. Quizá al principio tengas que superar un poco de vergüenza o la risilla de tu pareja en la habitación de al lado, pero merece la pena.

La prueba es que Ron sigue en sus trece. Se levanta por la mañana y extrae de sí mismo poder y equilibrio. Se saluda con un mensaje que dice: «Estás aquí y eso es un milagro y un motivo de alegría, de modo que partamos de ahí». Y eso a mí me parece hermoso.

Aun así, Matrice y yo nos reímos al comentarlo. Nos parece

adorable. «¡Hooola, colega!», nos decimos la una a la otra, por diversión.

La siguiente vez que vi a Ron, lo saludé a voces desde el otro lado de la habitación: «¡Hooola, colega!». Y como es una persona segura y con aplomo, que sabe ser amable consigo misma, no dio muestra alguna de vergüenza.

Se limitó a sonreírme y me contestó con las mismas palabras.

Mi estatura era una diferencia imposible de pasar por alto. Aquí estoy
en el centro de la fila de atrás, la chica más alta de mi clase en la
Escuela Elemental Bryn Mawr.

CAPÍTULO 4

¿ME VEN?

¿Os habéis sentido alguna vez como si no le importarais a nadie? ¿Como si existierais en un mundo que no os ve?

Allá donde vaya, me encuentro con personas que tienen problemas para que las acepten tal como son, ya sea en la escuela, en el trabajo o dentro de una comunidad más amplia. Me cuentan que se sienten cohibidas, que no encajan en el lugar donde están. Es algo que he conocido y vivido durante buena parte de mi vida.

Casi todos los habitantes de este mundo experimentan esa sensación en algún momento: esa comezón que nos dice que desentonamos en nuestro entorno, que se nos ve como a intrusos. Sin embargo, para aquellos a quienes se nos percibe como diferentes —sea por cuestión de raza, etnia, talla, género, orientación sexual, discapacidad, neurodivergencia o por cualquier otro factor o combinación de ellos—, esos sentimientos no vienen y se van sin más; pueden ser agudos e implacables. Convivir con ellos exige mucho trabajo. Tratar de entender qué los causa y qué hacer al respecto puede resultar, como mínimo, desalentador.

La mayoría de mis primeros recuerdos de momentos en los que me sentí diferente no tienen nada que ver con ser negra. En el barrio donde me crie, el color de mi piel no tenía nada de especial. Fui a la escuela con una mezcla de niños que procedían de una mezcla de orígenes, y esa mezcolanza parecía crear más espacio para todos nosotros, fuéramos quienes fuésemos.

Aun así, yo era alta, y mi estatura se convirtió en algo a lo que me tuve que enfrentar. Ser alta era destacar. «Alta» fue la primera etiqueta que me endosaron, y ya se me quedó para siempre. No era algo de lo que pudiera desprenderme o un detalle sobre mí que pudiera ocultar. Llegué alta al primer día de guardería y ya no paré de crecer hasta alcanzar mi estatura actual —un metro ochenta— cuando tenía alrededor de dieciséis años.

En primaria, me daba pánico la inevitable llamada del profesor cuando teníamos que salir al patio, hacer un simulacro de incendios o prepararnos para alguna actuación en la escuela: «¡Vale, niños, colocaos por estatura!». La orden iba implícita: «Los más bajos primero y los altos detrás».

Aunque sé que no era la intención de mis maestros, esas instrucciones intensificaban el complejo que ya sentía, como si me estuvieran relegando públicamente a la periferia. No podía evitar captar el mensaje de «Tu sitio está fuera». Aquello me dejó una pequeña herida, una minúscula semilla de autodesprecio que me impediría aferrarme a mis puntos fuertes. Siendo «la alta», me veía desterrada a la parte de atrás de la mayoría de los grupos, como cuando cantaba desde la última fila del coro en tercer curso. Siempre me tocaba estar en retaguardia. La atención que se prestaba a mi altura despertó en mí un nuevo cohibimiento, una leve sensación de otredad. Había ocasiones en las que caminaba hundida en mi complejo, con una idea fija en la cabeza: «Soy la alta y voy hacia el final de la cola».

Ahora veo que en realidad me estaba atacando con dos pensamientos a la vez, dos mensajes que, combinados, se volvían especialmente venenosos: «Destaco» y «No importo».

Mi estatura no me servía como parecía servirle a mi hermano, que cuando cumplió los trece era lo bastante grande para enfrentarse a hombres hechos y derechos en las canchas de baloncesto del parque que había delante de nuestra casa. Lo alababan por su fuerza y su capacidad atlética. La estatura se convirtió en una herramienta para él, pues lo ayudó a hacer amigos y ganarse el respeto del barrio. También lo ayudó a llegar a la universidad y a conectar no solo con otros deportistas que facilitaron su transición, sino con las diferentes personas que apoyaban de un modo u otro a los equipos deportivos universitarios, quienes actuaron de mentores y le proporcionaron más contactos todavía. La altura y la fuerza física de Craig acabarían por catapultarlo a una exitosa carrera de entrenador.

En mi caso, sin embargo, esa combinación de altura y fuerza parecía más bien una carga. Como chica, no se me ocurría qué hacer con ella. Recuerdo ver los Juegos Olímpicos de 1976 y obsesionarme con la gimnasta rumana Nadia Comăneci, que asombró al mundo cuando consiguió el primer 10 con un ejercicio perfecto de barras asimétricas. Y no se quedó ahí: repitió la hazaña seis veces más y se llevó la medalla de oro de asimétricas, la de barra de equilibrio y la general. Su potencia me dejó estupefacta; su aplomo resultaba hipnótico. Al ver el arrojo con el que aquella chica buscaba la grandeza, sentí que algo despertaba en mi interior. Antes de Nadia Comăneci, un 10 no era más que una idea a la que aspirar, una especie de quimera, pero ella había demostrado que era alcanzable: todo un nuevo nivel de excelencia. Lo que habíamos presenciado era el equivalente deportivo a la llegada a la Luna.

Nadia solo tenía catorce años; para ser más precisos, catorce y medio, y yo tenía doce y medio. La diferencia de edad me dio ánimos. Desde mi punto de vista, lo importante no era que yo jamás hubiese practicado gimnasia, sino que disponía de dos años de margen para alcanzar el nivel físico de Nadia, momento en el cual me untaría las manos de magnesia y entraría pisando fuerte en las competiciones internacionales. Lo único que pensaba era: «Vale, así se puede ser a los catorce y medio».

Por lo tanto, decidí orientarme en la misma dirección, pensando que también yo llegaría a la Luna.

Con el visto bueno de mi madre, me apunté a unas clases semanales de «acrobacias» en la Academia Mayfair, el estudio donde recibía mis clases de danza. Lo había fundado a finales de la década de 1950 un exitoso bailarín de claqué y coreógrafo afroamericano del

South Side de Chicago, que quería que los chavales de su comunidad tuvieran acceso al baile y a la psicomotricidad como había visto en los barrios más ricos y blancos del norte. Aquel pequeño estudio era lo más parecido a una escuela de gimnasia que podía encontrar alguien en el South Side, pero no disponía de equipamiento específico para ese deporte, lo que significaba que no había barras fijas, ni colchonetas, ni entrenadores, ni módulos de espuma, ni potros ni barras asimétricas. Lo único que había era una colchoneta larga sobre la que una docena de aspirantes a Nadia practicábamos volteretas y espagats.

Estuve casi un año escolar entero trabajando con ahínco en mis pinos, mis laterales y mis volteretas. En ocasiones me salía alguna vuelta hacia atrás, pero no era lo habitual. La distribución de mi peso corporal parecía tener algo que dificultaba ese ejercicio. Me pasaba cinco minutos clavada haciendo el puente, con los músculos de los brazos temblando mientras intentaba sin éxito que mis larguiruchas piernas de saltamontes se despegaran del suelo y trazaran una curva sobre mi cuerpo arqueado; sin embargo, rara vez lograba darme el impulso suficiente o encontrar el punto de apoyo adecuado. Al final, acababa por desplomarme boca arriba en el suelo.

Empecé a sentirme algo fuera de lugar entre mis compañeras de acrobacias. Y lo peor fue ver cómo las nuevas —en su mayoría niñas de cuerpo espigado que eran al menos quince centímetros más bajas que yo— llegaban con sus mallas recién compradas y dominaban a las primeras de cambio aquellas habilidades que para mí eran inalcanzables.

Se volvió un poco embarazoso. Luego, directamente, fue desmoralizador.

Al final, reconocí que mi viaje a la Luna había terminado y me retiré de la gimnasia deportiva a los trece años de edad.

No era Nadia. Nunca lo sería.

La verdad, yo no estaba hecha para ser una Nadia. Mi centro de gravedad se hallaba demasiado alto; tenía las extremidades demasiado largas para doblar el cuerpo y girar. No había otra, era demasiado alta para llegar lejos en la gimnasia; además, intentar acceder al equipamiento y el entrenamiento especializados que hubieran sido necesarios para avanzar probablemente hubiese llevado a mi familia a la ruina. Daba lo mismo lo motivada que estuviera; daba lo mismo que la sucesión de dieces de Nadia hubiese activado en mí aquel impulso, aquel anhelo de demostrar de lo que era capaz, aquella sensación de que yo también podía lograr hazañas extraordinarias. Había escogido una buena heroína, pero un camino imposible.

Entonces ¿qué se supone que tenía que hacer con mi fuerza? Era una chica fuerte de una familia fuerte, pero «fuerte» no era una etiqueta que se adjudicara a las niñas, por lo menos en sentido positivo. No era algo que apreciar o cultivar. Tenía un cuerpo fuerte, una personalidad fuerte, una motivación fuerte. Y aun así, todo ese poderío no parecía servir de gran cosa fuera de las paredes de nuestro hogar, donde siempre nos sentíamos apoyados. Me daba la impresión de que era algo que debía reprimir.

El problema era que no conocía mis otras opciones. No tenía a mano un elenco de heroínas a las que emular. Me costaba encontrar nuevas válvulas de escape para mi fuerza. No había ligas femeninas de fútbol o sóftbol —que yo supiera, al menos— en mi barrio. No tenía fácil acceso a material o lecciones de tenis. Podría haber encontrado un equipo de baloncesto en el que jugar, pero algo en mi interior se rebelaba de forma instintiva contra esa idea. Allí estaba, una vez más, aquella semilla de autodesprecio. No quería acabar metida en el típico deporte que se esperaba que practicasen las chicas altas. De algún modo, para mí era como reconocer una derrota.

Hay que tener en cuenta que era otra época. Fue mucho antes de Venus y Serena. No existían ni Maya Moore ni la WNBA, ni selecciones nacionales femeninas de fútbol o hockey. Rara vez se veía a una mujer sudar, esforzarse o jugar en equipo. Wilma Rudolph, una atleta negra, había captado por un momento la atención del mundo a principios de la década de 1960; la siguiente velocista superestrella estadounidense, Florence Griffith Joyner (Flo-Jo), no había aparecido todavía. El Título IX, la histórica enmienda de derechos civiles que prohibió la discriminación por motivos de género en la educación y acabó por reinventar el deporte universitario y crear una nueva generación de mujeres deportistas, tenía cuatro años y se estaba empezando a aplicar. En la televisión, pasaba de un canal a otro y veía a hombres jugando al fútbol americano, béisbol, golf o baloncesto prácticamente todos los días de la semana, y la única vez que veía a mujeres deportistas compitiendo era en algún que otro partido de tenis. Por eso los Juegos Olímpicos, cuando llegaban cada cuatro años, resultaban tan fascinantes.

Incluso entonces, sin embargo, la cobertura del deporte olímpico femenino daba prioridad a disciplinas como la gimnasia y el patinaje artístico, protagonizadas por mujeres blancas y menudas que competían de forma individual y vestidas de licra ajustada. No parecían sudar nunca, envolvían su fuerza en una elegancia trabajadísima y remarcadamente femenina. Aunque sé que andaban por alguna parte, en pruebas que no se retransmitían en horarios de máxima audiencia o representando a países que no interesaban a las grandes cadenas, no recuerdo ver a una deportista negra por la tele durante mi infancia; ni una.

Y no era solo el deporte. Encontraba muy poca gente que se me pareciera en la televisión, las películas, las revistas o los libros. En los programas televisivos, las mujeres fuertes y con las ideas claras solían aparecer como complemento cómico, como contrapunto lenguaraz o irascible de los hombres. A las personas negras a menudo se las representaba como delincuentes o miembros del servicio; casi nunca aparecían como médicos, abogados, artistas, profesores o científicos. Otra opción era caricaturizarlas hasta el extremo: la familia Evans de *Good Times* vivía entre chistes continuos en una urbanización de pisos de protección oficial, y George y Weezie de *Los Jefferson* habían logrado salir de su barrio marginal para mudarse a un «apartamento *deluxe* en un rascacielos». Mi padre se llevaba las manos a la cabeza cada vez que nos veía reír con esas comedias familiares. «¿Por qué están siempre en la ruina y diciendo tonterías?», preguntaba sacudiendo la cabeza.

De pequeña, buscaba con empeño una clase de existencia que no terminaba de vislumbrar. Aparte de Nadia, mis modelos eran Mary Tyler Moore, Stevie Wonder y José Cardenal, un jugador de béisbol de los Chicago Cubs. Supongo que, mezclando a todos esos personajes, quizá se obtuviera una aproximación de la clase de persona que esperaba ser algún día, pero había que echarle mucha imaginación.

Me descubrí buscando heroínas a la desesperada, cualquiera que se me pareciese aunque fuera remotamente, cualquiera capaz de iluminar un camino y mostrarme que era posible: «Vale, ese es el aspecto que tiene una profesional de éxito. Así es una líder poderosa. Eso es lo que hace una deportista negra con su fuerza».

En la vida, cuesta soñar con lo que no se ve. Cuando miras a tu alrededor y no encuentras ninguna versión de ti en el mundo, cuando oteas el horizonte y no descubres a nadie como tú, empiezas a sentir una soledad más honda, la sensación de estar en discordancia con tus propias esperanzas, planes y puntos fuertes. Empiezas a preguntarte dónde —y cómo— encajarás alguna vez.

Cuando empecé el instituto, sentía envidia de los compañeros que pasaban desapercibidos entre la gente. Aunque estaba contenta con mis clases y tenía un buen grupo de amigos, seguía cargando con la etiqueta de mi estatura. La tenía presente a casi todas horas. Estaba celosa, sin paliativos, de las chicas más bajitas, aquellas cuyo tamaño no parecía influir en la ropa que se compraban o en si algún chico se lo pensaba dos veces antes de invitarlas a bailar.

Dedicaba muchas de mis horas libres a buscar ropa que se adecuara a mi forma y tamaño. Las más de las veces tenía que conformarme con algo que no acababa de quedarme bien. Intentaba no desanimarme, mientras veía a mis amigas más menudas sacar vaqueros Calvin Klein de los percheros como si tal cosa, sin plantearse ni por un segundo si les quedarían «pesqueros». Me devanaba los sesos sopesando la altura de los tacones, porque quería ir mona pero sin parecer más alta todavía. A menudo me distraía en clase estirándome las perneras para ocultar los tobillos, como dictaba la moda. Y las mangas de mis camisas y chaquetas nunca eran lo bastante largas para mis brazos, de manera que iba siempre arremangada, con la esperanza de que nadie se fijara. Consumía energía en esconder, ajustar y compensar lo que no era.

Asistía a las concentraciones previas a los partidos de los equipos del instituto y, al ver a las animadoras dar saltos mortales y agitar los pompones, reconocía la misma combinación de fuerza y elegancia ensayada que había apreciado en las gimnastas, aunque teniendo presente en todo momento, con cierta consternación, que algunas de aquellas chicas tenían el tamaño aproximado de una de mis piernas. Al mismo tiempo, empezaba a comprender las dinámicas de género: en ese sentido, las chicas a las que admiraba también estaban en desventaja. Aunque fueran menudas, aunque se ajustaran a los cánones clásicos de belleza, su abanico de opciones era muy reducido. Por fuertes y disciplinadas que fueran algunas de esas animadoras, seguían viéndolas a grandes rasgos como elemento decorativo, alegres mascotas que desempeñaban un papel secundario y complementario dentro del espectáculo, más cautivador, de los partidos de fútbol americano o baloncesto. Los aplausos iban dirigidos, ante todo, a los chicos.

Yo seguía intentando encajar en los espacios que habitaba. Todos intentábamos encajar. Forma parte de la adolescencia, aunque eso lo sé ahora. Y muchas de nuestras primeras experiencias con el fracaso tienen que ver con eso. Hasta los chicos populares y confiados, solía explicarles a mis hijas, sienten miedo por dentro; lo que pasa es que se les da un poquito mejor camuflar sus esfuerzos por encajar. A esa edad, casi todo el mundo lleva alguna máscara.

Ese malestar con uno mismo forma parte del desarrollo: algo que hay que pasar y tratar de superar, aprendiendo de la experiencia. Sin embargo, para muchas personas, esa sensación de no encajar, de verse abocado a existir fuera de las normas establecidas, a menudo persiste hasta bien entrada la madurez.

«¿Hay un sitio para mí?».

«¿Qué piensan de mí los demás?».

«¿Cómo me ven?».

Nos planteamos esas preguntas y a veces hacemos lo que esté en nuestra mano para obtener respuestas que no nos duelan. Nos adaptamos, disimulamos y compensamos para gestionar lo que nos hace diferentes teniendo en cuenta los espacios que habitamos. Nos ponemos máscaras —caras valientes, en realidad— en función de la situación, con la esperanza de sentirnos más seguros o de acercarnos a esa sensación de pertenencia, pero aun así nunca acabamos de sentirnos nosotros mismos.

Es fácil dar por sentado que lo que te hace diferente es la parte más visible de ti, lo que la gente percibe primero y recuerda más tiempo. A veces eso es rigurosamente cierto, pero a veces no. Lo malo es que rara vez lo sabrás. Y tienes pocas opciones excepto seguir adelante, a pesar de todo. El problema estriba en que, una vez que abres la puerta a los juicios ajenos, estos empiezan a distraerte. El paso de pensar en ti mismo a imaginar qué piensan los demás de ti es un rasgo clásico de la autoconciencia. Y puede convertirse en una forma de autosabotaje, porque de pronto pasas a percibir, antes que nada, aquello que te hace diferente. En lugar de concentrarte en resolver el problema de matemáticas que hay en la pizarra, te preocupas por tu apariencia. Levantas la mano para hacer una pregunta en clase, pero a la vez te preguntas cómo sonará tu voz en un aula llena de personas que no son como tú. Vas a una reunión con tu jefe, pero estás dándole vueltas a la impresión que causarás, pendiente de la longitud de tu falda y de si tendrías que haberte puesto pintalabios.

Empiezas a acusar la carga de tu etiqueta, sea la que sea. Lo que te hace diferente se te pega como una bandera.

Todo eso crea un lastre añadido, una distracción añadida. Suma una capa más de reflexiones a ciertas situaciones que para algunos pueden ser casuales, pero que a ti te consumen energía. Casi da la impresión de que el mundo se hubiera dividido en dos ante tus ojos: el de quienes tienen que pensar más y el de quienes pueden pensar menos.

Tengo varios amigos negros que crecieron en barrios residenciales ricos y blancos de las afueras. Muchos dicen que sus padres tomaron la decisión de criarlos en lugares que contaran con colegios públicos bien equipados, cerca de la naturaleza y con reservas de agua y aire limpios. La cuestión es que cambiar de código postal a menudo significaba dejar atrás sus ciudades natales y a sus extensas familias y echar mano de hasta el último dólar. Para poder permitirse vivir en aquellos lugares mejores, con sus escuelas mejores, muchas veces acababan en minúsculos pisos de alquiler pegados a la estación de tren, en el borde mismo de la localidad; aun así, era un punto de apoyo para acceder a un determinado conjunto de ventajas. También significaba, casi siempre, que sus hijos crecerían siendo «los únicos», pues encontrarían pocas o ninguna persona de color en sus clases, en los equipos deportivos, en la cola de las palomitas del cine y en los pasillos del supermercado. En aras de ofrecer a sus hijos más oportunidades, aquellos padres se mudaban a una especie de frontera racial.

Tengo una amiga —la llamaré Andrea— que se crio como «la única» en una ciudad dormitorio de Nueva York, dotada de una rica variedad de clubes de campo y rodeada de montes y bosque, donde los padres iban en tren al trabajo y la mayoría de las madres se quedaban en casa con sus hijos. Los padres de Andrea eran profesionales de éxito, con estudios y muy ambiciosos. Vivían en una bonita casa y conducían buenos coches. En lo tocante al nivel adquisitivo, la familia encajaba con creces. Sin embargo, eso no compensaba que sus cuerpos negros destacaran dentro de la homogeneidad de una población blanca. Andrea era muy joven cuando empezó a reparar en las pequeñas vacilaciones de las personas que la rodeaban, esas pausas de un milisegundo que se producían cuando alguien nuevo intentaba asimilar la presencia de una niña negra en un espacio privilegiado, ese fugaz pensamiento sobrevenido: «¿Cómo ha llegado aquí? ¿Qué habrá pasado?». Con esto no quiero decir que Andrea no acabase haciendo amigos que la querían tal y como era, ni sugerir que tuvo una infancia infeliz por culpa del sitio donde vivía; lo único que pasa es que, desde una edad muy temprana, debió lidiar con la etiqueta de la diferencia y captar las señales de que aquel no era su lugar, la insinuación callada y subterránea de que, de algún modo, era una intrusa en su propia ciudad.

Esos mensajes de inadaptación crean heridas que no desaparecen fácilmente. Mi amiga creció y se convirtió a su vez en una profesional muy formada y bien remunerada. Ha dedicado buena parte de su carrera a organizar campañas de diversidad e inclusión en espacios empresariales, en un intento de que haya menos «los únicos» en los lugares donde trabaja. Después de tantos años tratando con personas que la veían como otra, ha desarrollado un conjunto de herramientas y una coraza emocional que parece que le funcionan. Y aun así, las viejas heridas no han desaparecido; Andrea todavía se emociona un poco cuando recuerda cómo su maestra de la guardería saludaba radiante y abrazaba con afecto a sus compañeras blancas, pero a ella evitaba tocarla siquiera. Todavía llora al recordar lo invisible que se sintió una vez que a una amiga blanca le devolvieron los deberes cubiertos de estrellas y caritas sonrientes, mientras que en los suyos, realizados con la misma diligencia y precisión, solo había un impersonal visto bueno. Fue algo sutil y a la vez no, un corte más entre otros mil.

Mis padres, por su parte, parecían no tener interés en esos barrios residenciales y los puntos de apoyo que pudieran ofrecer. Ellos optaron por mantenernos arraigados en nuestra comunidad urbana, cerca de nuestros tíos, abuelos y primos, incluso cuando otras familias —sobre todo las blancas— empezaron a marcharse. La decisión quizá se debiera menos a una estrategia meditada que a la resistencia de mi madre a los cambios, aunque creo que a mis padres les gustaba el lugar donde vivíamos. Conocíamos a nuestros vecinos. Nos sentíamos a gusto rodeados de aquella mezcla de personas, aquella combinación de razas, clases y culturas que existía en nuestro entorno. Aquella mezcla era un refugio. Para nosotros siempre fue positiva.

Por lo tanto, durante mis primeros diecisiete años de vida nunca fui «la única». No fue hasta llegar a la universidad cuando experimenté mi primera experiencia auténtica de invisibilidad racial. Mi padre me acompañó en coche desde Chicago hasta Princeton, y de repente, procurando que no se me notara el asombro, me vi recorriendo aquellos caminos que se bifurcaban entre edificios de piedra del siglo XIX, esquivando frisbis que lanzaban de un lado a otro de un patio inmaculado unos estudiantes de familia bien con la camisa por fuera. Me maravillaba que existiese un lugar como aquel, y que yo, Michelle Robinson de Euclid Avenue, hubiera llegado allí.

Era un lugar precioso y también, para mí, especial. Nunca había estado en un entorno donde la mayoría fuesen jóvenes varones blancos —no se trata de una generalización, sino de un dato: más de las tres cuartas partes de los estudiantes de mi curso eran blancos, y casi dos tercios de ellos eran hombres—.[9] Estoy bastante segura de que yo sentía su presencia más que ellos la mía. Como joven mujer negra, era una minoría en dos frentes. Al caminar por el campus me sentía como si atravesara un campo de fuerza, una frontera. Tenía que hacer un esfuerzo para no pensar en lo diferente que era.

Y aun así, aunque destacaba, no tardé en darme cuenta de que nadie me prestaba atención. Era tan intrascendente como un soplo de aire. Princeton en general irradiaba cierta impermeabilidad, como si sus elegantes arcos góticos y sus más de doscientos años de orgulloso elitismo —también conocido como «excelencia académica»— se empeñaran en recordarnos que todos nosotros, con independencia de nuestro origen, éramos meros visitantes que estábamos de paso; la institución nos sobreviviría a todos. No obstante, también me quedó claro que algunos de mis compañeros de clase se sentían más a gusto en aquel entorno, menos sorprendidos por la abundancia, menos necesitados de demostrar su valía. Para ellos, estudiar en Princeton era en esencia un derecho de nacimiento —resulta que uno de cada ocho estudiantes de mi curso se había beneficiado de su condición de hijo de exalumno para que los aceptaran—,[10] algo que les correspondía por pertenecer a un linaje de padres y abuelos que habían pasado por debajo de aquellos mismos arcos y que daban por sentado que sus hijos algún día harían lo mismo —en aquel entonces, la universidad solo llevaba doce años siendo mixta, de manera que todavía no se podía hablar de madres y abuelas exalumnas—.

Al principio yo no entendía nada de todo esto; aún no conocía el concepto de «privilegio». No había caído en la cuenta de que la certidumbre y la desenvoltura de las que hacían gala algunos de mis compañeros bebían de un manantial subterráneo de riqueza familiar y unas profundas redes de beneficios heredados. Lo único que sabía era que me sentía diferente y, en ocasiones, marginada. Me habían admitido en la universidad, pero eso no conllevaba necesariamente la sensación de encajar.

Caminar por un sitio en el que no ves a nadie que se te parezca tiene algo de inquietante. Es casi angustioso, como si tu «especie» hubiese desaparecido de la faz de la tierra. Si te has criado conociendo a tus abuelos, su comida, su cultura y su manera de hablar, es como si de pronto no formaran parte de la historia; como si tu propia realidad se hubiera esfumado. No hay caras como la tuya en los retratos que adornan las paredes de las aulas y los comedores; los edificios en los que pasas el día llevan todos nombres de blancos. Tus profesores no son como tú. Tus compañeros no son como tú. Ni siquiera en las calles de la ciudad hay apenas nadie que se te parezca.

Lo que, con franqueza, no se me había pasado por la cabeza antes de ir a la universidad era que existían gigantescas zonas de Estados Unidos que se asemejaban más a Princeton que al lugar del que yo procedía, por estar poco menos que desprovistas de diferencias. Para mucha gente, esa era la norma. Empecé a captar la breve vacilación de algunas personas al verme, ese segundo extra que necesitaban para procesar mi diferencia, mi presencia en aquel sitio. Comprendí que muchos de mis compañeros de clase se habían criado rodeados de personas que se les parecían y actuaban como ellos, que habían llevado vidas configuradas por esa semejanza, que también definía su grado de comodidad. Algunos nunca habían tenido un compañero de clase con la piel oscura. Eso me volvía prácticamente irreconocible para ellos, algo ajeno a más no poder. ¡No es de extrañar que les resultara tan fácil estereotiparme! ¡Con razón parecía asustarlos mi pelo o mi tono de piel! Una chica como yo no encajaba en su mundo. Allá donde se habían criado, la gente como yo no existía, literalmente.

Con el paso del tiempo encontré refugio y una comunidad en ciertos espacios del campus; a saber, en mi habitación de la residencia con mis amigas Angela y Suzanne, y en el centro multicultural donde solían reunirse los estudiantes de color. Era un lugar donde podíamos dejar a un lado los complejos y sentirnos a gusto, sin preocuparnos de lo que pensaban de nosotros los demás. Allí hice amigos y di con una maravillosa mentora, Czerny Brasuell, la directora del centro, que se convirtió en la supervisora del trabajo a tiempo parcial que realizaba como parte de mi beca y se volcó para ayudarme a progresar. Lo que me permitió sobrevivir a la universidad fue mi consejo informal de amigos, confidentes y asesores, personas con las que podía bromear sobre cualquier tema, incluida la extrañeza de ser «la única». Todos los estudiantes negros a los que conocí tenían alguna anécdota que compartir acerca de las etiquetas con las que cargaban, de cómo el «negro» eclipsaba al «universitario» casi todas las veces. Tenía un amigo a quien los guardias de seguridad del campus siguieron más de una vez cuando volvía de noche a su residencia. Otra me contó que su compañera de habitación era simpática y cariñosa en privado, pero en las fiestas fingía no conocerla.

Quizá por no tener elección, encontrábamos la manera de reírnos de esas cosas. Por debajo, sin embargo, creo que al poner en común nuestras experiencias hicimos algo muy útil porque nos permitió confirmar una verdad extrañamente tranquilizadora: no estábamos locos. Aquellas impresiones nuestras no eran meras imaginaciones. La desconexión y el aislamiento que experimentábamos de forma individual —aquello que alimentaba nuestros complejos— no eran invenciones ni se debían a algún defecto interno o una falta de empeño por nuestra parte. Los sesgos que nos marginaban no eran figurados; todo era real, todo era cierto. Saberlo, reconocerlo, aunque no supiéramos del todo cómo cambiarlo, era importante.

Mi grupo de amigos hizo que me sintiera menos sola, pero aun así, para el trabajo que me exigía la universidad, para obtener los beneficios que buscaba allí, tenía que salir de mi círculo y entrar en el campo de fuerza de la cultura en general. A veces, al atravesar el comedor del campus o la sala de conferencias, me descubría queriendo integrarme, pero a la vez era hiperconsciente de mi diferencia, como si pensara por dos pistas distintas a la vez. Me concentraba en localizar un asiento libre, pero prestaba casi la misma atención a mi imagen tratando de localizar un asiento, a lo que yo suponía que se les pasaba a los demás por la cabeza: «Ahí viene la negra, buscando un asiento».

En otras palabras: «Destaco. No importo».

Es algo que puede trastornarte si no vas con cuidado.

Todavía puedo revivir la incomodidad de aquellos momentos. Me sentía a la deriva, separada de mí misma, como si me hubieran expulsado de mi propio cuerpo.

Los complejos pueden afectarnos así. Pueden ponerte la zancadilla y borrar lo que das por cierto de ti misma. Pueden hacer que te sientas torpe e insegura, desorientada acerca de quién eres y dónde estás. Es como si el mundo te pusiera delante un espejo deformante y te mostrase lo irreconocible que eres para los demás y todas las maneras en las que no encajas. A veces esa imagen se convierte en lo único que ves. El sociólogo y líder de la lucha por los derechos civiles W. E. B. Du Bois describió esa tensión en su famoso y trascendental libro de 1903 *Las almas del pueblo negro*: «Es una sensación peculiar esta doble conciencia, esta sensación de mirarse siempre a uno mismo a través de los ojos de los demás, de medir la propia alma con la cinta métrica de un mundo que observa con alegre desprecio y con lástima».[11]

Así de antigua es esta sensación, si no mucho más.

Y también es así de común. Incluso ahora, todavía.

La cuestión es qué hacer al respecto.

Mi padre, cuyos temblores y visible cojera a veces hacían que la gente se parase a mirarlo por la calle, solía decirnos, con una sonrisa y un encogimiento de hombros: «Nadie puede hacerte sentir mal si te sientes bien contigo mismo».

Era una máxima tan brillante como sencilla, y a él parecía funcionarle. Mi padre podía quitarle hierro a casi cualquier situación. No se tomaba las cosas a la tremenda ni se indignaba; se caracterizaba por su modestia y serenidad, y por eso creo que venía tanta gente a casa para pedirle opinión y consejo, sabiendo que los recibirían con amplitud de miras. Siempre tenía tres billetes de dólar doblados en el bolsillo delantero de la camisa y le daba dos a quienquiera que le pidiera dinero, lo que al parecer sucedía con bastante frecuencia. Según mi madre, mi padre se quedaba adrede el tercer billete en atención a la dignidad de la persona en cuestión, que así podía marcharse satisfecha pensando que no le había dejado sin nada.

A mi padre no le preocupaba cómo lo veían los demás. Estaba a gusto consigo mismo, tenía clara su propia valía y, pese a su desequilibrio físico, estaba centrado. No sé exactamente cómo llegó a ser así ni qué lecciones tuvo que aprender por el camino, pero de algún modo había descubierto cómo vivir desacomplejado por los juicios ajenos. Esa cualidad suya era tan evidente que juro que podía detectarse desde el otro lado de la habitación. Atraía a la gente hacia él. Irradiaba tranquilidad, pero no la que se deriva del privilegio o la riqueza, sino de algo diferente. Era tranquilidad a pesar de la lucha; tranquilidad a pesar de la incertidumbre. Era tranquilidad desde dentro.

Era algo que lo hacía destacar, lo volvía visible de un modo positivo.

Mi padre no permitió que las injusticias del mundo lo amargaran como habían amargado a mi abuelo. Creo que fue una decisión consciente; era otro ejemplo de lo que mi padre podía hacer «a pesar de». No le habían faltado roces con la injusticia: había nacido durante la Gran Depresión, tenía cinco años cuando su padre se fue a combatir en la Segunda Guerra Mundial y desapareció, y no había podido costearse la universidad. Había vivido las políticas discriminatorias de vivienda y educación, el asesinato de varios de sus héroes y el azote de una enfermedad incapacitante e incurable. Sin embargo, también había visto, en su padre —mi abuelo Dandy—, los límites que creaba el miedo, la factura que podía pasar la amargura.

Y así, mi padre decidió seguir otro camino. No permitió que nada de aquello le tocara el alma. Resolvió no aferrarse al dolor o la vergüenza porque sabía que probablemente no le serviría de nada; en cambio, supo ver que la capacidad de no dejar que las injusticias lo afectaran, de no recrearse en ciertos episodios, le confería una especie de poder. Comprendió que la injusticia estaba ahí, pero se negó a dejarse vencer por ella, consciente de que, en buena medida, escapaba a su control.

A Craig y a mí nos enseñó a sentir curiosidad por cómo funcionaba el mundo y nos educó en cuestiones de igualdad y justicia. Sentado a la mesa del comedor, respondía a nuestras preguntas sobre asuntos como las leyes que oficializaban la segregación racial o los disturbios que se habían producido en el lado oeste de Chicago tras el asesinato de Martin Luther King Jr. Cuando había elecciones, se aseguraba de que lo acompañásemos al colegio electoral situado en el sótano de la iglesia que había delante de nuestra escuela, para que viéramos cómo se votaba. Los domingos también nos llevaba a dar paseos en su Buick por el barrio del South Side donde vivían los afroamericanos más ricos, porque quería que viéramos con nuestros propios ojos la diferencia que podía marcar una educación universitaria y así darnos un motivo para perseverar en la escuela y tener amplitud de miras. Era como si nos llevase al pie de una montaña y luego señalase la cima. Era su manera de decir: «Vosotros podéis llegar allí, aunque yo no».

Al estar tan centrado, mi padre veía más allá de cualquier espejo que el mundo le pusiera delante, más allá de todo aquello que, en otras circunstancias, podría haber hecho que un hombre negro de clase trabajadora que se desplazaba con muletas se sintiera insignificante o invisible. Él no se fijaba en lo que no era o lo que no tenía. En lugar de eso, medía su valor por quién era y lo que sí tenía: amor, una comunidad, comida en la nevera, dos críos altos y ruidosos y muchos amigos que llamaban a su puerta. Veía todo eso como un éxito y un motivo para seguir adelante. Para él, era la prueba de que importaba.

Cómo te ves a ti mismo lo es todo. Es tu base, el punto de partida para cambiar el mundo que te rodea. Eso lo aprendí de él. La visibilidad de mi padre me ayudó a encontrar la mía.

«Nadie puede hacerte sentir mal si te sientes bien contigo mismo». Tardé años en asimilar la máxima de mi padre y aplicarla a mi vida. Fui adquiriendo confianza poco a poco, a trompicones. Solo gradualmente aprendí a llevar mi diferencia con orgullo.

Hasta cierto punto, comenzó con la aceptación. En algún momento, cuando iba a la escuela primaria, me acostumbré a ser la chica más alta de mi clase. La verdad, ¿qué otra cosa podía hacer al respecto? Y más adelante, en la universidad, tuve que acostumbrarme a ser la «única» en mis clases y en los eventos del campus. Una vez más, porque no me quedaba más remedio. Con el paso del tiempo, también me acostumbré a estar en espacios donde los hombres superaban en número a las mujeres y donde por norma se les hacía más caso a ellos cuando hablaban. Simplemente, estos entornos eran así. Y me fui dando cuenta de que si quería cambiar las dinámicas que se daban en esos espacios —tanto para mí como para quien viniera detrás, para que hubiera más hueco para lo diferente y ampliar la definición de quién encajaba ahí—, tenía que sentar primero unas bases sólidas que cimentaran mi orgullo. Aprendí que no debía esconder quién era, sino mostrarme orgullosa de ello.

No podía sentirme derrotada a la primera ni rehuir situaciones que eran fáciles de evitar. Tenía que sentirme cómoda con mis miedos. A menos que fuera a renunciar, tenía que seguir adelante. Mi padre con su vida también me dio una lección práctica en este aspecto: aceptas lo que tienes y continúas. Encuentras tus herramientas, te adaptas si es necesario y sigues tu camino. Perseveras, siendo consciente de que habrá muchos escollos que superar.

Tengo un temperamento distinto al de mi padre en ciertos aspectos. Me cuesta ser tan tolerante. Tiendo a expresar mis opiniones con más determinación. No soy capaz de ignorar la injusticia del modo en que lo hacía él, ni tampoco considero que ese sea mi objetivo. Pero la lección que aprendí de él fue saber de dónde procede realmente la estabilidad: de nuestro fuero interno. Y he descubierto que la estabilidad se convierte en la base desde la cual puedes construir una vida mejor.

Gracias en parte a ver cómo mi padre llevaba el hecho de ser diferente, a la dignidad con la que entraba en todos los sitios, fui descubriendo qué era lo que me ayudaba a alejar el miedo de mi mente y me permitía reclamar mejor mis derechos en las situaciones en que me encontraba. Me di cuenta de que había algo que podía elegir, algo que podía controlar, y eso era lo que me decía a mí misma en esos momentos incómodos; esos mensajes que permitía que entraran en mi mente cada vez que me adentraba en un nuevo campo de fuerza, cada vez que cruzaba una sala llena de extraños y tenía esa desagradable sensación de que yo no encajaba en ese lugar o me estaban juzgando.

Fueran cuales fuesen las señales que percibía en esos espacios —que la gente considerara que era diferente, o que no tenía derecho a estar ahí o que era problemática en algún sentido, aunque lo que percibía fuera algo que esas personas transmitían de forma inconsciente o sin querer—, no tenía que dejar que esas señales me afectaran. Podía hacer algo al respecto. Podía dejar que mi vida, mis actos, mostraran la verdad. Podía estar ahí y seguir adelante con mi trabajo. Esas actitudes negativas no eran cosa mía.

Aprendí que podía relacionar el ser diferente con unos sentimientos más positivos. Cuando entraba en un espacio nuevo, me resultaba muy útil cuadrarme de hombros psicológicamente y tomarme un segundo para recordar lo que, dentro de las paredes de mi casa, dentro del refugio que eran mis amigos, ya sabía que era verdad. Era yo quien debía aceptarse tal y como era. Y esa verdad me ayudó a afrontar la situación.

En mi mente, a tiempo real y por mi propio bien, podía reescribir la narrativa de cómo me percibía:

«Soy alta y eso es bueno.
Soy una mujer y eso es bueno.
Soy negra y eso es bueno.
Soy yo misma y eso es algo muy bueno».

Cuando reescribes la narrativa de cómo te percibes, encuentras un nuevo punto de apoyo. Te alejas de los espejos de los demás y hablas desde tu propia experiencia, desde lo que tú conoces. Te apegas a tu orgullo y te resulta más fácil superar los escollos. Aunque esto no elimina todos los obstáculos, he descubierto que sí ayuda a reducirlos. Te ayuda a saborear tus victorias, incluso las pequeñas, y a saber que lo estás haciendo bien.

Esta es la base de la verdadera confianza y se convierte en el punto de apoyo desde el cual puedes avanzar para conseguir más visibilidad, más determinación y más capacidad para generar cambios. No es algo que vayas a conseguir al primer o segundo intento, ni siquiera al décimo. Cuesta mucho alejarse del espejo de los demás. Se necesita practicar mucho para lograr que los mensajes correctos permanezcan en tu mente.

También es útil reconocer qué es lo que hace que este trabajo sea tan complicado. Se nos encomienda la tarea de escribir nuestra propia historia sobre montones y montones de historias ya escritas. Tenemos que intentar imponer nuestra verdad sobre narrativas que durante mucho tiempo han sugerido que no encajamos, que este no es nuestro lugar o que ni siquiera existimos. La tradición consagra estas historias y la vida diaria las consolida, en muchos casos hasta formar el telón de fondo de nuestros días. De una manera inconsciente, moldean cómo nos percibimos a nosotros mismos y a los demás. Pretenden decirnos quién es inferior y quién es superior, quién es fuerte y quién es débil. Tienen sus grandes héroes y unas normas establecidas: «Quien importa es así. El éxito es así. Un médico es así, un científico es así, una madre es así, un senador es así, un criminal es así, una victoria es así».

Si creciste con la bandera confederada ondeando en el capitolio de tu estado, o jugaste en parques públicos donde había estatuas de bronce que rinden tributo a dueños de esclavos o se te enseñó la historia de tu país siguiendo un plan de estudios cuyos contenidos han sido decididos casi exclusivamente por blancos, estas historias están dentro de ti. La Mellon Foundation financió recientemente un estudio sobre los monumentos de Estados Unidos y el resultado fue que la mayoría honran a hombres blancos; la mitad eran esclavistas y el 40 por ciento habían nacido en una familia rica.[12] Las personas negras e indígenas solo conformaban un 10 por ciento de los homenajeados; las mujeres, un 6 por ciento. Las estatuas de sirenas superaban en número a las dedicadas a mujeres congresistas en una proporción de once a uno.

Insisto, es complicado soñar con lo que no se ve. Esforzarse por alcanzar una meta que no ves no resulta nada fácil. Para reescribir la narrativa de cómo se percibe uno, se requiere valor y persistencia. Por muy desalentador que sea, hay gente en este mundo que se siente más cómoda o más poderosa cuando a los demás se los obliga a sentirse aislados, destrozados o marginados. Los alegra que te sientas insignificante y quieren que eso siga siendo así. La visibilidad es el eje de muchos de nuestros actuales y más polémicos debates públicos. Mientras en los poderes legislativos estatales se discute sobre si hay que prohibir o no que los profesores hablen sobre el racismo sistémico en los colegios públicos, mientras los comités escolares votan a favor de vetar en las bibliotecas los libros que traten sobre el Holocausto, el racismo o las personas LGBTQ+, tenemos que seguir siendo conscientes de quiénes son los protagonistas de las historias que se están contando y a quiénes se está borrando de ellas. Esta es una batalla sobre quién importa, sobre quién llega a ser visto.

Somos un país joven dominado por narrativas antiguas. Muchas de estas historias han sido encumbradas sin merecerlo y repetidas sin ser cuestionadas, hasta el punto de que ya a duras penas somos conscientes de que son historias. En vez de eso, las hemos interiorizado como si fueran la verdad. Nos hemos olvidado de hacer el esfuerzo de descifrarlas.

Os voy a poner un ejemplo: cuando mi hermano Craig cumplió doce años, se le quedó pequeña su bicicleta. Había crecido tan rápido y era tan largo que ya no podía montar en ella, en una bici de tamaño infantil; ni siquiera con el sillín subido hasta el tope. Así que mis padres le compraron una bici de adulto, una de color amarillo brillante y con diez velocidades que encontraron en un centro comercial de Goldblatt. A Craig le encantaba su nueva bici. Iba con ella de aquí para allá como un rey, orgulloso de darle a esos pedales, emocionado por tener algo que encajara tan bien con él. Hasta que una tarde fue con su bici de diez velocidades al parque público de la orilla del lago, que no estaba lejos de nuestra casa, y un policía municipal le dio el alto y lo acusó de haberla robado.

¿Por qué? Porque era un chico negro montado en una bici bonita. Evidentemente, no encajaba con la idea que el agente tenía sobre la clase de bicis que debían montar los chicos negros, sin importar que él mismo fuese negro. Había aceptado que cierta historia era verdad, había interiorizado ese estereotipo que lo obligaba no solo a quitarle su bici a un chico, sino también su orgullo. (El hombre se disculpó más tarde, aunque solo después de haber recibido un buen rapapolvo de nuestra madre).

El mensaje que le dio aquel agente de policía a mi hermano era tan claro como habitual:

«No considero que tengas derecho a lo que tienes».

«Dudo que esto que te ha hecho sentirte tan orgulloso te pertenezca».

Esta es precisamente la clase de duda que muchos vemos en la mirada de otros cuando cruzamos una sala que no nos es familiar, cuando experimentamos la dinámica de un nuevo campo de fuerza. Estamos recogiendo la vieja idea de que somos unos intrusos, que nuestro orgullo requiere una comprobación adicional. Estas son las narrativas que tenemos que intentar reescribir, no solo para nosotros, sino para un mundo que no nos aceptará.

Stacey Abrams, política y activista del derecho al voto, cuenta esta historia sobre cómo, después de ser nombrada en su instituto la mejor estudiante de su clase en 1991, fue invitada junto a otras estudiantes excelentes de Georgia, su estado natal, a una recepción vespertina en la mansión del gobernador en Atlanta para celebrar sus éxitos académicos.[13] Emocionada por tener esta oportunidad, sus padres y ella se vistieron con su mejor ropa y fueron en varios autobuses desde Decatur, cerca de donde vivían, hasta Buckhead, el barrio exclusivo donde se hallaba la mansión. Adams cuenta que bajaron del autobús y, cuando habían recorrido la mitad del camino de entrada, un guardia de seguridad los detuvo, les echó un vistazo y dijo: «Este es un evento privado. Ustedes aquí no pintan nada».

Una familia negra que llegaba en autobús, porque eran tan pobres que no tenían coche, no encajaba con la idea que tenía aquel guardia de quién podía ser invitado por el gobernador.

El mensaje resultaba familiar: «No considero que tengas derecho a lo que tienes. Destacas; no eres importante».

Por suerte para Stacey Abrams, sus padres no estaban dispuestos a aguantar estupideces. Recuerda que su madre la agarró del brazo para que no se diera la vuelta y se subiera corriendo al autobús. Su padre discutió con el guardia. La familia acabó entrando en la recepción —después de obligar a aquel hombre a que buscara el nombre de Stacey justo al principio de la lista alfabética de invitados que llevaba en su sujetapapeles—. Pero el daño ya estaba hecho, una gota de veneno se había escapado; una joven había sido herida en su orgullo y eso echó a perder esa experiencia por completo.

«No recuerdo haberme reunido con el gobernador de Georgia ni con las otras estudiantes —le contó Abrams a *The New York Times* años después—. Lo único que recuerdo de ese día es al hombre de la puerta diciéndome que yo no pintaba nada ahí».[14]

Estos mensajes son capaces de destrozar a una persona, sobre todo cuando su destinatario es alguien joven y su carácter todavía se está formando, y más si vienen de una figura con cierta autoridad en un momento en que te sientes feliz y orgulloso. La gente que lanza estos mensajes es casi imposible de olvidar. Nos atormentan como si fueran fantasmas. ¿Cuántos seguimos teniendo un monólogo con alguien que nos despreció o nos hizo de menos aunque hayan pasado décadas desde que aquello sucedió? ¿Cuántos seguimos replicando en silencio a esa persona que intentó borrarnos de un lugar al que intentábamos acceder? Regresamos una y otra vez a esas puertas, nos contamos una y otra vez esa historia, en un esfuerzo por restaurar nuestro orgullo herido. En *Mi historia* escribí sobre la indiferencia con la que mi asesora universitaria, a los diez minutos de conocerme, echó por tierra mis aspiraciones cuando dijo que no estaba segura de que yo fuera «material para Princeton».

Me sentí dolida y furiosa, destrozada no solo por sus palabras, sino por su tono despectivo y la rapidez con la que había llegado a esa conclusión. Me había mirado, me había evaluado y había sido incapaz de ver mi luz. O, bueno, así es como me sentí. Desde ese momento, mi trayectoria estaría marcada, al menos en parte, por ese comentario, por una sola frase dicha sin pensar por una completa desconocida.

Así de poderosos pueden ser esos mensajes; por esa razón, debemos prestar mucha atención a cómo los lanzamos y cómo los recibimos. Es natural que los niños quieran que los demás reconozcan su luz; lo ansían, crecen con esa necesidad. Y si se les hace sentir invisibles, a menudo encontrarán otras formas menos provechosas de ser vistos. Actuarán dentro de la oscuridad a la que se les ha relegado. Pienso en esto cuando leo historias sobre jóvenes que acaban atrapados en el crimen y el caos. Si no se les da la oportunidad de sentirse orgullosos de sí mismos, no tendrán ninguna razón para respetar los espacios donde están ni a las autoridades que los han empujado a la marginación. De esta manera, es más fácil destruir algo a lo que no tienes derecho.

Gracias en gran parte a otros adultos que me apoyaron en mi vida, fui capaz de transformar rápidamente el sufrimiento que me causó ese comentario de la asesora universitaria en energía positiva. Estaba el triple de decidida a demostrar que se equivocaba. Mi vida se convirtió en esta respuesta: «Tus límites no son los míos». Hoy en día, no le debo nada, pero sí reconozco que gracias a su indiferencia descubrí algo dentro de mí, una férrea determinación. Me propuse que mi vida tuviera más sentido y fuera más importante de lo que ella jamás se habría imaginado, en caso de haberle permitido que ejerciera su poder de dictarme dónde encajaba o no. Lo poco que esperaba de mí se convirtió en un escollo más que superar.

Es posible que el guardia que paró a Stacey Abrams a las puertas de la mansión del gobernador se marchara a casa después de su turno, cenara con su familia y nunca volviera a pensar en ella. Pero Stacey, por supuesto, no ha podido olvidarlo. Tanto él como su mensaje de que ella no encajaba ahí la acompañaron cuando fue a la universidad, obtuvo dos licenciaturas, escribió una decena de libros y lanzó una de las campañas más exitosas de la historia para movilizar a los votantes. Y seguramente también la acompañó cuando se presentó dos veces para ser gobernadora de Georgia, con la esperanza de abrir esas puertas aún más. Él era otro escollo más que superar.

Stacey Abrams aún sigue hablando de lo que vivió con aquel guardia solo para hacer hincapié en cómo esa experiencia reforzó su determinación: «Me he pasado la vida, no sé si a propósito o no, demostrando que se equivocaba —ha afirmado—. Pero aquí él no es lo importante. Esto no se centra en lo que él vio o no vio en mí, sino en quién soy y en quién pretendo ser».[15]

Me imagino que para ella ese guardia sigue todavía en la puerta, del mismo modo que, para mí, mi asesora universitaria siempre estará sentada delante de su escritorio. Viven tranquilamente en los márgenes de nuestras mentes, junto a nuestros otros escollos; empequeñecidos por nuestros grandes logros, por las respuestas que les hemos dado. Serán recordados solo por lo que no lograron. Solo porque se convirtieron en un obstáculo que superar.

Son personajes secundarios en nuestras historias más grandes e interesantes sobre cuál es el lugar que tiene derecho a ocupar cada uno. Al final, el único poder que tienen sobre nosotros es el de recordarnos por qué perseveramos.

SEGUNDA PARTE

Cada uno somos la cosecha
de los demás:
cada uno somos asunto
de los demás:
cada uno somos magnitud y vínculo
de los demás.

GWENDOLYN BROOKS,
fragmento del poema
«Paul Robeson»[1]

Mis amigas y yo nos apoyamos mutuamente
para obtener fuerza, consuelo y alegría.

CAPÍTULO 5

MI MESA DE LA COCINA

No soy alguien que se tome la amistad a la ligera. Me tomo muy en serio hacer amigos y aún más conservarlos. Mis amigos a menudo bromean diciendo que parezco un instructor militar en lo relativo a conservar nuestros lazos afectivos. Me comentan esto con cariño y con un cierto hartazgo de vez en cuando. Y lo entiendo. Acepto tanto su amor como su hartazgo. Es cierto que puedo ser muy intensa a la hora de mantenerme conectada con mis seres queridos. Me empeño en planificar salidas en grupo, escapadas de fin de semana, citas para jugar al tenis y paseos con una amiga junto al río Potomac. Me encanta contar los días que faltan para que llegue algo, para ver a alguien a quien quiero. Para mí, las amistades son tanto un compromiso como un salvavidas, y me aferro a ellas con fuerza y deliberadamente.

He escrito antes sobre cómo, durante los años en la Casa Blanca, llamaba a alrededor de una decena de amigas unas cuantas veces al año y les pedía que vinieran conmigo a Camp David para lo que inicialmente bauticé como «un fin de semana de spa» o «un viaje de salud», aunque enseguida —en cuanto descubrieron que había decidido que íbamos a hacer ejercicio tres veces al día y no probaríamos la carne, ni la comida basura ni el alcohol— mis amigas rebautizaron nuestro retiro como «el campamento militar». También insistieron en que si quería que siguieran viniendo y haciendo ejercicio de ese modo, teníamos que contar al menos con algo de carne, algo de postre y, desde luego, algo de vino. Como todas éramos mujeres con una carrera profesional y muy poco tiempo libre, cuando nos relajábamos, lo queríamos todo y lo queríamos ya. La mayoría teníamos hijos en edad escolar, éramos unas esposas muy atareadas y teníamos un trabajo exigente, así que estábamos acostumbradas a sacar tiempo como fuera para dormir, hacer ejercicio, divertirnos y tener cierta intimidad en los escasos momentos libres que nos dejaban en nuestras vidas las muchas personas que dependían de nosotras; con unos resultados desiguales, sin duda. ¿Quién se puede relajar cuando tiene el cerebro lleno de preguntas tontas que inducen a la paranoia, de esas que te asaltan en mitad de la noche o de una reunión de trabajo con un cliente? «¿Se ha pasado ya la fecha para solicitar plaza para el campamento de verano?», «¿Se nos ha acabado la mantequilla de cacahuete?», «¿Cuándo fue la última vez que alguien dio de comer a los gerbos?».

Consideraba que esos fines de semana eran como un soplo de aire fresco, una oportunidad para mí y mis amigas de restablecer nuestras prioridades durante tres días, aunque fuera temporalmente; gracias a ellos, podíamos olvidarnos de nuestros críos, nuestras parejas, el trabajo, las tareas pendientes y las fechas de entrega inminentes, y de los malditos gerbos. Nosotras seríamos lo primero; todo lo demás quedaba relegado. Y para mí, la forma más rápida y eficaz de eliminar el estrés y centrarme en el momento presente es lanzarme a un entrenamiento duro y exigente. O, aún mejor, hacer varias sesiones de ejercicio. Supongo que se podría decir que el esfuerzo es una de las formas en que expreso mi amor. Me gusta en quién nos convertimos cuando nos vemos empujados al límite. Me gusta tener amigas a las que les guste sudar un poco, que disfruten averiguando cuáles son los límites de su fuerza y su determinación. Y que más tarde se dejen caer derrengadas en el sofá delante de la chimenea para hablar hasta altas horas de la noche.

O eso es lo que pasó en cuanto acepté que hubiera algo de vino y de picoteo; por cierto, conviene recordar esto sobre la amistad: no pretendas imponer todas tus reglas. Lo importante es que seguíamos estando ahí cuando quedábamos, seguíamos estrechando lazos, seguíamos cultivando nuestra amistad, incluso cuando estábamos agotadas. Para mí, la clave es estar ahí.

Estoy totalmente convencida de que se llega más lejos en la vida cuando cuentas al menos con un par de buenos amigos, cuando eres una persona de fiar y demuestras que ellos te importan, y ellos te demuestran que les importas. Eso me quedó muy claro durante esos años en Princeton, cuando encontré a un grupo de personas que me dio consuelo emocional, me animó y me proporcionó una energía que, a partir de entonces, me acompañó en la lucha diaria que conllevaba ser estudiante.

Más adelante, cuando me casé con un marido que por culpa de su trabajo no aparecía por casa durante varios días, fueron mis amigos los que me apoyaron, sobre todo los que tenían críos que se lo pasaban bien jugando con mis hijas. Nos convertimos en camaradas, compartíamos coche para ir a las clases de baile y natación, nos ocupábamos de dar de comer o de cenar a los hijos de nuestros amigos si estos tenían que quedarse a trabajar hasta tarde, y siempre escuchábamos comprensivos cada vez que alguien necesitaba desahogarse, o estaba sufriendo, o estaba intentando tomar una decisión importante en su vida. Daba igual lo ocupada que estuviera o lo frenético que pareciera ser mi ritmo de vida, tenía un puñado de amigos por los que dejaba inmediatamente mis preocupaciones en un segundo plano para ayudarlos a afrontar las suyas. Nos cubríamos unos a otros, haciéndonos así la vida más fácil. Entre nosotros, el mensaje siempre era «Cuenta conmigo. Aquí estoy».

Me he dado cuenta de que tener buenos amigos siempre me ha ayudado a sobrellevar las presiones de mi matrimonio. Barack y yo nunca hemos intentado serlo «todo» en la vida del otro; nunca hemos pretendido ser los únicos que llevan la carga de cariño y cuidado que cada uno de nosotros necesita. No espero que él escuche todo lo que tengo que contar ni todo lo que pienso, tampoco quiero compartir con él todos mis problemas ni que sea el único responsable de mis distracciones del día a día y de mi felicidad. Y a la inversa, no quiero tener que hacer todas esas cosas por él. En vez de eso, repartimos la carga. Tenemos otras formas de desahogarnos emocionalmente. Contamos con el apoyo de una amplia red de amigos —suyos, míos y algunos que compartimos— y hacemos todo lo posible para darles nuestro apoyo a ellos.

Creo que me puse especialmente pesada con mis amigos en la época en que llegué a Washington, a primeros de 2009; un periodo en el que me sentí al límite de mis fuerzas. Barack había sido elegido presidente y, en nueve semanas, habíamos guardado en cajas todas las pertenencias que teníamos en Chicago, habíamos sacado a Sasha y a Malia del colegio y nos habíamos mudado a Washington D. C.; una ciudad donde no conocía prácticamente a nadie. Las dos semanas previas a la investidura presidencial estuvimos viviendo en un hotel, mientras las niñas se adaptaban a su nuevo colegio y Barack trabajaba el triple para configurar lo que sería su futuro gobierno. Yo estaba tomando decenas de decisiones a diario sobre un futuro que a duras penas era capaz de imaginar: desde elegir el tipo de colchas o la cubertería que se utilizarían en la Casa Blanca hasta qué personas íbamos a contratar para mi despacho en el Ala Este. También teníamos que ocuparnos de unos ciento cincuenta invitados personales que iban a acudir a la investidura —amigos, familiares y muchos niños—, los cuales necesitaban tener su itinerario, su entrada para el evento y un sitio donde alojarse.

Lo que más recuerdo de esta época es que todo tenía un brillo extraño; me daba la sensación de que nuestra vida tal y como la conocíamos estaba siendo reemplazada muy rápidamente. Nos encontrábamos en una ciudad nueva, rodeados de mucha gente nueva, con unos trabajos nuevos, con una vida nueva. Mis días se convirtieron en un batiburrillo surrealista donde se mezclaba lo mundano y lo extraordinario, lo práctico y lo histórico. Necesitábamos una caja de lápices para Sasha y un vestido de gala para mí. Necesitábamos un soporte para el cepillo de dientes y un paquete de medidas de rescate económico. Además, me di cuenta enseguida de que íbamos a necesitar de verdad a nuestros amigos.

Me alegré de que muchos de ellos vinieran a Washington D. C.

para asistir a la celebración y que fueran testigos de lo que para Estados Unidos era un traspaso de gobierno, pero que para mí también era un cambio de vida, de forma de ser, estresante. Necesitaba que mis propios testigos presenciaran eso, que mis amigos pudieran gozar de ese día glorioso y de todo lo que significaba en materia de equidad y progreso después de lo duro que había trabajado mi marido para alcanzar esta meta, y que luego vinieran a verme y me abrazaran fuerte, ya que sabían perfectamente lo mucho que iba a echar de menos nuestra antigua vida. Mi amiga Elizabeth acudía desde New Haven. Mi amiga Verna, a la que había conocido cuando iba a la facultad de Derecho, llegaba de Cincinnati. Mi amiga Kelly, que fue mi principal apoyo durante mi embarazo y mis primeros pasos como madre y se había mudado a Washington un año antes, estaría ahí, junto a un gran grupo de amigos que venían de Chicago. Todos habían estado muy ocupados comprando ropa y planificando su estancia. Yo me había asegurado de que tuvieran un asiento cerca del escenario, ya que sabía que me pondría nerviosa y quería sentir su presencia y su apoyo, aunque no supiera adónde tendría que mirar exactamente para localizarlos entre la multitud. Lo único que importaba era que estarían ahí, casi como pájaros en los árboles.

Cuando me mudé a la Casa Blanca, me sentí un poco agobiada; me preocupaba que mi relación con mis amigos ya no fuera igual, que todas las relaciones que eran importantes para nuestra familia se resintieran y cambiaran por culpa de la extraña majestuosidad y grandeza que nos rodeaba, del cambio repentino que se había producido en el modo en que éramos vistos. Me preocupaba cómo iban a arreglárselas Sasha y Malia para relacionarse con otros niños cuando los agentes del Servicio Secreto las acompañaran a clase, a los entrenamientos de fútbol y a las fiestas de cumpleaños. No estaba del todo segura de cómo Barack iba a sacar tiempo para tener vida so-

cial con todas las crisis terriblemente urgentes con las que estaba li-
diando. Y en cuanto a mí, me preguntaba cómo iba a ser capaz, en
medio de ese cambio caótico y con tantas medidas de seguridad, de
mantener a mis amigos íntimos lo más cerca posible mientras también hacía hueco, al menos, para unos cuantos nuevos.

Hasta entonces, la mayoría de las amistades que había hecho de
adulta se fueron consolidando con el tiempo y comenzaron de una
forma casual, gracias una mezcla a menudo arbitraria de suerte, factores geográficos e intereses comunes. Había conocido a mi amiga
Sandy cuando nos pusimos a charlar un día en una peluquería del
centro de Chicago al percatarnos de que ambas estábamos embara-
zadas. Había conocido a Kelly en el trabajo, aunque no fue hasta
más tarde, al tener a nuestros bebés al mismo tiempo, cuando empezamos a quedar con más regularidad. Con mi amiga Anita, que
es ginecóloga y trajo al mundo a mis niñas, fui trabando amistad
cuando nuestros maridos empezaron a quedar para jugar al baloncesto. A lo que voy es que fueron surgiendo nuevas amistades en
mi vida como si fueran margaritas y yo hice el esfuerzo de cuidarlas.
Si me encontraba con alguien que parecía interesante, ya fuera en
el trabajo o en una fiesta, o en una peluquería o, como cada vez era
más frecuente, gracias a mis hijas y sus actividades, normalmente
insistía en mantener el contacto, le pedía a esa persona su número
de móvil o su dirección de e-mail y le proponía que almorzáramos
algún día o quedáramos en un parque infantil.

Hoy en día, cuando hablo con jóvenes, a menudo me comentan que, cuando traban una nueva amistad, temen que llegue el
momento en que pasas del «Encantado de conocerte» al «Oye, ¿por
qué no quedamos un día?», o les asaltan las dudas en ese instante
crucial. Dicen que les resulta raro e incómodo andar detrás de un
posible amigo, preguntarle a alguien si le apetece tomar un café o
quedar fuera del trabajo o del colegio, o intentar hablar cara a cara
con una persona a la que solo conocen por internet. No quieren
dar la impresión de estar demasiado ilusionados, porque creen que
eso hace que parezca que están desesperados o que no molan. Te-

men asumir ese riesgo, ya que les preocupa ser rechazados. De esta manera, sus temores —y esto no es una sorpresa— se convierten en sus límites. Y las cifras parecen indicar que esos límites son reales. Según una encuesta de 2021, un tercio de los adultos estadounidenses tienen menos de tres amigos íntimos.[2] El 12 por ciento señalaba que no tenía ninguno.

Una de las primeras cosas que el doctor Vivek Murthy hizo después de que Barack lo nombrara director general de Salud Pública en 2014 fue viajar por el país e interesarse por la salud y el bienestar de los estadounidenses. Lo que más le chocó fue la cantidad de gente que afirmaba sentirse sola. «Hombres, mujeres, niños. Profesionales con formación académica. Obreros. Gente que gana el salario mínimo. Ningún grupo, daba igual cuál fuera su educación, su riqueza o su éxito en la vida, parecía librarse de esa lacra», escribió Murthy en su libro *Together: The Healing Power of Human Connection in a Sometimes Lonely World* (*Juntos. El poder de la conexión humana*), que se publicó en 2020, justo cuando estalló la pandemia.[3] Incluso antes de que el coronavirus arrasara con nuestros patrones de conducta social y modelos de amistad, los estadounidenses afirmaban sistemáticamente que tenían una sensación de desarraigo, que no se sentían «a gusto» con otras personas.

Muchos buscamos tener esa sensación de arraigo. Y entiendo que no es fácil encontrarla. Murthy —quien ha vuelto a ser director general de Salud Pública con el presidente Biden— también descubrió que a la gente le da vergüenza y pudor reconocer que se siente sola, sobre todo en una cultura donde la autosuficiencia se considera una virtud nacional.[4] No queremos dar la impresión de que dependemos de los demás o que somos unos ineptos, ni admitir que nos sentimos marginados. Aun así, muchos nos sumergimos en unos sistemas que están diseñados para enviar exactamente ese mensaje: si buceas un poco por Instagram, verás que todo el mundo tiene claro qué hay que hacer para ser feliz, ser amado y tener éxito..., excepto tú.

Crear un vínculo de verdad con otra persona ayuda a contrarrestar todo esto. Y no me refiero a hacer «amigos» por Instagram o Facebook, sino a las relaciones que se dan en la vida real, cara a cara, de tú a tú. Estas son las que nos abren las puertas de las vidas reales de los demás, no de las existencias editadas y filtradas que seguramente vamos a encontrar en Internet. Mis amigos saben qué pinta tengo sin maquillaje, con una mala iluminación y desde un ángulo malo. Me han visto despeinada y desarreglada. Probablemente, incluso saben cómo me huelen los pies. Pero lo más importante es que saben cómo me siento de verdad, cómo soy de verdad, y yo también los conozco hasta ese punto.

Al leer esas estadísticas, me pregunté si como cultura hemos perdido la práctica de desarrollar y usar ciertas habilidades que son necesarias para tener una relación de amistad. La pandemia no ha ayudado en este sentido, pero tal vez esto tenga unas causas más profundas. Pienso en cuántos de nosotros, y me incluyo, hemos criado a nuestros niños con todo tipo de buenas intenciones, pero también con una ligera sensación de culpa que nos hacía creer que no estábamos haciendo suficiente. Planificamos cuándo van a quedar con otros críos para jugar y les llenamos la agenda de actividades totalmente estructuradas —deportes, clases, cualquier otra actividad educativa, cualquier otra cosa que podamos encontrar y permitirnos pagar—, pero al hacer esto, incluso aquello que damos por sentado que es para proteger su propia seguridad, los hemos alejado de situaciones improvisadas y más relajadas en las que tendrían la oportunidad de desarrollar unas herramientas sociales más amplias y diversas.

Si alguna vez fuiste un niño al que dejaban corretear por un barrio lleno de críos con mucho tiempo libre, seguro que sabes a qué me refiero. La mayoría de las personas de mi generación creció en comunidades que recordaban un poco al Salvaje Oeste, donde los niños tenían que hacer amigos por su cuenta, forjar sus propias alianzas, resolver sus propios conflictos y obtener sus propias victorias. Todo esto sin unas reglas claras. Todo esto sin adultos que supervisaran o influyeran en cómo interactuábamos, y sin que nadie te diera un trofeo por el mero hecho de aparecer por allí. Sí, este entorno puede ser complicado a veces, pero también es donde uno aprende. Aunque estas experiencias no son siempre agradables ni provechosas —no como podrían serlo unas clases de kárate o de piano—, creo que esto forma parte de ciertas lecciones que hemos olvidado: que el malestar es un buen maestro. Que la falta de recompensa también enseña. Lidiar con estas cosas nos prepara para la vida, nos ayuda a saber quiénes somos cuando nos presionan un poco. Cuando te falta esa habilidad en tu caja de herramientas, resulta más difícil abrirse camino por el mundo de los adultos y en la intricada danza de la amistad.

Por eso pienso que debemos seguir practicando el arte de abrirnos a los demás y establecer vínculos. Lo cierto es que hacer un amigo implica correr un riesgo, y eso significa, por supuesto, que debes tragarte un poco tu miedo. La amistad puede ser, al menos al principio, una apuesta emocional; como tener una cita romántica. Tienes que mostrar algo de ti mismo para que funcione. Y al mostrarte, te arriesgas a ser juzgado o incluso rechazado. Debes estar dispuesto a aceptar que quizá, por una serie de buenas razones, no acabes siendo amigo de esta persona después de todo.

Cada amistad tiene un punto de arranque. Inevitablemente, implica que una persona sienta curiosidad por otra, y creo que expresar esto es algo que nunca debería avergonzarte. Decir «Despiertas mi curiosidad» es una forma de alegría, y la alegría, tal y como hemos establecido, es nutritiva. Sí, puede resultar incómodo expresar por primera vez que te alegraría mucho que alguien quedara contigo para tomar un café o que fuera a tu fiesta de cumpleaños, pero cuando aparece y ves que te sientes feliz, ambos disfrutáis de esa felicidad. Estás descubriendo la luz de otra persona, creando algo nuevo juntos. Estás cimentando una sensación de arraigo.

Voy a contar una anécdota graciosa. Uno de mis primeros encuentros con mi amiga Denielle tuvo lugar en el camino de entrada para vehículos de la Casa Blanca cuando fue a recoger a su hija Olivia, que había ido a jugar con Sasha. Nuestras dos hijas estaban en esa primera fase un tanto incómoda de una nueva amistad, se conocían del colegio y jugaban en el mismo equipo de baloncesto de la liga escolar. Había visto a Denielle en un par de eventos del colegio a los que había acudido y me había fijado en que se mantenía un poco apartada de la multitud que me rodeaba, y, si soy sincera, me pareció que no tenía mucho interés en conocerme.

No solo era nueva en Washington —una extraña entre extraños—, sino que también intentaba acostumbrarme a la idea de que, como primera dama, me había convertido en alguien que despertaba el interés de los demás. Mi presencia tendía a cambiar la dinámica que reinaba en un lugar; no por quién era, sino por lo que era. Por esta razón, la gente que se dirigía a mí con impaciencia me interesaba menos que los que se mantenían al margen.

De todas formas, a esas alturas, mis preocupaciones en el ámbito social todavía se centraban principalmente en nuestras hijas. Me había encantado que Sasha hubiera invitado a Olivia y dos niñas más a pasar el sábado correteando por la residencia y luego ver una película en su cine privado. Me pasé gran parte de la mañana fingiendo que hacía otras cosas mientras, a cierta distancia, observaba en silencio cómo jugaban y, discretamente, me embargaba la emoción cada vez que brotaba una carcajada en la habitación de Sasha. Después de meses de haberlo pasado fatal con los detalles de nuestra transición a la Casa Blanca, me sentí aliviada. Era una señal de normalidad, una especie de punto de inflexión para nuestra familia: teníamos amigos en casa.

Mientras tanto, Denielle también lo estaba pasando fatal con otro tipo de detalles. Uno de mis ayudantes le había enviado unas instrucciones por e-mail para que supiera cómo debía llevar y recoger a su hija. Y se le había pedido, como se hacía con todas las visitas, que comunicara su número de la Seguridad Social y la matrícula de su coche con días de antelación, para que el Servicio Secreto pudiera aprobar su entrada en el recinto. Para que una niña llegara hasta el umbral de nuestra puerta había que respetar una serie de medidas de seguridad. Y, Dios la bendiga, Denielle intentaba mantener la calma, como si el hecho de que su hija pequeña hubiera sido invitada un sábado a corretear por la residencia presidencial no fuera nada del otro mundo. Pero claro que lo era. Años después, cuando ya era capaz de reírse de ello, me contó que, como sabía que iba a recorrer la majestuosa avenida que rodea el Jardín Sur de la Casa Blanca, llevó el coche a lavar. También fue a la peluquería a arreglarse el pelo. Y las uñas. Daba igual que en las instrucciones se dejara claro que no iba a poner un pie fuera del coche.

Esta era otra faceta extraña de nuestra nueva vida como primera familia: la gente se sentía obligada a estar a la altura del glamour de nuestro entorno. Me sentía avergonzada de que cualquiera pensara, solo por un segundo, que tenía que emperifollarse por nuestra culpa. Aunque lo entendía, no me gustaba que por el mero hecho de presentarse en mi casa, de simplemente tener que ir en coche hasta mi casa, la gente se estresara. Pero tenía que aceptar que éramos una familia de Chicago que antes era normal y ahora vivía en un palacio de 132 habitaciones, rodeada de guardias. No éramos lo que se dice accesibles. Había poco margen para la improvisación y no se dejaba absolutamente nada al azar. Yo todavía estaba intentando adaptarme y me devanaba los sesos para ver cómo iba a dotar a nuestras vidas de la máxima normalidad posible; por eso, en cuanto las niñas terminaron de jugar, decidí acompañar a la pequeña Olivia a la planta de abajo y saludar a su madre.

Esto suponía romper el protocolo en cierto modo, ya que normalmente un ujier de la Casa Blanca acompaña a las visitas cuando entran y cuando salen de la residencia. Pero yo tenía mi propio punto de vista sobre lo que era normal y, para mí, como las niñas habían terminado de jugar, lo lógico era saludar a la madre de la cría y contarle cómo habían ido las cosas. Me daba igual qué título ostentara yo: era lo que había que hacer, porque así lo dictaban las buenas costumbres. Así que lo dispuse todo. Estaba descubriendo, un poco para mi sorpresa, que cada vez que decidía cambiar el protocolo de la Casa Blanca, la gente corría a cumplir mis deseos, aunque no sin cierto revuelo. Podía apreciarlo en los murmullos que oía a mi alrededor, en cómo los agentes del Servicio Secreto hablaban a los micrófonos que llevaban en las muñecas, en cómo alguien aceleraba el paso detrás de mí si yo giraba en una dirección inesperada.

Ese día, cuando salí con Olivia al soleado exterior, vi a Denielle sentada dentro de su coche recién lavado y abrillantado, intentando asimilar qué estaba pasando, ya que un equipo de asalto del Servicio Secreto, armado hasta los dientes, había aparecido de la nada y se estaba colocando alrededor del vehículo.

Esto también formaba parte del protocolo. Cada vez que Barack o yo salíamos del edificio, esos equipos entraban en un estado de alerta máxima.

—¡Hola! —saludé elevando el tono, a la vez que le indicaba con la mano que saliera del coche.

Denielle se quedó quieta un segundo, contemplando a los soldados con sus cascos y trajes de combate negros —teniendo presente que los agentes de la puerta le habían dado una orden concreta y firme: «Debe quedarse dentro del vehículo en todo momento, señora»—, y entonces, muy pero que muy lentamente, abrió la puerta del coche y salió.

Tal y como lo recuerdo, charlamos solo unos minutos ese primer día. Pero no necesité más para hacerme una idea de cómo podría ser Denielle como amiga. Tenía unos grandes ojos marrones y una sonrisa dulce. Consiguió ignorar todas esas circunstancias tan raras que nos rodeaban y me preguntó cómo había ido todo. Habló un poco del colegio de las crías y su trabajo en la televisión pública. Después de cerciorarse de que Olivia estaba bien atada en su silla, entró en el coche, se despidió agitando la mano de forma despreocupada y se marchó, dejándome con una sensación de felicidad y curiosidad.

Otra margarita había brotado.

Tomé por costumbre sentarme junto a Denielle cuando iba a los partidos de baloncesto de las niñas y, poco después, la invité a que pasara el rato conmigo la próxima vez que Olivia fuese a jugar. Incluso cuando eres la primera dama, incluso cuando tienes mayordomos que le sirven el almuerzo a tu nueva amiga, sigues enfrentándote a esa fase en la que todavía estás conociendo a otra persona y todo resulta un tanto forzado. Además, vivir en la Casa Blanca conllevaba otra novedad que no podía pasar por alto, los cotilleos. Era consciente de que cualquier cosa que dijera a alguien nuevo podría llegar a oídos de otras personas, cualquier impresión que dejara en ella o cualquier comentario que soltara sin pensar, positivo o negativo, acertado o no, podría convertirse en noticia. Aunque también lo entendía, este era otro aspecto que no me gustaba de mi nuevo estatus: mi vida privada despertaba interés. ¿Era una mala madre? ¿Era una primera dama maleducada? ¿Tenía manías? ¿Amaba de verdad a mi marido? ¿Él me amaba a mí? Siempre había gente que se moría de ganas de demostrar que éramos, de alguna manera, unos farsantes. Esto hizo que me comportara con mucha cautela, siempre evaluando qué mostraba a quién. Sabía que no podíamos permitirnos el lujo de dar un solo traspié, ni dejar el más mínimo resquicio para que algo se pudiera malinterpretar. Seguía midiendo los pasos que daba, siempre un poquito asustada.

No me resultaba fácil bajar la guardia, pero no solo con Denielle, sino con cualquier persona que entrara en mi vida durante esta época. Pero también sabía lo que ocurriría si no la bajaba: acabaría sintiéndome aislada, un poco paranoica y atrapada en un lugar donde tendría una visión limitada del mundo que había más allá de esas paredes. Si no me olvidaba de mis miedos y no me abría a nuevas amistades y nuevas personas, eso tendría un impacto negativo sobre mí y, en consecuencia, impediría que mis niñas llevaran una vida normal. No me encontraría a gusto ni en las funciones escolares ni en esas cenas donde cada uno llevaba un plato. Los demás tampoco se encontrarían a gusto conmigo. Y si la gente no se sentía a gusto conmigo, ¿cómo iba a ser una buena primera dama? Me parecía que estar abierta a los demás era parte esencial de mi nuevo trabajo.

Las investigaciones demuestran que la soledad puede agravarse por sí misma. Un cerebro solitario se vuelve especialmente sensible ante las amenazas sociales, lo cual puede llevarnos a aislarnos más.[5] Estar desconectados de los demás nos hace más susceptibles a pensar de un modo conspiranoico y supersticioso.[6] Y esto, a su vez, nos puede llevar a desconfiar de aquellos que no son como nosotros. Lo cual, por supuesto, es otra manera de quedarse encerrado en uno mismo.

A pesar de lo vulnerable que me sentía al desempeñar mi nuevo papel, estaba decidida a no acabar así. Esto era algo sobre lo que Barack y yo habíamos hablado, y no solo nos impusimos ese objetivo a nosotros mismos, sino que lo ampliamos a toda la Casa Blanca en general: en la medida de lo posible, queríamos mostrarnos abiertos y no encerrarnos en nosotros mismos. Como deseábamos invitar a más gente, ampliamos el número de visitas guiadas al público, casi duplicamos el tamaño de la Fiesta Anual de Huevos de Pascua y comenzamos a celebrar la fiesta de Halloween y cenas de Estado para niños. Para nosotros, esa apertura era la mejor opción.

En mis relaciones personales avanzaba un poco más despacio, aunque con el mismo objetivo. Para mí, la amistad es algo que va surgiendo gradualmente. Es un poco como bajar la ventanilla del coche para hablar con alguien que no conoces. Quizá al principio converses solo a través de una rendija de unos centímetros; con cautela, teniendo cuidado con lo que compartes. Si te sientes seguro, si tu nuevo amigo te escucha, tal vez bajes la ventanilla otros cuatro o cinco centímetros y compartas más cosas. Y si todo va bien, la bajas más, hasta que finalmente la ventanilla está totalmente bajada, abres la puerta y, de repente, solo hay aire fresco entre vosotros.

No sé en qué momento Denielle se sintió lo bastante a gusto como para no tener que llevar el coche a lavar ni ir a la peluquería antes de hacerme una visita. Pero cada vez nos importaba menos nuestro aspecto ni qué impresión estábamos dando. Poco a poco, nos adentramos en la normalidad; nuestras interacciones ya no venían marcadas por los nervios o las expectativas y nos alegrábamos de poder sentarnos en el sofá descalzas. Cada vez que quedábamos, bajábamos la guardia un poquito más; durante esas horas, nos comportábamos con la misma naturalidad y sencillez que nuestras hijas mientras jugaban a las muñecas o trepaban a los árboles en el Jardín Sur. Denielle y yo nos reíamos con más facilidad, hablábamos con más franqueza de nuestros sentimientos. Ya no tenía la sensación de estar corriendo un gran riesgo. Ya no tenía que estar pendiente de lo que compartía con ella, daba igual que fuera una queja insignificante y estúpida o una preocupación real y profunda.

Yo estaba a salvo con ella y ella estaba a salvo conmigo. Ya éramos amigas, y lo seguiríamos siendo.

En 2019, la actriz mulata Tracee Ellis Ross escribió en Facebook un homenaje conmovedor a su amiga, la editora de moda Samira Nasr, donde describía cómo se conocieron y se hicieron amigas mientras trabajaban en una revista. Tracee había visto a Samira en la otra punta de una sala y pensó: «Tiene un pelo parecido al mío..., seguro que podríamos ser amigas».[7] Y resultó que estaba en lo cierto. Y ya llevan veinticinco años siendo amigas del alma. «No podría vivir sin ella —escribió Tracee en su post—. Soy como un percebe pegado a su vida».

Me pareció una metáfora muy hermosa. He llegado a pensar en mis amigos como margaritas y pájaros que iluminan mi día a día, pero esta es otra manera muy acertada de pensar en ellos. Si alguna vez has estado en el mar y te has topado con estos crustáceos de concha dura y tamaño pequeño que se pegan a las rocas y a las partes inferiores de los barcos, sabrás que no hay nada más tenaz o sólido que un percebe. Lo mismo se podría decir de un amigo excepcional. Si tienes suerte, puede que acabes con unas cuantas personas pegadas a tu vida, que se convierten en incondicionales e inamovibles; amigos que te aceptan sin juzgarte, que están ahí cuando las cosas se tuercen y hacen que te sientas feliz; y no solo durante un semestre, ni durante los dos años que vivís en la misma ciudad, sino a lo largo de muchos años. Los percebes tampoco son ostentosos, y esa es una característica que define a las grandes amistades, pues no necesitan que haya testigos, ni intentan lograr algo que se puede cuantificar o de lo que se puede sacar algún beneficio; no, lo más importante casi siempre sucede entre bambalinas.

Mi amiga Angela es uno de mis percebes. Nos conocimos al empezar la universidad y acabamos siendo compañeras de habitación, junto con nuestra otra amiga, Suzanne. Angela era una chica de Washington D. C. que hablaba muy rápido y poseía un gran intelecto, y vestía la ropa más pija que jamás había visto. Antes de conocer a Angela, no me había topado con muchas chicas negras que llevaran suéteres de punto de color rosa de Ralph Lauren. Pero eso es lo mejor que tiene la universidad, que amplía tus límites. Pone a un montón de gente delante de ti, cambiando así tu idea de lo que es posible; a menudo, logra que salten por los aires todas tus preconcepciones sobre lo que creías que no existía o no podía existir. Angela tenía una risa escandalosa y predilección por levantarse a las cinco de la mañana para estudiar y dormir una siesta al mediodía. Ella aprendió de mí y yo aprendí de ella. Un verano, fuimos monitoras de campamento en la Nueva York rural. Empecé a ir a casa de Angela en Acción de Gracias y algunos fines de semana de puente, ya que viajar a Chicago era muy caro, por lo que pude ver cómo se relacionaba con su familia, la cual resultó no ser tan distinta de la mía. Después de la universidad, fue la primera de mis amigas en casarse y tener hijos, cosa que ya planeaba mientras estudiaba Derecho y, cuando vi cómo se desenvolvía como madre —cómo cambiaba los pañales, daba de comer y tranquilizaba a sus dos hijos con serenidad y paciencia—, acabé convenciéndome de que yo también podría lograrlo.

Con el paso del tiempo, nuestra amistad se volvió más sólida y duradera —más del tipo percebe—, puesto que, además de compartir risas como unas universitarias, también éramos conscientes de que la vida podía volverse muy triste por diversas circunstancias y que, a pesar de todo lo que habíamos perdido, teníamos que seguir adelante. A los cinco años de licenciarnos, perdimos a nuestra compañera de cuarto, Suzanne, por culpa del cáncer. Poco después, perdí a mi padre. Cuando empecé a salir con Barack, a veces el teléfono sonaba a altas horas de la noche y oía a Angela susurrando al otro lado de la línea. Su matrimonio se estaba desmoronando lentamente y necesitaba hablar. Ella me ayudó cuando tuve problemas de infertilidad; yo la ayudé con su divorcio. La vida nos empujó al límite de muchas maneras, pero siempre estuvimos ahí la una para la otra.

Cada vez que empezaba a sentirme mal en la Casa Blanca, miraba a ver si Angela podía hacerme una visita. Y siempre aparecía, vestida con colores alegres y con un bolso brillante, sin inmutarse ante toda esa seguridad y esa extraña majestuosidad, hablando incluso antes de haber cruzado la puerta. Dentro del bolso llevaba un papel arrugado con una lista de todas las cosas que se le habían ocurrido mientras estábamos separadas y de las que quería hablar conmigo. Eso ha sido así durante décadas; con ella mantengo una conversación infinita.

Angela forma parte de ese círculo amplio de amigos que me ha apoyado en diversas fases de mi vida, la gente que siempre está a mi lado; algunos son amigos desde hace mucho, otros son más recientes. En psicología, a esto se le llama «el convoy social»; se trata del conjunto básico de relaciones de apoyo que te acompañan a lo largo del tiempo, protegiéndote de toda clase de cosas, como hacen los convoyes. Hallar y mantener amistades sanas tal vez no sea una tarea fácil, sobre todo ahora que una pandemia ha hecho que las interacciones casuales sean más tensas, pero está más que demostrado que son muy beneficiosas. Las investigaciones demuestran que si tienes unos lazos sociales fuertes es probable que vivas más y con menos estrés.[8] Los científicos han establecido una correlación entre tener un sistema de apoyo social robusto y menores índices de depresión, ansiedad y enfermedades coronarias.[9] Se ha demostrado que incluso las interacciones sociales más insignificantes —como las que tienes cuando vas a tomar un café o sales a pasear al perro— mejoran la salud mental y crean unos lazos más fuertes dentro de una comunidad.[10]

No estoy segura de cómo la amistad, o incluso el mero hecho de interactuar con otra persona durante los tres minutos que tardas en pedir un café por la mañana, ha pasado a convertirse en un pequeño acto de valentía. Pero cada vez lo parece más. Quizá, como he mencionado antes, se deba a que ahora llevamos unos pequeños escudos rectangulares (nuestros móviles) que nos impiden socializar cara a cara, y creo que también nos alejan de los encuentros casuales. Cada vez que evitamos el más mínimo contacto social en la vida real, hasta cierto punto estamos dando la espalda al azar. Leemos las noticias en la pantalla o jugamos al Candy Crush mientras esperamos a que nos sirvan el café, sin prestar atención ni mostrar interés por quienes nos rodean. Nos ponemos los auriculares y nos aislamos de la gente cuando paseamos al perro por el parque o estamos en el supermercado; indicamos así al mundo exterior que nuestra mente está en otro sitio. Mientras avanzamos por la vida pegados a nuestros móviles, estamos renunciando a decenas de pequeñas pero importantes posibilidades de interactuar con otras personas. Damos la espalda a la intensa vida que nos rodea, limitando nuestras posibilidades de disfrutar de la cordialidad y la simpatía que transmiten otras personas de cerca. Si hubiera estado leyendo tuits en mi móvil cuando iba a la peluquería, seguramente nunca me habría tomado la molestia de hablar con Sandy, quien ahora es una de mis amigas más queridas. Si Angela se hubiera presentado en Princeton obsesionada con interactuar por Snapchat con su cuadrilla de pijos del instituto como si le fuera la vida en ello, quizá nunca hubiéramos llegado a ser amigas íntimas.

Reconozco, por supuesto, que hay argumentos en el sentido

contrario. Al fin y al cabo, el móvil es una herramienta e internet, una puerta a un universo gigante y prácticamente ilimitado de posibles relaciones. A muchos nos ha permitido conocer otros puntos de vista, ha dado voz a gente a la que nunca se le hacía caso y ha fomentado la solidaridad en todos los sectores de la sociedad. En su mejor versión, nos ofrece una visión más profunda del mundo, pues nos permite ser testigos tanto de atrocidades como de actos valerosos o bondadosos que de otro modo no conoceríamos. Nos ha dado más oportunidades de exigir responsabilidades a entidades poderosas, y de sentir empatía y conexión más allá de las culturas y las fronteras. He hablado con muchas personas que han encontrado comunidades en internet que se han convertido en un salvavidas vital, ya que les proporcionan información, consuelo, amistades y las ayudan a sentirse menos solas.

En general, todo esto es maravilloso. Aun así, a pesar de tener a nuestro alcance esa puerta que nos permite conectar en todo momento con los demás, seguimos estando solos —quizá más solos que nunca— y perdidos en un batiburrillo de contenidos. Muchos tenemos que hacer un gran esfuerzo para saber a quién debemos creer o en qué.

El Barómetro de Confianza Edelman, una encuesta anual que toma el pulso al público en veintiocho países del mundo, concluyó recientemente que la desconfianza se ha convertido en «la emoción por defecto de la sociedad».[11] Por otra parte, las redes sociales se han diseñado deliberadamente para dejarnos con ganas de más; en consecuencia, tanto nuestros jóvenes como nuestras mentes más brillantes se hallan inmersos en una búsqueda incesante de likes, clics y aprobación. Esto quiere decir que las imágenes que vemos y los mensajes a los que accedemos a menudo están moldeados no tanto por lo que es verdad como por el tipo de respuesta que esperan generar. La indignación vende. La impulsividad entretiene. Tal y como ha señalado el psicólogo social Jonathan Haidt, gracias a cómo han sido diseñadas las redes sociales, es más frecuente que estemos representando un papel que relacionándonos.[12] Y, de esta forma, nos manipulan y nos alejan de lo que realmente son los demás, e incluso de lo que somos nosotros mismos.

Creo que nuestros móviles no nos proporcionan la clase de información que necesitamos para superar nuestra desconfianza hacia otras personas y otros puntos de vista, al menos no la suficiente. Suelo decir que odiar es más difícil cuando tienes a alguien delante. Cuando dejamos de temer lo nuevo y nos abrimos a los demás, aunque sea mediante interacciones rápidas y casuales, incluso con una mascarilla puesta —como saludar a alguien en el ascensor o charlar mientras haces cola en el supermercado—, estamos practicando una microconexión y eso es importante. Estamos indicando que todo va bien entre nosotros, añadiendo así una gota de ese pegamento social que el mundo necesita desesperadamente.

Si invertimos tiempo en interactuar de verdad con los demás, es probable que descubramos que las diferencias que nos separan no son tan profundas como cabría pensar, o como ciertos medios de comunicación o personalidades famosas querrían que creyéramos. Con frecuencia, las relaciones en el mundo real suelen contradecir los estereotipos. De hecho, pueden ser un bálsamo extraordinario contra los prejuicios; una pequeña pero potente manera de poner punto final al malestar o de acabar con la desconfianza. Pero para llegar ahí, primero tienes que bajar tu escudo.

En lo referente a la sociabilidad, me considero de la vieja escuela y mis normas se remontan a la cocina de la casa de mi infancia en Euclid Avenue. Este era el lugar donde siempre se me permitía ser yo misma, donde mis sentimientos —por muy estúpidos que pudieran parecer por aquel entonces— nunca fueron reprimidos. Podía llegar del Salvaje Oeste que era nuestro barrio y airear todos los detalles de cada pequeña disputa, enamoramiento inmaduro y línea tribal recién trazada, pues sabía que era el lugar adecuado para hacerlo, donde estaba a salvo, era aceptada y me sentía en casa. Nuestra cocina en Euclid también era un imán para otras personas: los vecinos se dejaban caer por ahí, los primos venían a comer, los amigos adolescentes desgarbados de mi hermano se sentaban y le pedía consejo a mi padre, y mi madre servía sándwiches de mantequilla de cacahuete y gelatina a todos mis amigos; además, nos dejaba jugar a las cartas en el suelo y cotillear sobre el colegio mientras ella preparaba la cena. Aquella estancia era diminuta, tal vez midiera unos tres metros por tres, tenía el techo bajo, y en el centro había una mesa con un mantel de vinilo rodeada por cuatro sillas, pero la comodidad y la seguridad que me proporcionaba eran enormes.

Ahora intento ofrecer lo mismo a mis amigos: una sensación de hogar, de seguridad y pertenencia. Y eso es lo que busco en una amistad, esa sensación envolvente. He bautizado a mi grupo de amigos como mi Mesa de la Cocina; son las personas, aparte de mi familia, en las que confío, con las que disfruto y en las que más me apoyo; y por las que haría cualquier cosa. Son las amistades a las que he pedido que cojan una silla y se sienten conmigo en la vida.

También he aprendido que puedes encontrar apoyo, amor y aceptación en cualquier persona y en cualquier lugar, no solo en tu hogar. Algunas de las personas más importantes que se han sentado a mi mesa son mayores que yo; de hecho, dedicaron parte de su tiempo a ser mis mentoras cuando era joven, se abrieron a mí y me pusieron sus vidas como ejemplo de lo que era posible lograr, y me dieron las lecciones que mis padres no podían darme. Czerny, mi enérgica supervisora de estudios en Princeton, me acogió bajo su ala y me permitió observar sus movimientos siendo madre soltera y mujer trabajadora, dándome así una valiosa lección en primera persona de cómo se puede hallar el equilibrio cuando se tiene una vida muy ajetreada. Más adelante, Valerie Jarrett me ayudó a tomar la decisión más importante de toda mi carrera profesional, ya que dejé el Derecho de sociedades para dedicarme al campo del servicio público, y se ha convertido en una hermana mayor para mí, tanto a nivel personal como profesional. Me ha guiado a través de toda clase de cambios, me aconseja cuando intento tomar una decisión y me calma cuando me enfado. Me ha dejado ser un percebe en su vida.

A mi mesa también se sienta un amplio círculo de gente joven cuyas opiniones valoro mucho, pues me ayudan a tener una perspectiva fresca de las cosas y me empujan a estar al día de cualquier novedad. Estos chicos me hablan de todo, desde qué es lo último en diseño de uñas a cómo apreciar un ritmo de dembow. También han intentado ayudarme a entender Tinder y TikTok. Y me llaman la atención cuando hago algún comentario que les parece chapado a la antigua o poco acertado. Gracias a mis amigos jóvenes, estoy aprendiendo constantemente.

Una Mesa de la Cocina, en general, nunca es fija. Los amigos vienen y van, adquiriendo más o menos importancia a medida que se avanza en las distintas fases de la vida. Es posible que tengas un pequeño grupo de amigos o solo unas cuantas amistades individuales. Todo eso está bien. Lo que importa es la calidad de tus relaciones. Es bueno saber en quién puedes confiar, con quién puedes compartir tu intimidad. Cuando acabo de conocer a alguien, evalúo discretamente si me siento segura con esa persona y si, dentro del contexto de una amistad en ciernes, tengo la sensación de que me aprecia por quien soy y me ve tal como soy. Con las amistades consolidadas, siempre estamos buscando detalles sencillos que nos confirmen que les importamos, que ven nuestra luz y nos escuchan; y nosotros les debemos lo mismo a nuestros amigos. También quiero decir que está bien dar unos pasos atrás para alejarse de una amistad difícil o darle la espalda. A veces, tenemos que dejar que ciertos amigos se vayan, o al menos no depender tanto de ellos.

No todas las personas que se sientan a mi Mesa de la Cocina se conocen bien entre ellas; algunas ni siquiera se conocen en persona. Pero en conjunto son poderosas. Me apoyo en una u otra en momentos distintos y de maneras distintas, lo cual es otro aspecto de la amistad que quiero destacar: ninguna persona, ninguna relación, satisfará todas tus necesidades. No todos los amigos pueden ofrecerte seguridad y apoyo todos los días. No todo el mundo puede aparecer o aparecerá justo cuando lo necesites y del modo que lo necesites. Y por eso es bueno que siga habiendo un hueco en tu mesa, para que puedas reunir a más amigos. Siempre los necesitarás y siempre estarás aprendiendo de ellos. Eso te lo puedo prometer.

Según yo lo veo, la mejor manera de ser amigo de alguien consiste en disfrutar de eso que lo hace único; en apreciar a cada persona por lo que aporta, en aceptarla tal como es. Esto también implica entender que hay cosas que no pueden aportar o que nunca aportarán. Tengo amigos muy activos que quieren escalar montañas y viajar, y para otros el colmo de la felicidad es estar tirados en un sofá mientras toman un té. Hay algunos a los que llamaría en una crisis y otros a los que no. Algunos me dan consejos; otros me cuentan sus historias amorosas. A unos cuantos, nada les gusta más que una buena fiesta nocturna; otros se acuestan religiosamente a las nueve de la noche. Tengo algunos amigos que siempre se acuerdan de los cumpleaños y las fechas señaladas, y otros que son un tanto dispersos en ese sentido, pero te concederán el regalo de prestarte toda su atención cuando se encuentren contigo en la misma habitación. Lo que importa es que puedo verlos y apreciarlos, y ellos pueden verme y apreciarme. Gracias a mis amigos, mi perspectiva es más amplia. Ellos me ayudan a saber quién soy. Como en la novela *Beloved* de Toni Morrison, donde un personaje le dice a otro: «Ella es una amiga de mi mente... Ella reúne los fragmentos de lo que soy y me los devuelve en el orden correcto».[13]

Con el paso del tiempo, varios amigos que he hecho en diferentes ámbitos de mi vida han llegado a ser amigos íntimos entre ellos; en parte, debido a mi tendencia a ser un poco mandona, a mi insistencia en que nos reunamos en grupo siempre que se dé la ocasión. Juntos, hemos formado lo que me gusta considerar un círculo de gente con buenos deseos, un grupo en el que cada uno siempre apoya el éxito de los demás, donde anunciamos nuestras victorias y oímos los comentarios del resto sobre los desafíos a los que nos enfrentamos, donde empujamos todos en la misma dirección para superar los retos más difíciles, y también nos ayudamos de otros modos más sutiles, dándonos ánimos, escuchándonos con atención. Con mis amigos, mantengo una conversación infinita. Todos estamos invitados a las mesas de los demás, compartiendo el privilegio de la intimidad y la sinceridad.

«No vayáis solas por la vida», suelo decirles a mis hijas. Sobre todo si eres diferente, es importante crear espacios donde te sientas seguro y como en casa para poder sobrevivir. Merece la pena esforzarse para encontrar personas con las que puedes quitarte la coraza y compartir tus preocupaciones. A tus amigos más íntimos, puedes contarles todas las cosas que te callaste en otros espacios. Puedes mostrarles tu ira desatada, tu miedo a las injusticias y a los desprecios. Porque no puedes quedarte todo eso dentro. Tú solo no puedes afrontar los retos que conlleva ser diferente. Es demasiado grande, demasiado doloroso, para guárdatelo. Intentar llevar tú solo esa carga puede ser dañino y agotador.

Tu Mesa de la Cocina es tu refugio seguro, un lugar donde resguardarte de la tormenta. Es donde puedes hacer una pausa en la interminable superación de los desafíos del día a día y analizar minuciosamente el bombardeo de humillaciones a las que te enfrentas. Es donde puedes gritar, chillar, decir palabrotas y llorar. Es donde puedes lamerte las heridas y recobrar fuerzas. Tu Mesa de la Cocina es el lugar al que vas en busca de oxígeno para poder respirar de nuevo.

Cuando Barack era presidente, estaba rodeado de unos colegas maravillosos en el Ala Oeste; los miembros del gabinete y el personal, muy inteligentes y bien preparados, formaban un equipo que funcionaba a la perfección y un sistema de apoyo excelente. Pero, aun así, vi de cerca la soledad de la presidencia; mi marido soportaba una carga enormemente pesada, ya que era el máximo responsable a la hora de tomar decisiones, y las tensiones se acumulaban. Ponía toda la carne en el asador para solucionar una crisis y al instante surgía otra. Sistemáticamente se le culpaba por cosas que no podía controlar y a veces lo criticaban los que esperaban impacientes que se produjeran cambios. Tenía que lidiar con un Congreso polémico, un país herido por una recesión y toda clase de problemas en el extranjero. Yo lo veía dirigirse a su estudio por las noches después de cenar, y sabía que se quedaría en su escritorio hasta las dos de la madrugada, solo, despierto, intentando mantenerse al tanto de todo.

No se sentía solo, exactamente —estaba demasiado ocupado para sentirse así—, pero necesitaba una vía de escape. Me preocupaba la exigencia de su trabajo, porque no sabía de qué manera el estrés podría minarle la salud. Cuando Barack ya llevaba unos años en la presidencia, le di una sorpresa por su cumpleaños: invité a unos diez de sus amigos a Camp David un fin de semana para que lo celebraran y se divirtieran un poco. Era agosto. El Congreso estaba de vacaciones. Por supuesto, seguía viajando con un grupo de asesores y recibiendo informes diarios, pero me imaginé que podría intentar desconectar un poco.

Y sí que desconectó. No recuerdo haber visto a nadie zambullirse tan rápido en la diversión como lo hizo mi marido ese fin de semana, lo cual tomé como una clara señal de lo mucho que necesitaba desahogarse. Sus colegas del instituto habían llegado de Hawái; algunos de sus amigos de la universidad también, así como algunos colegas de Chicago. ¿Y qué hicieron? Jugar. Mientras Sasha, Malia y yo, junto a otras esposas e hijos que también habían venido, estábamos casi todo el rato en la piscina, los hombres disfrutaron de todas las actividades que Camp David les ofrecía.

Era como si les hubiera salido la carta «Quedas libre de la cárcel» que los liberaba de sus obligaciones laborales y familiares; y tal y como ocurría con mis amigas durante los fines de semana de «campamento militar», no desaprovecharon ni un segundo. Jugaron a baloncesto. Jugaron a las cartas y los dardos. Hasta practicaron un poco el tiro al plato. Jugaron a los bolos. Estuvieron compitiendo para ver quién bateaba mejor y practicaron lanzamientos con una pelota de rugby. Llevaban el tanteo de todo y se lanzaban pullas y, por último, repasaron a voz en grito las diversas jugadas hasta altas horas de la noche.

Acabamos llamando a esto «Campatatlón», y se ha convertido en una tradición en la vida de Barack. Ahora es una reunión anual que celebramos en Martha's Vineyard, y tiene trofeos y una ceremonia de apertura. Para mi marido, que es muy trabajador y muy responsable, supone un desahogo con el que antes no contaba, un regreso a la inocencia de la infancia, una oportunidad para ponerse al día y divertirse con personas a las que aprecia. Es como salir al recreo en el colegio; un momento para correr libremente y hacer un poco el salvaje, para jugar con sus amigos. Algo que le hace feliz.

La vida me ha demostrado que detrás de las amistades más sólidas a menudo suele haber una gran fuerza de voluntad. Si quieres construir tu mesa, escoger a la gente que se siente a ella y cuidarla, tienes que poner empeño. Con decirle «Despiertas mi curiosidad» a alguien que podría llegar a ser tu amigo no es suficiente, debes invertir tiempo y energía para ahondar en esa curiosidad, para que la amistad crezca y se vuelva más profunda, priorizándola por encima de las cosas que se irán acumulando y exigirán tu atención de un modo que la amistad rara vez exige. He descubierto que ciertas rutinas ayudan a consolidar la amistad: quedar para tomar un café a la semana, un cóctel al mes, reunirse una vez al año. Mi amiga Kathleen y yo solemos pasear por las mañanas junto al río. Tengo un grupo de madres e hijas que lleva más de una década reuniéndose un fin de semana al año para esquiar, y ese evento aparece marcado en el calendario de todas ellas y se respeta a toda costa, incluso nuestras hijas lo hacen, pues ahora entienden lo que significa tener una Mesa de la Cocina en sus propias vidas. Aunque mis fines de semana de «campamento militar» ya son menos frecuentes y también menos duros que en el pasado, me sigue gustando que sudemos juntas.

Unos investigadores de la Universidad de Virginia se propusieron estudiar cierta teoría sobre la amistad.[14] Cargaron a un grupo de voluntarios con unas mochilas muy pesadas y los llevaron al pie de una gran colina, como si fueran a escalarla. A cada voluntario se le pidió que estimara lo escarpada que era. La mitad de ellos se encontraban solos delante de la colina; la otra mitad, junto a alguien al que consideraban un amigo. Inequívocamente, aquellos que estaban con un amigo consideraban que la colina era menos escarpada, que la escalada que tenían por delante sería menos difícil. Si además esas personas eran amigas desde hacía tiempo, los resultados eran aún más llamativos: la pendiente parecía allanarse aún más. Si cuentas con el apoyo de otras personas, tendrás ese poder. Y esa es la razón por la que debes cuidar a tus amigos.

Y esto es lo que quiero decirles a aquellos que tienen dudas sobre si deben entablar o no una nueva amistad y se están refrenando. Es lo que me preocupa cuando oigo a los jóvenes decir que se ponen nerviosos cuando deben asumir el riesgo o soportar la incomodidad de iniciar una nueva amistad y llegar a conocer a esa persona. Quiero decirles que la amistad aporta muchas cosas buenas si estás dispuesto a ampliar tu curiosidad en ese sentido, si eres capaz de abrirte. Tus amigos se convierten en tu ecosistema. Cuando haces amigos, estás poniendo más margaritas en tu vida. Estás poniendo más pájaros en los árboles.

Barack es mi mejor amigo, mi amor verdadero
y el mayor alborotador de mi vida.

CAPÍTULO 6

UN BUEN EQUIPO

El año pasado, nuestras hijas alquilaron juntas un apartamento en Los Ángeles. Ambas vivían en la ciudad —Sasha iba a la universidad y Malia había empezado a trabajar como guionista— y encontraron un piso pequeño en un barrio tranquilo que les encajaba a las dos. Me encantó que se eligieran como compañeras de piso y me alegra pensar que hemos criado a unas hermanas que, a sus poco más de veinte años, también han conseguido ser amigas.

El día que tenían contratado su nuevo alquiler, trasladaron sus pertenencias al apartamento vacío. Al parecer, casi todo era ropa. Como mucha gente de su edad, nuestras hijas habían sido eminentemente itinerantes hasta ese momento, a excepción de los meses que pasaron confinadas por la pandemia. Habían vivido en residencias universitarias y en apartamentos subarrendados y amueblados, y nunca viajaban con más de lo que cupiera en el maletero de un coche. Varias veces al año, juntas o por separado, volvían a casa para pasar un par de semanas de vacaciones con nosotros, sumergiéndose en las comodidades de nuestra existencia adulta y disfrutando de la nevera llena, la ausencia de compañeros de piso, un acceso fácil a ropa limpia y también de la gandulería y dulzura de un perro residente. Durante esos interludios recargaban las pilas con comida, sueño, privacidad y tiempo en familia. Luego rebuscaban en su armario, cambiando prendas de invierno por otras de verano o viceversa, y se iban de nuevo, aleteando como aves migratorias.

Pero ahora las cosas estaban cambiando. Habían encontrado un hogar, algo que resultaba un poco menos temporal. Nuestras hijas también empezaban a parecer más maduras, más integradas en la vida adulta.

Durante el primer mes, en nuestras videoconferencias me fijaba en algunas muestras de sus avances con la decoración. Una bonita silla que habían recogido en algún sitio o unos marcos de fotos colgados en la pared de manera ingeniosa. Compraron una aspiradora, cojines, toallas y un juego de cuchillos para carne, lo cual me hizo gracia, porque ninguna es muy aficionada a preparar o comer carne. De hecho, no son aficionadas a la cocina en general. Pero la cuestión era que estaban construyendo un hogar, siendo conscientes y sintiéndose orgullosas de ello. Estaban aprendiendo por sí mismas cómo se crea un «hogar».

Una noche estaba hablando con Sasha por FaceTime y de pronto me distrajo Malia, a la que vi al fondo pasando un plumero Swiffer por una estantería llena de adornos y libros. ¡Estaba quitando el polvo a sus cosas! Parecía tan adulta, aunque no pude evitar percatarme de que aún no había aprendido a levantar o mover los objetos de la estantería para limpiarlos por todos lados.

Pero bueno, ¡ya casi había aprendido a quitar el polvo! Se me salía el corazón del pecho.

En cuanto pudimos, Barack y yo fuimos a visitarlas a Los Ángeles. Sasha y Malia disfrutaron enseñándonos su nuevo apartamento. Habían hecho un buen trabajo tras curiosear en ventas de garaje y comprar en un IKEA cercano, vigilando el presupuesto. Dormían sobre canapés y colchones sin somier, pero tenían unas bonitas colchas que lo cubrían todo. Habían comprado unas mesitas auxiliares un poco extravagantes en un mercadillo y ya tenían una mesa de comedor, aunque todavía no habían encontrado sillas asequibles.

El plan era ir a cenar a un restaurante, pero antes insistieron en ofrecernos un aperitivo. Mientras Barack y yo nos sentábamos en el sofá, Malia sacó una tabla de quesos y dijo que no sabía lo escandalosamente caros que podían ser.

—¡Y ni siquiera compré de los supercaros! —añadió.

Sasha quiso prepararnos un par de martinis suaves —«Un momento, ¿sabes preparar martinis?»— y los sirvió en vasos de agua, no sin antes colocar un par de posavasos para que no dejáramos marcas en su mesita nueva.

Observé todo aquello con cierto asombro. No es que me sorprendiera que nuestras hijas hubieran crecido, pero toda la escena —y los posavasos en particular— apuntaba a otra clase de hito, al tipo de cosas que los padres se pasan años buscando: una muestra de sentido común.

Aquella noche, mientras Sasha nos servía los martinis, pensé en todos los posavasos que ella y su hermana no se habían molestado en utilizar cuando estaban a nuestro cuidado, en todas las veces que a lo largo de los años había intentado quitar marcas de agua de varias mesas, también en la Casa Blanca.

Pero la dinámica había cambiado. Ahora estábamos sentados a su mesa. Les pertenecía y la estaban protegiendo. Sin duda, habían aprendido.

¿Cómo nos convertimos en adultos, con vidas y relaciones realmente maduras? Al parecer, la mayoría lo hacemos a base de ensayo y error, descubriéndolo sobre la marcha. Creo que muchos desciframos nuestra identidad con el paso del tiempo, descubriendo quiénes somos y qué necesitamos para salir adelante. Nos aproximamos a la madurez, a menudo siguiendo una idea imprecisa de lo que creemos que debe ser la vida adulta.

Practicamos y aprendemos, aprendemos y practicamos. Cometemos errores y volvemos a empezar. Durante mucho tiempo, es como si estuviéramos experimentando. Ensayamos distintas maneras de ser. Probamos y descartamos diferentes actitudes, perspectivas, influencias y herramientas para vivir hasta que, paso a paso, comenzamos a entender qué se adapta mejor a nosotros, qué es lo que más nos ayuda.

Últimamente he pensado mucho en esto mientras veo a nuestras hijas asentarse en la Costa Oeste, haciendo acopio de artículos para el hogar y cubiertos, limpiando el polvo de los muebles lo mejor que saben.

Están practicando. Están aprendiendo. Están en mitad del proceso, a medio camino del lugar al que les gustaría llegar. Cada día, en pequeños aspectos, perfeccionan su concepto de quiénes son como individuos y cómo quieren vivir, tratando de entender dónde, cómo y con quién se sienten más estables y seguras.

Socialmente hablando, Sasha y Malia se encuentran en esa fase de la vida un tanto alocada y heterogénea, como si estuvieran en un mercadillo, donde las nuevas amistades son tesoros emocionantes que pueden surgir casi en cualquier sitio. También yo viví esa etapa cuando tenía poco más de veinte años. La búsqueda es divertida, el bazar siempre es colorido y la sensación de descubrimiento en general resulta muy agradable. Pero, al mismo tiempo, están participando inconscientemente en una búsqueda más seria y racional: están aprendiendo en quién pueden apoyarse y con quién disfrutan, en qué relaciones quieren invertir más y cuáles las guiarán por la vida. Están empezando a construir sus propias Mesas de la Cocina.

En las relaciones amorosas sucede lo mismo. Malia y Sasha han estado haciendo exactamente lo mismo que Barack y yo a su edad, que es tener citas —por cierto, me comentan que «tener citas» ya no es la terminología que emplean los jóvenes de la edad de mis hijas—. Con esto me refiero a que han salido con distintas personas y probado diferentes estilos de relación. Ahora mismo es solo una parte de la evolución vital que están experimentando, una pieza más del puzle.

La verdad es que me gustaría que nuestras hijas no salgan de la etapa de mercadillo demasiado pronto. Por el contrario, espero que se queden un tiempo allí y permitan que sus relaciones sigan siendo fluidas y juveniles. Lo que quiero por encima de todo es que prioricen el aprendizaje de habilidades para ser independientes —cómo ganarse la vida, cómo mantenerse sanas, alimentadas y felices— antes de plantearse pasar toda su vida con otra persona. Yo les digo que se centren en ser personas completas y capaces de valerse por sí mismas. Cuando conoces tu luz, estás más preparado para compartirla con otra persona. Pero en tu camino tienes que practicar.

Estoy animando a mis hijas a que aprendan el camino hacia la madurez en sus relaciones sin preocuparse de si extraen algún resultado claro de ello. No quiero que vean el matrimonio como un trofeo que hay que perseguir y ganar, ni que crean que una boda es un espectáculo que necesitan para iniciar una vida gratificante o que tener hijos es un requisito. En lugar de eso, espero que experimenten distintos grados de compromiso y que descubran cómo poner fin a relaciones que no funcionan y cómo empezar otras que parezcan prometedoras. Quiero que sepan gestionar los conflictos, que comprendan las perturbadoras emociones de la intimidad y que sepan lo que es que se te agite el corazón. Cuando mis hijas finalmente elijan a alguien con quien pasar el resto de su vida, si es que eso ocurre, quiero que lo hagan con fortaleza, sabiendo quiénes son y qué necesitan.

No desvelaré nada más sobre la vida romántica de mis hijas por respeto a su privacidad —y porque seguramente me matarían—, pero diré que ha sido hermoso verlas practicar y aprender.

¿Qué es lo que más deseo para ellas?

Espero que encuentren un hogar, da igual el aspecto que tenga.

La gente a menudo me pide consejo en materia de relaciones. Me comentan que han visto fotografías donde salimos Barack y yo —los dos riendo o compartiendo una mirada, contentos de estar juntos— y deducen que disfrutamos de la compañía del otro. Me preguntan cómo hemos conseguido seguir casados y felices durante treinta años. A mí me gustaría decirles: «¡Sí, a veces también nos sorprende a nosotros!». Y lo cierto es que no bromeo. Tenemos nuestros problemas, por supuesto, pero lo quiero y él me quiere a mí, ahora, todavía y al parecer para siempre.

Nuestro amor no es perfecto, pero es real y estamos comprometidos con él. Esta certeza en particular está presente como un piano de cola en mitad de cualquier habitación en la que entremos. En muchos sentidos, mi marido y yo somos muy distintos. Él es un noctámbulo al que le gustan las actividades solitarias. Yo soy madrugadora y me encantan las habitaciones llenas de gente. En mi opinión, él pasa demasiado tiempo jugando al golf. En su opinión, yo veo demasiada televisión. Pero entre nosotros existe una afectuosa certeza que es tan simple como saber que la otra persona estará ahí pase lo que pase. Creo que eso es lo que se capta en esas fotos, ese pequeño triunfo que sentimos porque, aun habiendo pasado la mitad de nuestra vida juntos, a pesar de que nos sacamos de quicio y de nuestras diferencias, ninguno de los dos se ha alejado. Estamos aquí. Seguimos.

A lo largo de mi vida adulta he vivido en varios lugares, pero en mi opinión solo he tenido un hogar de verdad. Mi hogar es mi familia. Mi hogar es Barack.

Nuestra relación es algo que hemos creado juntos. La habitamos cada día, la mejoramos según nuestras posibilidades y, en las épocas en que tenemos otras preocupaciones, la dejamos que siga «tal cual». Nuestro matrimonio es nuestro punto de partida y de llegada, un lugar en el que ambos podemos ser nosotros mismos de manera plena, cómoda y a menudo irritante. Hemos llegado a aceptar que esta esfera que habitamos juntos, la energía y la emoción entre nosotros, puede que no siempre esté ordenada o exactamente como uno o ambos queremos, pero el hecho simple y tranquilizador es que perdura. Para nosotros se ha convertido en una certeza estable en un mundo en el que la certeza parece excepcionalmente difícil de encontrar.

Muchas de las preguntas que me hace la gente en las redes sociales o por medio de cartas y correos electrónicos giran en torno a la certeza en las relaciones, cuánta se supone que debemos sentir, en qué momento y con qué intensidad y grado de fluctuación: ¿Cómo sé que he encontrado a la pareja adecuada, a la clase de persona con la que merece la pena comprometerse? ¿Es malo que a veces no me guste mi pareja? ¿Cómo voy a querer bien a alguien cuando el ejemplo de mis padres no fue bueno? ¿Qué sucede cuando hay conflictos, tensión, dificultades o desafíos?

Algunos se están planteando casarse porque creen que eso solucionará algunos problemas de su relación o tener un bebé porque creen que eso arreglará su matrimonio. A veces me cuentan que están sopesando la posibilidad de divorciarse, si seguir o huir de una relación que les resulta amarga o problemática. Otros piensan que, en general, el matrimonio es una tradición aburrida, patriarcal y pasada de moda. Y algunos jóvenes me dicen que les preocupa cometer errores en las relaciones, o que ya los han cometido y ahora no saben qué hacer.

«Hola, señora Michelle —me escribía hace poco Lexi, una joven de Alabama—. Estoy teniendo muchos problemas con los chicos...». Y a partir de ahí me abría su corazón.

La verdad es que no tengo respuestas para esas preguntas ni recetas para las dificultades de cada uno. La única historia de amor que conozco es la que vivo por dentro cada día. Tu camino hacia la certeza, si es lo que estás buscando, será diferente al mío; lo mismo que tu concepto del hogar y quién debe estar allí contigo siempre será único para ti.

Practicamos. Aprendemos. Nos equivocamos. A veces adquirimos herramientas que luego no nos sirven. Al principio, muchos hacemos inversiones cuestionables. Por ejemplo, compramos cuchillos para carne pensando que es lo que debemos hacer.

Nos obsesionamos, pensamos demasiado e invertimos mal nuestra energía. Es posible que sigamos malos consejos o ignoremos los buenos. Nos aislamos cuando nos hieren. Nos ponemos una coraza cuando tenemos miedo. Puede que ataquemos cuando nos provocan o que nos rindamos cuando nos sentimos avergonzados. También puedes llegar a la conclusión, como les ocurre a muchos, de que te sientes totalmente feliz y pleno cuando no estás en pareja. Si es tu caso, espero que lo celebres por lo que es: una elección de vida absolutamente válida y exitosa. Muchos también imitaremos de manera inconsciente las relaciones con las cuales nos criamos, la versión del hogar que conocimos de niños, y, por supuesto, el resultado de esto puede ser maravilloso, decepcionante o un punto intermedio. Creo que un amor real y duradero sucede casi siempre en un punto intermedio. Juntos estáis respondiendo a la pregunta «¿Quiénes somos y quiénes queremos ser?».

En estos días, a veces miro a mi marido desde una ligera distancia y tengo la sensación de estar observando a través del tiempo. Lo que veo es una versión canosa, un poco menos flaca y algo más cansada del hombre de veintisiete años que, hace décadas, entró como asociado de verano en el bufete especializado en Derecho de sociedades en el que yo trabajaba, empapado por una tormenta porque no llevaba paraguas y solo un poco avergonzado por llegar tarde a su primer día de trabajo. ¿Qué hacía que su sonrisa fuera tan entrañable? ¿Por qué sonaba tan bien su voz?

Era encantador entonces y lo es ahora. En aquel momento era un poco famoso —un estudiante de Derecho cuyo intelecto estaba causando cierto revuelo en los círculos legales— y me consta que ahora es muy famoso. Pero, dicho esto, es exactamente la misma persona, con la misma desenvoltura, el mismo corazón, los mismos complejos y la misma batalla por ser puntual o recordar algo tan básico y funcional como un paraguas en un día lluvioso. Es la misma persona soñadora, a veces tranquila y a veces friki, que encontré en la sala de espera del bufete hace años y cuya mano estreché, cuando por primera vez observé su altura desgarbada y su semblante inusual, sin comprender todavía que estaba ante mi amor más verdadero y ante el mayor alborotador de mi vida.

Como mucha gente, tenía mis ideas sobre cómo sería el matrimonio, y algunas eran acertadas. De niña, jugaba con mis amigas a juegos de adivinación como MASH, que pronosticaba dónde viviríamos, qué tipo de coche conduciríamos o cuántos hijos tendríamos; o a otro que consistía en doblar un trozo de papel como si fuera un origami y cuyas solapas ocultaban varias opciones sobre nuestro futuro marido. Nos reíamos porque nos sorprendían los resultados. ¿De verdad me casaría con Marlon Jackson, de los Jackson 5, viviría en California y tendría un coche familiar? ¿Mi amiga Terry tendría nueve hijos con nuestro compañero de clase Teddy y viviría en una mansión en Florida?

Lo que sabía era que las posibilidades parecían fabulosas e infinitas. Lo que creía saber era que el resultado final sería una boda de ensueño seguida de años de felicidad absoluta y un estilo de vida apasionado en el que nunca me conformaría con menos. Porque, ¿acaso no debía ser así? Aún era demasiado joven para ver el matrimonio de mis padres como algo que algún día no me importaría tener para mí. Estaban comprometidos y se complementaban, y juntos mantenían una relación servicial y amistosa gobernada por el sentido común. Se hacían reír el uno al otro. Hacían todas las tareas. Cada año, por San Valentín y el cumpleaños de mi madre, mi padre iba al centro comercial de Evergreen Plaza y le compraba un bonito traje, que le entregaba envuelto en papel de regalo con un lazo.

Entendía que en general eran felices, pero también había visto mucho la teleserie *All My Children*, absorbiendo las legendarias pasiones temperamentales de Erica Kane, que hacían que la unión entre mis padres pareciera tranquila y un poco aburrida. En lugar de eso, prefería fantasear con una versión del matrimonio y la vida familiar más parecida a los romances glamurosos que interpretábamos mis amigas y yo con nuestras Barbies y Kens. Observando a mis abuelos, también sabía que los matrimonios no siempre funcionaban. Los padres de mi madre se separaron mucho antes de que yo naciera y, por lo que sabía, no volvieron a hablarse nunca más. Mis abuelos paternos habían vivido separados durante casi toda la infancia de mi padre, pero, sorprendentemente, arreglaron sus diferencias más tarde.

Ahora veo que los ejemplos estaban a mi alrededor, los indicadores de que una relación a largo plazo rara vez es glamurosa o tranquila. Mi madre todavía recuerda la primera discusión a gritos que tuvo con mi padre, poco después de su boda, en 1960, cuando ella tenía veintitrés años y él veinticinco. Tras una breve luna de miel, se fueron a vivir juntos por primera vez y, de repente, se dieron cuenta de que llegaban a aquella relación con hábitos diferentes, dos maneras arraigadas de hacer las cosas. ¿A qué se debió su primera discusión? No fue por dinero, ni por tener hijos ni por nada de lo que estaba ocurriendo en el mundo en aquel momento. No, fue por cómo debía colocarse el papel higiénico en el portarrollos, si el extremo debía pasar por encima o caer por debajo.

Papá venía de una casa en la que caía por debajo, mientras que mamá siempre vio que pasaba por encima y, al menos por un corto periodo de tiempo, el conflicto pareció épico e irresoluble. Con solo dos opciones disponibles, uno tendría que ceder y aceptar la manera de hacer las cosas del otro. Una discusión puede parecer insignificante, pero, en muchos casos, lo que hay detrás no lo es. Al fusionar tu vida con la de otra persona, de pronto estás observando la historia de otra familia y sus patrones de conducta, y a menudo te piden que te adaptes. En el caso de la Gran Disputa por el Papel Higiénico de 1960, fue mi madre quien acabó cediendo, pues llegó a la conclusión de que el asunto era demasiado estúpido como para gritar. Simplemente lo dejó correr. A partir de entonces, nuestra familia vivió en paz pasando el extremo del papel higiénico por debajo. Nunca volvió a salir el tema, al menos hasta que Craig y yo nos hicimos mayores y tuvimos pareja —los Obama somos de pasar el papel por encima y seguimos haciéndolo hoy en día—. El matrimonio está lleno de negociaciones, algunas trascendentes y otras no tanto.

En *Mi historia* contaba que, a pesar de la naturaleza por lo general estable de su relación, mi madre a veces se planteaba la posibilidad de dejar a mi padre. De vez en cuando se sometía a una especie de ejercicio mental, soñando despierta sobre qué ocurriría si decidía salir por la puerta de Euclid Avenue y buscar una nueva vida, con otro hombre, en otro lugar. ¿Qué habría sucedido si su juego de origami hubiera arrojado otro resultado? ¿Y si hubiera acabado con un millonario, con un misterioso hombre del Sur o con un chico al que conoció en el instituto?

Normalmente se permitía esos pensamientos en primavera, después de soportar otro invierno gélido, otra temporada de días oscuros que pasaba en su mayoría dentro de nuestro pequeño y abarrotado apartamento. En aquel momento, lo diferente sonaba bastante bien. Lo diferente parecía el aire fresco que entraba por las ventanas cuando por fin hacía calor para abrirlas otra vez. Lo diferente era una especie de ensoñación cautivadora, una fingida luna de miel que se desarrollaba en su cabeza.

Y entonces se reía para sí misma, imaginando qué nuevo infierno habría traído a su vida un misterioso hombre del Sur, sabiendo que el chico del instituto tenía su buen montón de líos y que cualquier millonario también causaría muchos problemas.

Y con eso concluía la luna de miel imaginaria y ella volvía a la vida real, volvía con mi padre.

Creo que era su manera de renovar algo en su corazón, recordando el hogar decente y amoroso que tenía, sus motivos para quedarse.

Si decides construir una vida con otra persona, vivirás conforme a esa elección. Una y otra vez tendrás que elegir quedarte en lugar de huir. Es bueno empezar una relación de compromiso estando preparado para trabajar, para recibir lecciones de humildad y para aceptar e incluso disfrutar ese espacio intermedio, saltando entre los extremos de lo maravilloso y lo horrible, a veces en una misma conversación, a veces a lo largo de años. Y dentro de esa elección y de esos años, muy probablemente llegarás a ver que no existe el equilibrio a partes iguales. Por el contrario, son como cuentas en un ábaco, deslizándose de un lado a otro, los números rara vez ordenados, la ecuación siempre sin resolver. Una relación es dinámica y está llena de cambios, en permanente evolución. No habrá ningún momento en el que ambos consideréis que las cosas son totalmente justas e igualitarias. Alguien tendrá que adaptarse siempre. Alguien tendrá que sacrificarse siempre. Uno puede sentirse optimista mientras el otro se encuentra hundido; uno podría tener que cargar con más presiones financieras mientras el otro se ocupa de los cuidados y las obligaciones familiares. Esas decisiones y las tensiones que conllevan son reales. He llegado a la conclusión, sin embargo, de que la vida va por temporadas. Tu sensación de realización, ya sea en el amor, en la familia o en tu carrera, rara vez se produce en todo a la vez. En una relación fuerte, ambas personas tendrán que hacer concesiones, forjando ese sentido compartido del hogar en un punto intermedio.

Al margen de lo loca y profundamente enamorado que estés, se te pedirá que asumas muchas de las rarezas de tu pareja. Tendrás que ignorar toda clase de pequeñas molestias y como mínimo unas cuantas grandes, intentando afirmar el amor y la constancia sobre todo eso, sobre todas las asperezas y las inevitables cosas que te irritan. Tendrás que hacerlo tan a menudo y con tanta compasión como puedas. Y tendrás que hacerlo con alguien que esté igual de dispuesto a mostrar la misma tolerancia y la misma paciencia contigo, que te quiera a pesar del bagaje que lleves contigo, a pesar de tu aspecto y de cómo te comportes en tus peores momentos.

Si lo piensas, es una propuesta descabellada y sin mucha lógica. Y no siempre funciona. —No tiene por qué funcionar siempre: si te hacen daño en una relación, ha llegado el momento de apartarte de ella—. Pero cuando funciona, puede parecer un auténtico milagro, que es lo que es el amor, después de todo. Esa es la idea. Realmente, cualquier relación a largo plazo es un acto de fe obstinada.

Cuando Barack y yo nos comprometimos a vivir una vida juntos, no fue porque hubiera garantías establecidas. Me habría sido imposible pronosticar cómo irían las cosas. No teníamos seguridad económica y nos quedaban años de préstamos estudiantiles por pagar. No había resultados predecibles, en ningún aspecto. De hecho, me casé con él sabiendo que tendía a cambiar de rumbo, que siempre —¡como era de esperar!— elegiría la ruta menos segura para realizarse. Podía contar con que rechazara el camino habitual y cuestionara lo que llegaba con demasiada facilidad. Decidió compaginar varios trabajos, rechazando puestos cómodos en empresas porque quería escribir libros, dar clases y vivir conforme a sus valores. Ninguno de los dos podía apoyarse en la riqueza de su familia. Pronto aprendimos que incluso nuestra capacidad para tener hijos venía con un signo de interrogación, lo cual dio lugar a duros tratamientos de fertilidad durante años. Y luego llegó ese frenético viaje de su carrera política.

Nos adentramos juntos en ese caos con la única certeza de que sería mejor que nos enfrentáramos a él como un equipo.

Aprendí muy pronto que tener pareja no es la solución a tus problemas, y también que esa persona no debe satisfacer todas tus necesidades. Cada uno somos como somos. No puedes convertir a nadie en algo que no quiere ser o en un tipo de persona que nunca tuvo como modelo. Yo quería un compañero que se guiara por sus propios valores, que fuera independiente de mi amor. Quería a alguien que fuera honesto porque valoraba la honestidad, que fuera leal porque valoraba la lealtad.

Y esto es lo que les digo a mis hijas: no os quedéis con alguien solo porque estáis buscando un sostén para la familia, un cuidador, un padre para vuestros hijos o un salvador para vuestros problemas. Por mi experiencia, esos planes casi nunca salen bien. El objetivo es encontrar a alguien que haga el trabajo contigo, no para ti, que colabore en todos los frentes y de todas las maneras. Cuando alguien solo quiere interpretar un papel y, por ejemplo, dice «Yo traigo el dinero a casa, así que no esperes que cambie pañales», mi consejo es que salgas corriendo. Les digo que una pareja exitosa es como un equipo de baloncesto ganador, integrado por dos individuos con un conjunto de aptitudes plenamente desarrolladas e intercambiables. Cada jugador no solo debe saber lanzar, sino también driblar, pasar y defender.

Eso no significa que no haya flaquezas o diferencias que tengáis que compensar del uno y del otro. Simplemente tendréis que cubrir toda la pista juntos y ser versátiles con el paso del tiempo. Vivir en pareja no cambia quien eres, aunque te rete a adaptarte a las necesidades de otra persona. Igual que Barack no ha cambiado mucho en los más de treinta años que hace que nos conocemos, yo tampoco lo he hecho. Sigo siendo la misma luchadora sensata que le estrechó la mano cuando nos conocimos y él sigue siendo el optimista amante de los libros que piensa en tres cosas al mismo tiempo.

Lo que cambia es lo que hay entre nosotros, millones de pequeños ajustes, transigencias y sacrificios que hemos hecho ambos para dar espacio a la presencia del otro, esa energía híbrida de él y yo juntos, los dos, ahora experimentada y fortalecida con el paso de las décadas. Fuera cual fuese la pequeña chispa que saltó entre nosotros el día que nos conocimos, fuera cual fuese la semilla de curiosidad mutua que se plantó en el momento en que nos dimos la mano y entablamos conversación, eso es lo que hemos cultivado y madurado con el tiempo hasta llegar a la certeza. Ese es el milagro permanente, la conversación que sigue en marcha, el hogar en el que vivimos. Él es él y yo soy yo. La diferencia es que ahora nos conocemos muy muy bien.

Siempre he intentado ayudar a la gente a ver más allá del lado deslumbrante de mi vida con Barack y que conociera mejor nuestra vertiente real. He hecho un esfuerzo deliberado por desmontar el mito de que mi marido es perfecto, de que nuestro matrimonio es impecable o de que el amor en general es coser y cantar. He explicado que Barack y yo acudimos a terapia de pareja, cosa que necesitábamos desesperadamente, en el momento en que nos volvimos irritantes y distantes cuando nuestras hijas eran pequeñas y ambos nos sentíamos al límite. He bromeado sobre todas las veces que me he hartado tanto de mi marido que me daban ganas de tirarlo por la ventana, y sobre los resentimientos habituales y mezquinos que soy capaz de albergar incluso ahora, y probablemente para siempre. La verdadera intimidad puede ser molesta. Y, sin embargo, aquí seguimos.

Por más que he hablado abiertamente de nuestras imperfecciones, parece que algunos prefieren ver la fachada. Una vez arremetió contra mí un columnista de *The New York Times* por comentar que mi marido no era un dios, sino un mortal que a veces se olvida de recoger los calcetines del suelo o de volver a guardar la mantequilla en la nevera. Mi opinión sobre esto sigue siendo la misma y creo que es aplicable a la gente en general: cuando escondemos nuestra realidad solo nos hacemos daño a nosotros mismos.

Tengo una amiga, a la que llamaré Carissa, que se ha pasado más de un año esquivando muchas realidades del hombre con el que estaba saliendo. Carissa es una hermosa afroamericana de algo más de treinta años que tiene un negocio propio y muchos amigos. Se mire como se mire, es una persona de éxito. El único problema era que no le gustaba estar soltera. Quería vivir en pareja y esperaba tener hijos algún día. Había conocido a ese hombre por internet y le gustaba mucho. Empezaron a salir. Hicieron un viaje relámpago al Caribe y se lo pasaron fenomenal. Cuando volvieron a casa siguieron viéndose, aunque los dos estaban ocupados con su trabajo y sus amigos. La idea, decía Carissa, era que «no iban en serio».

De lo que no se dio cuenta hasta más adelante era de que estaban teniendo la misma primera cita una y otra vez, frenando cualquier impulso de acercarse más a nivel emocional. Estaban atrapados en lo «informal», divirtiéndose, desde luego, pero sin correr el riesgo de algo tan sencillo como una pequeña discrepancia o una conversación profunda, algo que hiciera que alguno de los dos se abriera o que implicara continuidad. Supuestamente, «informal»

equivalía a «fácil». Estar juntos no debía conllevar trabajo o inco-
modidades. Pero el caso es que lo real siempre acaba aflorando. Te
encontrará de un modo u otro.

Cuando llevaban más de un año de relación, Carissa invitó a
una de sus mejores amigas a cenar en su apartamento y los presentó.
Durante la cena vio que su amiga, siempre extrovertida, acribillaba
al hombre con preguntas serias y obtenía de manera casi metódica
toda clase de información que era nueva para Carissa. Resultó que
había mantenido una relación complicada con su padre, de niño no
se había sentido amado y había tenido dificultades para comprometerse en relaciones anteriores.

Nada de aquello era un problema en sí. Simplemente era todo
nuevo, una faceta de la persona con la que estaba Carissa que ella
no había visto jamás. Se dio cuenta de que le daba demasiado miedo buscarla. Nunca le había hecho muchas preguntas y él tampoco
le había preguntado nada profundo o real sobre ella. Habían salido
durante meses a la vez que evitaban la intimidad emocional porque
ambos querían ser invulnerables. Carissa se había convencido a sí
misma de que la informalidad le parecía bien, aunque eso fuera en
contra de sus objetivos en la vida. Y él, ¿quería una relación informal? Ella ni siquiera lo sabía. Nunca habían hablado de ello en profundidad. Parecía demasiado tarde para empezar. Era como si hubieran pasado un año comiendo dulces en lugar de comida sana.

Carissa se dio cuenta de que se había escondido detrás de una
fachada, fingiendo que no anhelaba algo más o mejor, y pensando
en todo momento que el paso del tiempo contaba como un progreso en la relación.

Cuando finalmente rompieron, me contó que se había contenido para no mostrar excesiva curiosidad o preguntar sobre el compromiso porque estaba convencida de que eso la haría parecer «demasiado complicada». Podía ser ambiciosa en su carrera profesional
y meticulosa con los detalles de su vida cotidiana, pero creía que,
cuando estaba con un hombre, esas mismas cualidades se volverían
en su contra.

Carissa no se había mostrado dispuesta a esforzarse por esa relación porque la preocupaba que ello la hiciera indigna de seguir recibiendo la atención de un hombre al que, al fin y al cabo, apenas conocía.

«No quería parecer ansiosa o dependiente. Simplemente intentaba fingir desinterés», dijo.

Pero, al final, fingir desinterés no la había llevado —no los había llevado— a ninguna parte.

A veces hablo con jóvenes que han convertido en un arte la informalidad y el aparente desinterés, evitando el hecho de que ser auténtico y vulnerable es un pilar de la verdadera intimidad. No entienden que, incluso en la etapa alocada de la vida, hay espacio para la profundidad y la autenticidad en las relaciones. Los veinteañeros pueden salir con otras personas, pero no practican los elementos básicos del compromiso y la buena comunicación, la idea de que es posible compartir sentimientos e inseguridades reales. Comen muchos dulces, pero no desarrollan músculo. Y cuando llega el momento de ponerse serios, cuando se imaginan una vida en familia y una existencia más estable, se descubren aprendiendo esas habilidades por primera vez, a menudo repentinamente, y se dan cuenta de que un compromiso duradero tiene poco de informal o desinteresado.

En el caso de Barack, lo que me llamó la atención al instante era que no tenía interés alguno en ser informal. Al principio, su franqueza incluso me sorprendió un poco. Antes de conocerlo había salido con hombres que no estaban tan seguros de sí mismos y de lo que querían. Estuve con un par de mujeriegos, hombres de aspecto agradable y cuya compañía era apasionante, pero que a menudo estiraban el cuello para ver quién más había allí, qué otras conexiones podían hacer. Mis primeros amores me enseñaron las mismas lecciones que a cualquiera: me fueron infieles y me mintieron varias veces. Eso fue durante mi época de mercadillo, cuando yo también estaba probando diferentes maneras de ser, trabajando en equiparme para la vida adulta. En aquellas primeras relaciones me sentía insegura. No buscaba comprometerme. Todavía estaba aprendiendo, descubriéndome a mí misma, tratando de comprender mis necesidades y mis deseos.

Barack era diferente a todos los que había conocido antes. Era directo y claro con lo que quería, inusual en su certeza, al menos en lo relativo a mí. Si yo no hubiera tenido ya unas cuantas relaciones de práctica, seguramente no habría reparado en lo inusual que era.

«Me gustas», me dijo unas semanas después de conocernos y de haber comido juntos varias veces por motivos profesionales. «Creo que deberíamos empezar a salir juntos. Me encantaría salir contigo».

Aunque no tenía claro si debía ceder a mi creciente atracción por él, preocupada por si era apropiado tener una relación con un compañero de trabajo, Barack se mostró imperturbable y discretamente persistente. Estaba convencido de que hacíamos buena pareja. Me dio espacio para pensármelo, pero dejó claro que le parecía una mujer interesante, que le gustaba estar conmigo y que quería más. Expresó su punto de vista como le vi hacer años después en el Despacho Oval, juntando las yemas de los dedos y exponiendo sus ideas como una sucesión de argumentos bien razonados:

Número uno: me consideraba inteligente y hermosa.

Número dos: estaba bastante seguro de que a mí también me gustaba hablar con él.

Número tres: aquello no computaba como un romance de oficina, porque Barack solo trabajaría allí en verano.

Número cuatro: quería pasar tiempo conmigo y con nadie más. Y dado que volvería a la facultad de Derecho en unas ocho semanas, teníamos poco tiempo.

Entonces ¿por qué no?

Con él no tendría que jugar al gato y al ratón. No le interesaban los juegos. Al contrario, eliminó las adivinanzas. Puso sus sentimientos encima de la mesa y los dejó allí, como diciendo: «Aquí tienes mi interés. Aquí tienes mi respeto. Este es mi punto de partida. Desde ahí solo podemos ir hacia delante».

Debo reconocer que aquella mezcla de sinceridad y seguridad en sí mismo me resultaba halagadora y refrescante. Y también muy atractiva.

Su seguridad se convirtió en nuestros cimientos. Nunca había salido con nadie tan resuelto, tan poco indeciso, tan poco interesado en fingir indiferencia. Me hacía preguntas sobre mis sentimientos, mis ideas y mi familia, y respondía a las que le hacía yo. Con él podía mostrar mis anhelos —sobre su historia, su afecto, su apoyo— sin sentirme insegura, porque él también los tenía. Ninguno de los dos mostraba desinterés. Para mí se estaba abriendo un mundo totalmente nuevo. La curiosidad que sentíamos el uno por el otro me ayudó a borrar la timidez. Atrás quedaron los días en que malgastaba energías pensando si la persona con la que salía volvería a llamarme. Desaparecieron las inseguridades cuando asistía a una fiesta, o en el dormitorio, o en una conversación profunda sobre qué quería en la vida. De repente era más fuerte por dentro. Sentía que le gustaba. Me sentía respetada. Me sentía vista.

¿Estábamos enamorados? Era demasiado pronto para saberlo. Pero éramos loca y profundamente curiosos. Y esa curiosidad es la que nos hizo seguir adelante aquel verano y después en otoño, cuando Barack regresó a la universidad en la Costa Este y yo volví a la rutina de mi trabajo como abogada. Pero ya caminaba de manera distinta, con la sensación de que se había pulsado un nuevo interruptor. Aquel hombre y su curiosidad trajeron luz a mi mundo.

Tras unos meses de relación, Barack me invitó a pasar la Navidad en Honolulú para que viera dónde se había criado. Acepté de inmediato. Nunca había estado en Hawái ni había imaginado que viajaría allí. La idea que yo tenía de aquel lugar era la fantasía con ukeleles, antorchas tiki, faldas de hierba y cocos que habían fomentado los medios de comunicación. Y mis impresiones se limitaban en gran medida, si no totalmente, a la visita que hizo *La tribu de los Brady* a Oahu en 1972. Durante tres episodios de la serie, Greg empezaba a practicar surf, Jan y Marcia llevaban biquini y Alice se lesionaba la espalda aprendiendo a utilizar el hula hoop.

Incorporé lo que creía saber acerca de Hawái a mis ensoñaciones sobre cómo sería pasar la Navidad allí. Barack y yo todavía estábamos en la etapa fantasiosa de nuestra relación, así que todo parecía encajar. Aún no habíamos discutido. Casi todas nuestras llamadas telefónicas eran empalagosas y alegres, cargadas de cierta lujuria anticipativa. Al colgar, sabía que Hawái sería el lugar perfecto para nuestras primeras vacaciones juntos. A medida que se acercaba la Navidad, el aire de Chicago se volvía más gélido y el sol se ponía un poco más temprano cada día. Cuando salía a trabajar estaba oscuro y cuando volvía a casa también, y entretanto avivaba mi corazón pensando en lo que me aguardaba: una brisa cálida y palmeras meciéndose, siestas en la playa y mai tais a última hora de la tarde; unos relajados días de vacaciones que pasaríamos enamorándonos ociosamente.

Por la ventanilla del avión, la isla de Oahu me pareció de ensueño, tal y como la había imaginado. La realidad se superpuso a la fantasía en una imagen casi perfecta. Al volar en círculos sobre Honolulú a última hora de un día de diciembre, tenía a Barack sentado a mi lado y el paraíso a mis pies. Veía las relucientes aguas azul verdoso del Pacífico, frondosas montañas volcánicas de color verde y el arco blanco que formaba la playa de Waikiki. No podía creerme lo que estaba ocurriendo.

En el aeropuerto cogimos un taxi para dirigirnos al edificio de apartamentos de South Beretania Street, en el que Barack había vivido de adolescente con sus abuelos mientras su madre se encontraba en Indonesia inmersa en un trabajo de campo de antropología. Recuerdo que en aquel trayecto en coche me sorprendió lo grande y urbana que parecía Honolulú, una ciudad situada al lado de una masa de agua, igual que Chicago. Había una autopista, mucho tráfico y rascacielos, lo cual no recordaba haber visto durante la visita de los Brady ni tampoco estaba en mis ensoñaciones. Mi mente iba a toda velocidad, captándolo todo, procesándolo todo como si fueran datos. Yo tenía veinticinco años y contemplaba por primera vez aquel lugar junto a un hombre al que tenía la sensación de conocer y al que, sin embargo, todavía no conocía del todo, e intenté comprender qué era todo aquello. Pasamos frente a una serie de enormes bloques de viviendas en los que se veían terrazas llenas de bicicletas, macetas y la colada secándose al sol, y recuerdo que pensé: «Claro, esto es la vida real».

El edificio de los abuelos de Barack también era alto, aunque no muy grande. Era modernista y en forma de bloque, de hormigón funcional. Al otro de la calle había una iglesia histórica con un amplio césped verde. Subimos en ascensor hasta la décima planta y, envueltos de aire húmedo, llevamos nuestras maletas por un pasillo exterior hasta que finalmente, tras muchas horas de vuelo, estuvimos frente a la puerta de su apartamento, la casa en la que Barack había vivido más tiempo hasta ese momento.

Minutos después ya había conocido a la familia: la madre de Barack, sus abuelos Toot y Gramps, y su hermana pequeña Maya, que en aquel entonces tenía diecinueve años —aproximadamente un año más tarde conocería a la parte keniana de la familia, incluyendo a su hermana Auma, a quien estaba especialmente unido—. Fueron muy afectuosos conmigo y mostraron curiosidad, pero sobre todo parecían encantados de que Barack —lo llamaban Bar, una abreviación de Barry que pronunciaban «Bear», como «Oso»— hubiera vuelto a casa.

Durante los diez días siguientes conocí un poco de Honolulú y mucho a la familia de Barack. Él y yo nos alojábamos en la habitación trasera del apartamento de una amiga de Maya. Por las mañanas íbamos de la mano al rascacielos de South Beretania y pasábamos un par de horas allí, charlando mientras todos intentaban resolver un puzle o se sentaban en el pequeño balcón que daba a la iglesia de enfrente. El apartamento era acogedor y pequeño, decorado con una mezcla de batiks indonesios y objetos del Medio Oeste que me recordaba al viejo apartamento de Dandy y la abuela en Chicago. Al ver la casa de Barack, una de las primeras cosas que pensé fue que se había criado en circunstancias igual de modestas que las mías. En el apartamento había una cocina en la que no cabía una mesa, así que comíamos con bandejas en el salón. Toot servía bocadillos de atún aderezados con mostaza francesa y pepinillos dulces, igual que hacíamos nosotros en la casa de Euclid Avenue.

Barack y yo éramos diferentes, pero nos parecíamos. En aquel momento lo vi todo más claro. Mientras él se reencontraba con los suyos después de estar un año separados, yo estudiaba los espacios entre lo que era familiar y lo que no lo era.

Barack y su madre volvieron a conectar manteniendo conversaciones intensas y sinuosas sobre geopolítica y el estado del mundo. Por su parte, a Gramps le gustaba bromear. Toot, que se había jubilado de su puesto en el banco años antes, tenía dolores de espalda que la volvían un poco huraña, pero le gustaba jugar a las cartas. Vi que era una persona resuelta que durante muchos años prácticamente había mantenido a toda la familia. Maya era alegre y dulce, me contaba historias sobre su primer año de universidad en Nueva York y pedía consejo a Barack sobre qué asignaturas elegir.

Para mí, su familia era como una constelación de estrellas en el cielo, cada una dispuesta en relación a las demás, con el grupo formando un patrón de cinco puntos que era único para ellos. La vida familiar siempre se ha desarrollado cómodamente con océanos y continentes de por medio. Entre los cinco tenían tres apellidos diferentes. Barack y Maya eran de padres distintos, de dos culturas diferentes. Su madre, Ann, era un espíritu libre y cerebral, hija de dos blancos de Kansas con raíces conservadoras, y estaba empeñada en seguir un camino distinto. En Barack yo veía a una persona que había encontrado su lugar entre todos aquellos fogonazos de luz. Había heredado el espíritu rebelde de su madre, el carácter ahorrador y el profundo sentido de la responsabilidad de su abuela y la extravagancia de su abuelo. También había heredado la ausencia de su padre, el legado de otro Barack Obama que apenas estuvo presente en la vida de su hijo, pero que aun así había dejado una serie de expectativas absolutamente feroces sobre el rigor y la disciplina intelectuales.

A diferencia de mis familiares, los de Barack se abrazaban mucho. Se decían «te quiero» tan a menudo que casi me hacían sentir incómoda, ya que ese tipo de declaraciones afectuosas eran nuevas para mí. En cierto modo, eso explicaba la agradable franqueza de Barack con respecto a sus sentimientos. A diferencia de mi familia, la suya utilizaba las palabras para demostrar el cariño, y me di cuenta de que probablemente obedecía a que se habían pasado años recurriendo a las palabras para mantenerse unidos, comunicándose mediante cartas esporádicas y llamadas de larga distancia, su amor pronunciado a través del éter con ecos más prolongados por el énfasis que ponían al declararlo. Lo mismo ocurría con los abrazos, las conversaciones intensas y las horas consagradas a resolver puzles. Vertían el amor acumulado durante un año en un embudo porque sabían que solo disponían de diez días para estar juntos. Cada vez que se veían, tenían la sensación de que no volvería a suceder en muchos meses.

La constelación de mi familia era muy distinta. Dado que casi todos estábamos en Chicago y además vivíamos en una cuadrícula relativamente pequeña del South Side, éramos menos expansivos y más compactados. Más o menos todo el mundo residía a cinco minutos en coche de los demás. Incluso cuando ya era una joven profesional, vivía literalmente encima de mis padres. Ocupaba el segundo piso de la casa de Euclid Avenue, y todavía me reunía con mi hermano y varios primos para comer macarrones y costillas los domingos. En mi familia no estábamos acostumbrados a decir «te quiero» ni a ser efusivos con nuestros sentimientos. Nosotros nos abrazábamos y decíamos «nos vemos el domingo», porque sabíamos que allí estaríamos todos. Era rutinario, reiterado y fiable. Para los Robinson, la constancia era amor.

En años posteriores eso sería algo que Barack y yo tendríamos que desentrañar, básicamente por ensayo y error: nuestras ideas a menudo enfrentadas sobre lo que era el compromiso, la posición relativa de nuestras dos estrellas en el cielo o nuestra capacidad para gestionar toda la incertidumbre que había en medio. Yo detestaba que llegara tarde o que no cumpliera con su obligación de estar en algún sitio. A él no le gustaba que lo agobiara o que hiciera muchos planes para ambos con demasiada gente. ¿Qué brechas intentamos cerrar? ¿Cuáles nos limitamos a reconocer y dejar tal cual? ¿Quién se adaptaba o trataba de desaprender lo que sabía?

Nos llevó algún tiempo y mucha práctica aprender a solventar nuestras discrepancias. A Barack le gusta solucionar las cosas en el momento, ponerse manos a la obra y tratar de resolver un problema de relación en cuanto aflora. Suele economizar sus emociones. De nuevo, creo que ello obedece a que su familia intentaba abarcar mucho en los diez días que pasaban juntos cada año. En ocasiones veo que quiere superar las dificultades con rapidez, desplegando todo su arsenal de pensamientos racionales, ansioso por llegar a la calidez y la reconciliación que se hallan al otro lado del conflicto. Al igual que cuando era niño, lo asume todo, se comporta de manera eficiente y con ganas de encontrar una solución.

Yo, en cambio, me enfado mucho más y soy más lenta que mi marido. Me hierve la sangre y voy recobrando la razón poco a poco, lo cual podría ser consecuencia de la libertad que me daban de pequeña, del hecho de que me animaran a decir todo lo que se me pasara por la cabeza. En mi familia nunca íbamos cortos de tiempo. A veces, mi cerebro implosiona al inicio de un conflicto y lo último que quiero es mantener un debate racional y organizado sobre quién tiene razón o cuál es la solución. Cuando me siento acorralada, soy capaz de decir cosas estúpidas e hirientes. En algunos momentos de nuestra relación, Barack ha insistido en que mantuviéramos una conversación en caliente y se ha quemado con el ímpetu de mi cólera.

Hemos tenido que aprender a superarlo. Hemos tenido que

practicar nuestras respuestas teniendo en cuenta la historia de ambos, nuestras necesidades y nuestras formas de ser diferentes. Barack ha descubierto cómo darme más espacio y tiempo para calmarme y procesar mis emociones poco a poco, sabiendo que me crie con ese tipo de espacio y tiempo. Yo también he aprendido a ser más eficiente y menos hiriente mientras proceso las cosas, e intento no dejar que un problema se prolongue demasiado, pues sé qué él se crio no dejando que las cosas se enconaran.

Hemos descubierto que no hay una manera buena o mala de salir adelante. No vivimos conforme a unos principios rígidos de pareja. Solo existe lo que podemos solucionar entre nosotros, dos personas sumamente singulares, día a día y año a año, presionando y cediendo, echando mano de grandes reservas de paciencia mientras intentamos entendernos un poco mejor. Yo valoro más la presencia física que las palabras. Me gustan la puntualidad, el tiempo invertido, la rutina y la regularidad, y eso era menos importante en la casa en la que creció Barack. Él valora tener espacio para pensar, la capacidad de resistirse a normas establecidas y vivir con ligereza y un alto grado de flexibilidad, que era menos importante en la casa en la que me crie yo. Siempre nos ha resultado útil expresar nuestros sentimientos y ubicar algunas de nuestras diferencias en la historia personal de cada uno, sin buscar la culpabilidad del presente.

Durante aquellas vacaciones navideñas, Barack y yo salíamos del apartamento de sus padres a primera hora de la tarde y recorríamos varios kilómetros hasta la zona más tranquila de la playa de Waikiki, parando en una tienda para comprar algo de comer por el camino. Después buscábamos sitio cerca del agua y tendíamos una esterilla de ratán en la arena. Por fin tenía la sensación de estar de vacaciones, lejos del trabajo y de casa, totalmente presentes el uno con el otro. Nos zambullíamos en el océano y luego nos tumbábamos a secarnos al sol durante horas hasta que, en un momento dado, Barack se levantaba, se limpiaba la arena con la toalla y decía: «Tenemos que volver».

«De acuerdo», pensaba yo con cierto pesar. «Esto es la vida real».

Lo cierto es que lo que a mí me apetecía en ese instante era la versión fantasiosa de Hawái. En lugar de recorrer los pocos kilómetros que nos separaban de South Beretania Street para disfrutar de una cena sencilla con los abuelos viendo las noticias, en lugar de ver a Barack quedarse despierto hasta tarde ayudando a Maya a organizar su plan de pago de la matrícula o hablando con su madre de su disertación doctoral, perpetuamente atrasada, sobre la economía de los herreros en Indonesia, me habría encantado que los dos nos sentáramos, ajenos a cualquier obligación, a disfrutar del aterciopelado aire de la noche en el patio de un restaurante cercano, bebiendo mai tais mientras el cielo del Pacífico pasaba de rosa a púrpura y después a negro. Por último, me habría encantado haber paseado, con un poco de vértigo, hasta una suite para recién casados en la última planta de un hotel.

Así era como había soñado con Hawái en mi oficina de Chicago mientras presentaba la solicitud para tomarme esos preciados días de vacaciones. Y procuraba no pensar en ello mientras Barack enrollaba la esterilla de ratán y emprendíamos el camino de vuelta.

Bueno, era joven y hacía balances en mi cabeza: mis ganancias por un lado y mis sacrificios por otro. Pero aún no sabía qué era lo verdaderamente valioso. Todavía estaba reuniendo lo que necesitaría para los años y la vida que tenía por delante, lo que alimentaría mi corazón a largo plazo.

Ahora puedo decirte que no son los mai tais ni las suites para recién casados. No son las bonitas puestas de sol en lugares lejanos, ni una boda vistosa, ni tener dinero, ni mantener una presencia deslumbrante en el mundo. No es nada de eso.

Me llevó un tiempo darme cuenta de lo que me estaban mostrando. No tardé una noche sentada en aquel pequeño apartamento de South Beretania Street, sino diez noches seguidas allí para comprender lo que estaba viendo, lo que finalmente se convertiría en una ganancia en mi hoja de balance personal. Estaba con un hombre tenazmente dedicado a su familia, que los visitaba cada mañana y cada noche sabiendo que tardaría un año en regresar de nuevo. Estaba viendo su versión de la constancia, el trazado de su firmamento. Más tarde, cuando ya vivíamos juntos, me di cuenta de que, incluso cuando estaban separados físicamente, Barack seguía en el centro de su familia, desempeñando un papel que ninguno de los maridos de su madre había tenido nunca, aconsejando a Ann y a Maya en varias crisis, resolviendo problemas con ellas por teléfono cada vez que se presentaban dificultades.

Percatarme de esto acabaría ayudándonos durante la etapa más dura de nuestro matrimonio, cuando nuestras hijas aún eran muy pequeñas y Barack pasaba fuera de casa tres o cuatro noches a la semana para ejercer su trabajo como político. Yo me había criado con una constancia y una cercanía diferentes, lo cual significaba que me sentía vulnerable e inestable, un poco abandonada en su ausencia. Me preocupaba que se abriera una brecha entre nosotros que terminara siendo insalvable.

Pero cuando pudimos hablar de ello, y especialmente con la ayuda de un consejero matrimonial, recordamos lo que teníamos, la plataforma que ya habíamos construido. Yo conocía la historia de Barack y él conocía la mía. Nos ayudó a entender que sobreviviríamos a esas brechas siempre y cuando fuéramos conscientes de ellas. Podíamos vivir en el espacio intermedio. Ambos sabíamos que la distancia era algo a lo que él estaba acostumbrado y yo no. Sabía amar aun estando lejos. No había tenido más remedio que practicarlo durante toda su vida. Las niñas y yo seguiríamos siendo el centro de su universo ocurriera lo que ocurriese. Nunca me abandonaría. Fue lo que me mostró en aquel primer viaje.

En el apartamento de Honolulú, durante nuestra primera Navidad y Año Nuevo juntos, noche tras noche vi a Barack recoger y lavar los platos de la cena, hacer el crucigrama con su padre, recomendar libros a su hermana y leer la letra pequeña de las declaraciones tributarias de su madre para cerciorarse de que no la engañaban.

Era atento y paciente, y estaba presente. No se iba hasta que la jornada había concluido, los platos estaban limpios, las conversaciones se habían agotado y todos empezaban a bostezar.

Puede que yo anhelara egoístamente la suite para recién casados y toda la atención de aquel hombre, pero él me estaba mostrando la realidad, una versión de cómo podía ser nuestro futuro si así lo decidíamos. No éramos informales y no estábamos fingiendo desinterés, y así fue como empecé a entender que acabaríamos siendo mucho más que turistas en la vida del otro.

Ahí es donde comienza la certeza, mientras bajas en ascensor de una décima planta a una hora muy tardía. Le coges la mano cuando sales a la calle en una templada noche en Honolulú, con una bóveda de estrellas sobre ti, súbitamente consciente de que has llegado a casa.

Barack y yo regresamos a Hawái cada año. Normalmente vamos por Navidad y nos encontramos allí con nuestras hijas ya adultas. Las dos llegan de su casa, de su vida. También nos reunimos con Maya, la hermana de Barack, y su familia, visitamos a sus viejos compañeros del instituto y acogemos a varios amigos del Estados Unidos continental. Tras más de treinta años viajando a Oahu, ya no me quedo boquiabierta al ver las palmeras mecidas por el viento ni me sorprenden tanto las vistas de Diamond Head, la montaña volcánica que se eleva como un enorme bastión verde al sudeste de Waikiki.

Lo que siento ahora es la alegría de la familiaridad. Me siento unida a ese lugar como jamás habría imaginado. Aunque sigo siendo una mera visitante, conozco muy bien esa isla, igual que conozco al hombre que me la enseñó a lo largo de nuestros regresos periódicos y comprometidos. Tengo la sensación de conocer cada curva de la autopista que lleva del aeropuerto a la costa norte. Sé dónde ir a tomar un granizado y una barbacoa coreana. Puedo reconocer el aroma de la plumeria en el aire y deleitarme con la sombra de una mantarraya aleteando en aguas poco profundas. Conozco bien las aguas tranquilas de la bahía de Hanauma, donde enseñamos a nuestras hijas a nadar, y los ventosos acantilados del mirador de Lanai, donde mi marido acude para recordar a su querida madre y a su abuela, cuyas cenizas esparció allí.

Hace un par de años, para celebrar nuestro aniversario de boda, Barack y yo hicimos un viaje especial a Honolulú y me sorprendió llevándome a cenar. Había alquilado una zona privada en la azotea de un hotel frente al océano y contrató a un pequeño grupo musical.

Nos quedamos un momento allí de pie contemplando el paisaje. Era la última hora de la tarde y se veía toda la playa de Waikiki. Había surfistas flotando lánguidamente sobre sus tablas a la espera de la ola perfecta y ancianos jugando al ajedrez en el parque. Divisábamos el zoo al que llevábamos a las niñas en nuestros viajes por Navidad y el bullicio de Kalakua Avenue, donde a menudo paseábamos con ellas para ver a los malabaristas y otros artistas callejeros que entretenían a los turistas por la noche. Señalamos los diversos hoteles en los que nos habíamos hospedado todos esos años, cuando ya contábamos con dinero suficiente para no tener que pedirle a la familia de Barack que nos encontrara una habitación gratis, y nos dimos cuenta de que estábamos contemplando todos los años que habíamos pasado regresando a ese lugar. En aquel momento se cerró el círculo. El sueño ingenuo que yo tenía sobre Hawái se había hecho realidad. Anochecía y estaba en una azotea a solas con la persona a la que amaba.

Después, Barack y yo nos sentamos y nos pedimos un martini. Hablamos de su familia, rememoramos aquella primera visita a South Beretania Street, lo jóvenes que éramos y el hecho de que apenas nos conocíamos. Recordamos la esterilla de ratán y las largas caminatas para ir a la playa y luego volver a casa de sus abuelos.

Nos reímos, conscientes de que fue un poco arduo.

Luego brindamos y vimos cómo el cielo se teñía de rosa.

Mi madre nos sostiene a todos.

CAPÍTULO 7

TE PRESENTO A MI MADRE

Cuando Barack fue elegido presidente, se corrió la voz de que Marian Robinson, mi madre, de setenta y un años, viviría en la Casa Blanca con nosotros. La idea era que nos ayudara a cuidar de Sasha y Malia, que en aquel momento tenían siete y diez años, al menos hasta que estuviéramos instalados. Mi madre se aseguraría de que todos nos habíamos adaptado bien y luego volvería a Chicago. A los medios de comunicación les encantó la idea, así que solicitaron entrevistas con mi madre y escribieron una serie de artículos en los que la apodaban Primera Abuela y Abuela en Jefe. Parecía que hubieran incorporado un personaje nuevo y potencialmente emocionante a una teleserie. De repente, mi madre salía en las noticias. Ella era noticia.

Sin embargo, cualquiera que conozca a mi madre sabe que lo último que quiere es acaparar protagonismo. Aceptó conceder unas cuantas entrevistas, pensando que solo era parte del proceso de transición, aunque insistió una y otra vez en que le sorprendía ese interés por su persona.

Según mi madre, ella no tiene nada de especial. También le gusta decir que, aunque nos quiere mucho, mi hermano y yo tampoco somos especiales. Tan solo somos dos niños que tuvieron una buena dosis de amor y bastante suerte y, gracias a ello, les fue bien. Intenta recordarle a la gente que barrios como el South Side de Chicago están abarrotados de «pequeñas Michelles y pequeños Craigs». Están en todas las escuelas y en todas las manzanas. Simplemente, muchos son ignorados y subestimados, así que gran parte de ese potencial no obtiene reconocimiento. Este sería el argumento fundacional de la filosofía de mi madre: «Todos los niños son magníficos».

Ahora mi madre rebasa los ochenta y cinco años y actúa con una amabilidad tranquila y alegre. El glamour y la seriedad no significan nada para ella. Ignora ambas cosas porque cree que todo el mundo debería ser tratado por igual. La he visto hablar con el papa y con el cartero, dirigiéndose a ambos con la misma actitud apacible e imperturbable. Si le preguntan algo, contesta de manera simple y directa, practicando una especie de desapego curioso y sin adaptar sus respuestas a un público en particular. Esta es otra faceta de mi madre: no cree que deba maquillarse la verdad.

Cuando nos mudamos a la Casa Blanca, esto suponía que cada vez que un periodista le hacía una pregunta, ella respondía con franqueza en lugar de suavizar sus pensamientos o ceñirse a un guion generado por el nervioso personal del departamento de comunicación. Aprendimos al instante que si la abuela tenía que hablar con los medios, diría su verdad y se lo quitaría de encima.

Así es como apareció en los informativos nacionales, explicando que la habían sacado a rastras de su tranquilo apartamento de Euclid Avenue y que sus hijos poco menos que la habían obligado a vivir en la dirección más famosa del país.

No estaba siendo grosera, sino franca. Mi madre habló a los periodistas sobre esa cuestión del mismo modo en que me hablaba a mí —el cartero y el papa habrían oído lo mismo—. Ella no quería ir a Washington, pero se lo supliqué. Y cuando las súplicas no funcionaron, recurrí a Craig para que la presionara un poco más. Mi madre era el pilar de la familia. Nos sostenía a todos. Desde que nuestras hijas eran bebés, nos había ayudado a cuidar de ellas, llenando los huecos mientras Barack y yo a menudo improvisábamos u ocasionalmente afrontábamos distintas transiciones profesionales, ciclos de mucho trabajo y la siempre creciente vida extraescolar de nuestras dos niñas pequeñas.

De modo que sí, más o menos la obligué a ir.

El problema radicaba en que era feliz en su casa. Se había jubilado recientemente. Le gustaba vivir en su entorno y en general no le interesaban los cambios. Allí tenía todas sus cosas. Estaba la cama en la que había dormido durante más de treinta años. Para ella, la Casa Blanca se parecía demasiado a un museo y muy poco a un hogar —y, por supuesto, manifestó esa opinión sin tapujos a un periodista—. Pero aunque dejó claro que el traslado a Washington era en buena medida involuntario y que sería temporal, precisó que su amor por Sasha y Malia, su compromiso con su crecimiento y bienestar, acabó eclipsando todo lo demás. Encogiéndose de hombros, le dijo al periodista: «Si esas niñas van a estar con otras personas aparte de sus padres, mejor que sea yo».[15]

Después de eso, decidió que ya no concedería más entrevistas.

Cuando se instaló en la Casa Blanca, mi madre se hizo muy popular, aunque esa no era su intención. De hecho, se convirtió en la reina del baile. Todo el mundo la conocía como «señora R.». A los empleados les caía bien precisamente por su sencillez. A los mayordomos, en su mayoría negros, les gustaba tener a una abuela negra en casa. Le enseñaban fotos de sus nietos y a veces le pedían consejos sobre la vida. Los floristas de la Casa Blanca que iban a cambiar los centros de flores se quedaban un rato a charlar con mi madre. Los agentes del Servicio Secreto la vigilaban cuando cruzaba la puerta y se dirigía a la farmacia de la calle Catorce o, en la dirección opuesta, a Filene's Basement, o cuando iba a casa de Betty Currie a jugar a las cartas —Betty es la exsecretaria de Bill Clinton—. Los miembros del servicio a menudo intentaban que mi madre les permitiera hacer más cosas por ella, pero dejó claro que nadie debía atenderla o recoger sus cosas cuando ella sabía perfectamente cómo hacerlo.

«Con que me enseñéis cómo funciona la lavadora es suficiente», dijo.

Conscientes del favor que nos estaba haciendo, intentábamos que sus tareas fueran livianas. Llevaba a Sasha y Malia al colegio y luego iba a recogerlas, y las ayudaba a habituarse a su nueva rutina. Los días que yo debía ejercer de primera dama, se cercioraba de que las niñas tuvieran la merienda y todo lo necesario para sus actividades extraescolares. Igual que hacía cuando yo iba a primaria, escuchaba con interés sus historias sobre lo que había acontecido aquel día. Cuando ella y yo estábamos a solas, me explicaba lo que me había perdido en la jornada de las niñas y después también me escuchaba, ejerciendo de esponja y orientadora.

Cuando no estaba cuidando a las niñas, mi madre desaparecía voluntariamente. Creía que debíamos tener nuestra vida familiar independiente de ella. Y también creía que ella debía tener una vida independiente de nosotros. Le gustaba su libertad. Le gustaba tener su espacio. Por regla general acostumbraba a ser discreta. Había ido a Washington con un solo propósito: ser un apoyo fiable para Barack y para mí ejerciendo de abuela que cuidaba de nuestras dos hijas. Para ella, todo lo demás tan solo era alboroto y ruido.

A veces venían invitados VIP a cenar a la residencia de la Casa Blanca. Miraban a su alrededor y preguntaban dónde estaba y si nos acompañaría a la mesa.

Normalmente, yo me echaba a reír y señalaba la tercera planta, donde tenía su dormitorio y le gustaba pasar el rato en una sala de estar cercana con grandes ventanales que daban al monumento a Washington. «No. Mamá está arriba en su lugar feliz», respondía.

Básicamente, era una manera de decir: «Lo siento, Bono. Mamá está con una copa de vino y costillas de cerdo en la bandeja, y dan *Jeopardy!* por televisión. Ni por un segundo creas que puedes competir con eso...».

En general, el arreglo pareció funcionar. Mi madre acabó quedándose con nosotros en la Casa Blanca durante los ocho años que estuvimos allí. Su presencia constante, su enfoque tranquilo y carente de dramatismo ante la vida nos hacía bien a todos, sobre todo porque muchos aspectos del trabajo de Barack eran frenéticos y dramáticos. La abuela nos mantenía con los pies en el suelo. No estaba ahí para seguir la evolución del ébola o la maniobra de obstrucción parlamentaria, ni para averiguar quién estaba liándola con lanzamientos de misiles sobre el mar de Japón.

Estaba ahí simplemente para controlar de vez en cuando que en nuestra familia todo iba bien. Y nos hacía falta. La necesitábamos. Ella era nuestro contrapeso.

A lo largo de aquellos ocho años, nuestras hijas pasaron de ser alumnas de primaria de ojos atentos a convertirse en adolescentes en la flor de la juventud, ansiosas por alcanzar la independencia y los privilegios de la vida adulta. Como todos los adolescentes, pusieron a prueba algunos límites e hicieron algunas tonterías. Castigamos a alguien por llegar a casa más tarde de la hora convenida. Alguien subió a Instagram una selfi en biquini que generó muchos comentarios, y el departamento de comunicación del Ala Este le recomendó que la retirara. A alguien, unos agentes del Servicio Secreto tuvieron que sacarla a rastras de una fiesta de instituto sin supervisión que se había descontrolado justo en el momento en que llegaban las fuerzas del orden. Alguien le contestó mal al presidente de Estados Unidos cuando este tuvo la osadía de preguntarle —con poco tacto— cómo podía estudiar español mientras escuchaba rap.

Cualquier episodio de desobediencia o mala conducta por parte de nuestras hijas adolescentes, por leve que fuera, me desestabilizaba porque la preocupación seguía ahí. Esta se alimentaba de mi mayor temor, el de que la vida en la Casa Blanca estuviera trastornándoles la existencia. Lo que, por supuesto, sería culpa de sus padres. En esas situaciones, mi vieja amiga, mi mente miedosa, se aceleraba provocando una avalancha de dudas y culpas. —¿He mencionado ya que a nuestra parte miedosa le encantan los niños? Conoce todos nuestros puntos débiles y los ataca sin contemplaciones—.

Cada vez que la cosa más insignificante salía mal, me asaltaba el sentimiento de culpabilidad. Me daba por cuestionar cada una de las decisiones que Barack y yo habíamos tomado, cada uno de los caminos que habíamos elegido en cada encrucijada. La autocrítica, como ya hemos comentado, es una práctica en la que las mujeres estamos programadas para destacar, ya que nos hemos criado en sistemas donde domina la desigualdad y nos han bombardeado desde niñas con imágenes muy poco realistas de la «perfección» femenina. Ninguna de nosotras —de verdad, ni una sola— está a la altura. Y, no obstante, seguimos intentándolo. Al igual que ocurre con el matrimonio y la relación de pareja, la versión fantasiosa de ser madre ocupa un lugar preeminente en nuestra imaginación cultural, mientras que la realidad es mucho menos perfecta.

Para las madres, la sensación de no estar a la altura puede resultar especialmente opresiva. A menudo, las imágenes de perfección materna que se nos presentan en la publicidad y las redes sociales son igual de confusas y falsas que las fotos de cuerpos femeninos remodelados y retocados —famélicos, operados y siliconados— que se exhiben como ideal absoluto de belleza en nuestra sociedad. A pesar de todo, nos condicionan para que nos pleguemos a esos cánones y nos lancemos en busca no solo del físico perfecto, sino también de los hijos perfectos, el equilibrio perfecto entre vida laboral y personal, las experiencias familiares perfectas y los niveles perfectos de paciencia y serenidad, aun sabiendo que ninguna de nosotras —de verdad, ni una sola— lo conseguirá jamás. La duda generada por todo este artificio puede ser apabullante y debilitadora. Como madre, cuesta mucho no mirar alrededor y preguntarse: «¿Lo estará haciendo todo el mundo como es debido menos yo?».

Soy tan propensa a este tipo de autoflagelación como cualquiera. A la mínima señal de conflicto o desobediencia por parte de las niñas, me ponía a repasar obsesivamente mis propios errores. ¿Había sido demasiado estricta o demasiado indulgente? ¿Había estado demasiado presente o demasiado ausente? ¿Se me había pasado leer algún libro sobre crianza quince años antes? ¿Se trataba de una crisis seria, de un síntoma de un problema más grave? ¿Qué lecciones de vida fundamentales había olvidado impartir? ¿Era ya demasiado tarde?

Si tienes alguna clase de responsabilidad sobre la vida de un niño, sin duda estarás familiarizado con este tipo de miedo e inquietud, con el tormento de pasarte la noche en vela preocupado por tu hijo, esa agobiante y abrumadora sensación de que no has hecho lo suficiente por él y ahora está pagando el precio de tu negligencia o tus malas decisiones. Es algo que creo que muchos sentimos casi sin descanso, desde esos primeros instantes en que contemplamos la preciosa e inocente perfección de la carita de un recién nacido y pensamos: «Por favor, por favor, no dejes que la fastidie contigo».

Como padres, siempre luchamos contra nuestra propia desesperación por no fracasar en la misión que se nos ha encomendado. Existen muchos negocios que alimentan esta desesperación y sacan provecho de ella, desde la gimnasia cerebral para bebés y los cochecitos ergonómicos hasta las clases privadas de preparación para las pruebas de admisión universitaria. Es como un agujero que nunca acaba de llenarse. Por otro lado, muchos padres estadounidenses pasan apuros para pagar el elevado coste del cuidado de los niños —que puede equivaler a cerca del 20 por ciento de los ingresos de un trabajador medio—, lo que no hace sino exacerbar el estrés.[16] Es fácil autoconvencerse de que si uno se echa atrás, aunque solo sea un poco, puede estar condenando a su hijo por culpa de una pequeña ventaja que no ha sabido proporcionarle o costearle.

Lamento comunicarte que no hay un momento concreto en el que esto se acabe. La desesperación no desaparece cuando tu hijo ya duerme de un tirón o aprende a andar, cuando empieza a ir a la guardería o termina el instituto, ni siquiera cuando se muda por primera vez a un piso y se compra un juego de cuchillos para carne. ¡Seguirás preocupándote! ¡Seguirás temiendo por él! Y mientras respires, te preguntarás si hay algo más que puedas hacer. El mundo te parecerá siempre infinitamente más siniestro y peligroso cuando tienes un hijo, aunque sea mayor, caminando por él. Y la mayoría estaremos dispuestos a hacer casi cualquier cosa por convencernos de que tenemos un mínimo de control. Incluso en la actualidad, mi marido, excomandante en jefe, no puede contenerse de enviarles a nuestras hijas noticias perturbadoras sobre los peligros de conducir por carretera o andar solas por la noche. Cuando se mudaron a California, les mandó un largo artículo con recomendaciones para protegerse en caso de sufrir un terremoto y se ofreció a pedirle al Servicio Secreto que organizara para ellas una sesión informativa sobre la respuesta a desastres naturales. —Le respondieron con un cortés «No, gracias»—.

Cuidar de tus hijos y verlos crecer es una de las tareas más gratificantes que hay en este mundo, pero al mismo tiempo puede hacer que pierdas la cabeza.

A lo largo de los años, he tenido un arma secreta que me ha ayudado a frenar la avalancha de ansiedad materna: mi propia madre. Ha sido mi apoyo, mi Buda, una persona serena que ha observado mis numerosos defectos como progenitora sin juzgarme, una fuente de cordura. Durante toda la infancia y la juventud de nuestras hijas, mi madre ha supervisado en un segundo plano su desarrollo y su proceso de madurez, sin entrometerse jamás en las decisiones que hemos ido tomando Barack y yo.

Me brinda otra perspectiva, además de su presencia. Sabe escuchar con atención, desterrar mis temores a un rincón o frenarme cuando me pongo demasiado «agonías». Me recuerda que es importante que siempre piense lo mejor de mis hijas, que es preferible verlas a la altura de lo que espero de ellas que pedirles que se rebajen al nivel de mis dudas y preocupaciones. Según mi madre, a los hijos hay que entregarles nuestra confianza en vez de obligarlos a ganársela. Esta es su versión de «empezar de buenas».

Durante los años que pasamos en la Casa Blanca, mamá estaba ahí para darme baños de realidad en el acto. Sus ojos de septuagenaria veían la adolescencia de Sasha y Malia reflejada en la mía, y me recordaba que lo que estaba ocurriendo no era un fracaso, sino un episodio normal en su desarrollo que entraba en el terreno de lo esperable... y que yo alguna vez había hecho estupideces parecidas. Sus discursos motivacionales eran breves y sencillos, en sintonía con su personalidad, pero también eran tranquilizadores.

«A las chicas no les pasa nada malo. Solo intentan aprender a vivir», me aseguraba encogiéndose de hombros.

En el fondo, lo que me estaba diciendo era que a mí tampoco me pasaba nada malo, que podía relajarme y confiar en mi criterio. Esto siempre está en el corazón del mensaje de mi madre.

Quien pasa un rato en compañía de mi madre no tarda en advertir que deja caer esas perlas de sabiduría en las conversaciones cotidianas. Por lo general, derivan de su creencia de que es posible educar a los hijos para que sean personas decentes sin dramas o aspavientos. Nunca son declaraciones pronunciadas en tono furioso o apasionado. Al contrario; casi hay que inclinarse hacia ella para escucharlas bien. Casi siempre son reflexiones irónicas que se le escapan en voz baja, como si se le cayeran del bolsillo algunos centavos sueltos.

Llevo años recogiendo esos centavos, guardándomelos en los bolsillos con el propósito de utilizarlos como guía y herramienta para contrarrestar mis dudas e inquietudes como progenitora. Durante un tiempo, pensé que tal vez mi madre también debería escribir un libro, contar la historia de su vida y compartir algunas de las enseñanzas que tan valiosas han sido para mí. Sin embargo, cuando se lo propuse, hizo un gesto displicente con la mano y dijo: «¿Por qué demonios iba a hacer una cosa así?».

No obstante, me ha dado permiso para transcribir aquí algunas de sus máximas de eficacia probada, algunas de las observaciones que me ha hecho y me han ayudado a convertirme en una madre algo más sosegada, con menos sentimiento de culpa y un poco más digna para mis hijas, aunque con la condición de que incluya este descargo de responsabilidad, que mi madre formuló tal cual: «Asegúrate de que entiendan que yo no me dedico a decirle a la gente cómo tiene que vivir su vida».

1. Enseña a tus hijos a despertarse por sí mismos.

Cuando yo tenía cinco años y estaba a punto de empezar preescolar, mis padres me regalaron un pequeño despertador eléctrico. Era cuadrado y tenía unas manecillas verdes que brillaban en la oscuridad y señalaban la hora y el minuto. Mi madre me enseñó a poner la alarma y a apagarla cuando sonara. A continuación, me ayudó a repasar la lista de todo lo que tenía que hacer por la mañana —desayunar, cepillarme el cabello, lavarme los dientes, vestirme, atarme los cordones, etcétera— para calcular cuánto tardaría en estar lista para salir por la puerta y así poner la alarma a la hora adecuada. Me proporcionó instrucciones y la herramienta para llevarlas a cabo, pero tendría que enfrentarme sola al reto de utilizarla de forma eficaz.

Me encantaba el dichoso despertador.

Me encantaba lo que me brindaba: control y poder de decisión sobre mi vida. Ahora soy consciente de que mi madre me entregó esta herramienta en un momento cuidadosamente elegido de mi desarrollo, antes de que fuera lo bastante mayor para ser cínica respecto a levantarme para ir al instituto, antes de que ella misma tuviera que empezar a despertarme a sacudidas. En cierto modo, esto le ahorró molestias, pero el auténtico regalo fue para mí: podía despertarme por mí misma. ¡Podía despertarme por mí misma!

Si en alguna ocasión seguía durmiendo cuando sonaba la alarma o remoloneaba cuando tenía que levantarme para ir a la escuela, mi madre no mostraba el menor interés en reñirme o persuadirme. Se mantenía al margen, dejándome claro que mi vida era, en gran parte, cosa mía. «Oye, yo tengo una educación —decía—. Ya estudié en su momento. Esto no va conmigo».

2. Tú no eres el protagonista. Los buenos padres siempre intentan hacerse a un lado.

La estrategia del despertador era representativa de un objetivo aún más premeditado por parte de mis padres: el de enseñarnos a levantarnos por nosotros mismos y mantenernos en pie; no solo en el sentido físico, sino también emocional. Desde que mi madre nos tuvo a cada uno de nosotros, se fijó una meta singular, la de convertirse en un elemento más o menos superfluo en el contexto de nuestra vida. Considerando que acabo de describir lo imprescindible que ha sido para mí la tranquilizadora presencia de mi madre en los últimos años, está claro que no lo ha conseguido del todo. Pero no habrá sido por falta de intentos.

Ella nunca ha ocultado que, sobre todo en lo que se refiere a las tareas prácticas del día a día, su plan era hacerse lo menos necesaria posible. Cuanto antes llegara ese momento, cuanto antes viera que Craig y yo éramos capaces de desenvolvernos solos, más satisfecha se sentiría de su labor como madre. «No estoy criando bebés, sino adultos», solía decir.

Quizá a algunos les parecerá escandaloso que diga algo así, especialmente en esta época en que se ha vuelto de rigor ser hiperpadres, pero estoy bastante segura de que la mayoría de las decisiones de mi madre se regían por una pregunta básica: «¿Qué es lo mínimo que puedo hacer por ellos ahora mismo?».

No era una pregunta fruto de la despreocupación o del egoísmo, sino de una reflexión profunda. En nuestro hogar, la independencia era lo más importante. Mis padres eran conscientes de las limitaciones con las que tenían que lidiar —de dinero, espacio, privilegios y, en el caso de mi padre, por sus problemas de salud, no solo de energía, sino también de tiempo en este mundo—, lo que los llevaba a economizar en todos los frentes. Según mi padre, éramos unos afortunados y no debíamos dar por sentado nada de esa suerte. Nos enseñó a valorar lo que teníamos, todas las cosas buenas que recibíamos, desde un bol de helado hasta la oportunidad de ir al circo. Quería que saboreáramos el momento, que resistiéramos el impulso de buscar enseguida un nuevo capricho o emoción, o de envidiar lo que otros tenían.

Aunque sus reprimendas eran suaves y burlonas, el mensaje de fondo era muy serio. «¡Nunca estáis satisfechos!», exclamaba en tono jovial si alguien arrancaba el papel de un regalo de cumpleaños y, en cuanto veía lo que era, se apresuraba a abrir el siguiente. «¡Nunca estáis satisfechos!», decía cuando pedíamos una segunda ración de helado antes de acabarnos la primera. Nos incitaba a ser más reflexivos respecto a nuestros deseos.

Enseñarnos a confiar en nosotros mismos y a pensar con claridad en lo que necesitábamos era casi la única ventaja que nuestros padres estaban en condiciones de ofrecernos. No podían proporcionarnos atajos, así que se esforzaron en dotarnos de habilidades. Sus esperanzas se centraban en una idea: si querían que Craig y yo llegáramos en la vida más lejos que ellos, necesitaríamos motores grandes y depósitos llenos de carburante, amén de los conocimientos para hacer nuestras propias reparaciones.

Mi madre creía que sus manos estorbaban a las nuestras. Si teníamos que aprender algo nuevo, ella nos mostraba una manera de hacerlo y acto seguido se apartaba. Así, con la ayuda de un taburete, Craig y yo aprendimos a lavar y secar los platos mucho antes de ser lo bastante altos para llegar al fregadero. Nos inculcaron la costumbre de hacer la cama y la colada. Como he mencionado antes, mi madre me indujo a ir y volver de la escuela andando, dejando que me abriera camino por mí misma. Eran habilidades modestas, pero nos permitían practicar a diario la autosuficiencia y la resolución de problemas, superar las dudas y los temores paso a paso, hasta que quedaran menos cosas sobre las que dudar, menos cosas que temer. Nos resultaba cada vez más fácil explorar y descubrir. A partir de una costumbre sólida, nos fue posible cimentar otras.

Aunque algunas de estas cosas no nos salían perfectas, lo importante era que nosotros nos encargábamos de ellas. Nadie las hacía por nosotros. Mi madre no intervenía. No corregía nuestros errores ni criticaba nuestros métodos, aunque fueran distintos de los suyos. Creo que esta fue mi primera toma de contacto con la sensación de poder. Me gustaba que los demás confiaran en mi capacidad de realizar una tarea. «Es más fácil para los niños equivocarse cuando son pequeños —me comentó mi madre hace poco, cuando le pregunté al respecto—. Permite que tus hijas se equivoquen. Y luego no le des mucha importancia, porque si lo haces, dejarán de intentarlo».

Se quedaba al margen, y nos dejaba con nuestras dificultades y nuestros errores en las tareas domésticas que nos asignaba, al hacer los deberes y en nuestras relaciones con profesores, entrenadores y amigos. Nada de esto estaba relacionado con su autoestima o su ego, ni lo hacía para presumir. Solo decía que la cosa no iba con ella. Al fin y al cabo, estaba demasiado ocupada intentando despreocuparse de nosotros. Por consiguiente, su estado de ánimo no mejoraba o empeoraba con nuestros éxitos o fracasos. Su felicidad no dependía de que volviéramos a casa con todo sobresalientes, de que Craig anotara muchos puntos en sus partidos de baloncesto o de que yo ganara las elecciones del consejo estudiantil. Cuando nos pasaban cosas buenas, se alegraba por nosotros. Cuando nos pasaban cosas malas, nos ayudaba a procesarlas antes de volver a sus propias labores y desafíos. Lo importante era que nos quería tanto si triunfábamos como si fracasábamos. Se le iluminaba el rostro cada vez que entrábamos por la puerta.

Mi madre era testigo mudo de lo que sucedía en nuestras vidas, pero no daba un paso al frente de inmediato para librar nuestras batallas. Buena parte de las habilidades que estábamos desarrollando eran de carácter social y nos ayudaban a determinar de qué personas queríamos rodearnos, a qué voces queríamos prestar atención y por qué. Cuando conseguía arañar un poco de tiempo, se ofrecía como voluntaria en el aula, lo que le daba una visión de nuestro hábitat diario y le permitía distinguir en qué momentos necesitábamos ayuda de verdad o solo estábamos «aprendiendo a vivir», lo que, al parecer, era lo más habitual.

Los días que yo regresaba a casa indignada por algo que había hecho algún profesor —cosa que, lo reconozco, ocurría con cierta frecuencia—, mi madre, de pie en la cocina, escuchaba mis diatribas sobre la injusticia de tal o cual comentario, lo absurdo de una asignatura, o lo evidente que era que el señor Fulano o la señora Mengana no sabía lo que hacía.

Y cuando terminaba, cuando me había desahogado lo suficiente como para pensar con claridad, ella me formulaba una pregunta sencilla, sincera pero, al mismo tiempo, un poquito capciosa: «¿Necesitas que vaya y lo solucione por ti?».

A lo largo de los años, hubo un par de ocasiones en las que me hizo falta de verdad la ayuda de mi madre y ella me la dio. No obstante, el 99 por ciento de las veces no tuvo que solucionar nada por mí. El mero hecho de que me planteara esa pregunta y me brindara la oportunidad de responder me incitaba de forma sutil a analizar la situación con racionalidad. ¿Tan grave era en realidad? ¿Qué soluciones había? ¿Qué podía hacer yo?

Así es como, al final, casi siempre terminaba confiando en mi propia respuesta, que era: «Creo que puedo ocuparme yo sola».

Aprendí a descifrar mis sentimientos y las estrategias para lidiar con ellos con la ayuda de mi madre, que en gran parte se limitaba a darles espacio y no asfixiarlos con sus propias emociones y opiniones. Si me enfadaba demasiado por algo, me mandaba hacer alguna de mis tareas, no como castigo, sino para que situara el problema en su justa medida. «Levántate y limpia ese baño —decía—. Así dejarás de pensar en ti misma durante un rato».

En la intimidad de nuestro hogar creó una especie de arenero emocional, en el que Craig y yo podíamos poner a prueba nuestras sensibilidades en un entorno seguro y evaluar nuestras reacciones a lo que estuviera ocurriendo en nuestras jóvenes vidas. Nos escuchaba mientras exponíamos nuestros problemas en voz alta, ya fuera una ecuación matemática o un conflicto en el patio. Sus consejos, cuando nos los daba, eran propios de una persona experimentada y práctica. Por lo general, nos animaba a poner las cosas en perspectiva y a razonar hacia atrás a partir del resultado que queríamos obtener, sin interrumpirnos en ningún momento.

Una día, cuando estaba en el instituto, le conté cuánto me irritaba tener que tratar con una profesora de matemáticas que me parecía una prepotente. Mi madre escuchó mi queja, asintió con aire comprensivo y se encogió de hombros. «Tu profesora no tiene por qué caerte bien, ni tú a ella —comentó—, pero cuenta con conocimientos de matemáticas que tú necesitas, así que tal vez deberías ir a clase y centrarte en aprenderlos». A continuación, me miró y sonrió, como si fuera la cosa más fácil de entender del mundo. «Si lo que quieres es cariño, puedes quedarte en casa. Aquí siempre nos caerás bien», añadió.

3. Aprende a distinguir lo que es realmente valioso.

Mi madre recuerda que en la casa en la que se crio, en el South Side, había una gran mesa de centro de cristal en medio del salón. Como era muy delicada, todos los que vivían allí se veían obligados a esquivarla con cuidado, casi de puntillas.

Mi madre era una estudiosa de su propia familia. Era la cuarta de siete hermanos, por lo que tenía mucho que observar. Tenía tres hermanas mayores y tres hermanos más pequeños, además de dos progenitores que por lo visto se encontraban en polos opuestos y no se llevaban muy bien. Se pasó años asimilando la dinámica que la rodeaba y formulando en silencio, y tal vez de forma inconsciente, sus ideas sobre cómo educaría algún día a su propia prole.

Veía cómo su padre —mi abuelo Southside— tendía a mimar a sus hijos, sobre todo a las tres hermanas mayores. Las llevaba en coche a todas partes para que no tuvieran que coger el autobús, temeroso de aquello que escapaba a su control. Las despertaba por las mañanas para que no estuviesen pendientes del despertador. Parecía encantado con que ellas dependieran de él.

Mi madre tomó buena nota.

Por su parte, mi abuela Rebecca —la madre de mi madre— era una persona rígida y formal en exceso, visiblemente infeliz, que tal vez —según cree mi madre ahora— padecía una depresión clínica. De joven soñaba con ser enfermera, pero al parecer su madre, una lavandera que había criado a siete hijos en Virginia y Carolina del Norte, le dijo que los estudios de enfermería costaban mucho dinero y que las enfermeras negras rara vez conseguían buenos empleos. Así que, en vez de perseguir su sueño, Rebecca se casó con mi abuelo y tuvo siete hijos. Nunca se mostró excesivamente contenta con lo que le había deparado la vida. Con el tiempo, su infelicidad la llevó a marcharse de casa, cuando mi madre tenía unos catorce años, y ganarse el sustento como auxiliar de enfermería. A partir de entonces, Southside pudo dirigir su hogar en un ambiente más tranquilo.

La consigna imperante en casa de la abuela Rebecca era que los niños debían comportarse de modo que se los viera, pero no se los oyera. A mi madre y sus hermanos les enseñaron que, cuando estaban sentados a la mesa, tenían que guardar silencio y escuchar con respeto la conversación de los mayores, sin intervenir nunca. Mi madre recuerda de forma vívida que los pensamientos que no podía expresar se le agolpaban en la cabeza. Era una sensación muy incómoda. No le gustaba nada. Incluso psicológicamente, todos andaban de puntillas, cuidando mucho cómo y dónde pisaban.

Cuando las amistades de su madre iban de visita, mi madre y sus hermanos estaban obligados a reunirse con los adultos en el salón. Todos —desde los más pequeños hasta los ya adolescentes— debían quedarse sentados educadamente a un lado, sin decir nada más que hola.

Mi madre describe las largas tardes que pasaba en aquella sala con la boca cerrada, sufriendo mientras escuchaba conversaciones de mayores en las que ansiaba participar, múltiples ideas que le habría gustado rebatir o por lo menos entender mejor. Durante horas, luchaba por reprimir sus opiniones, sin apartar la vista de aquella mesa de centro de cristal, siempre inmaculada y reluciente, sin una sola mancha o marca de dedos. Debió de ser durante aquellas horas cuando llegó, quizá de manera inconsciente, a la conclusión de que, cuando tuviera hijos, no solo les permitiría hablar, sino que los animaría a ello. Años después, esta se convertiría en la consigna imperante en Euclid Avenue. Cualquier pensamiento podría expresarse y toda opinión sería valorada. No se rechazaría ninguna pregunta planteada en serio. Las risas y las lágrimas estarían permitidas. Nadie tendría que andar de puntillas.

Mi madre recuerda que, una tarde, fueron de visita por primera vez unos amigos y la mujer escrutó todos aquellos rostros jóvenes y cuerpos inquietos que se agolpaban en la sala hasta que, al fin, formuló una pregunta lógica: «¿Cómo pueden tener una mesa de cristal como esta con tantos niños?».

Aunque mi madre no se acuerda de qué respondió mi abuela, en el fondo de su corazón sabía la respuesta; en su opinión, su madre se había perdido una lección fundamental sobre qué era valioso y qué no. ¿Qué sentido tenía ver a los niños si los obligaban a estar callados?

Ningún niño de su familia se atrevería a tocar esa mesa de cristal, del mismo modo que ninguno osaba hablar, pues sabían que los castigarían solo por intentarlo. Los ataban en corto en vez de dejarlos crecer.

Una tarde, finalmente, cuando mi madre tenía unos doce años, unos amigos adultos les hicieron una visita y, por alguna razón absurda, uno de ellos se sentó en la mesa. Para horror de mi abuela y ante la mirada muda de sus hijos, el cristal se hizo añicos.

Para mi madre fue un poco de justicia cósmica. Hoy en día todavía se parte de risa con la anécdota.

4. Educa al hijo que tienes.

En el piso en el que nos criaron nuestros padres no había nada parecido a una mesa de cristal. En realidad, vivíamos con muy pocos objetos delicados o frágiles a nuestro alrededor. Si bien es cierto que no podíamos permitirnos grandes lujos, también lo es que, dada la educación que había recibido, mi madre no tenía ningún interés en poseer artículos ostentosos de ninguna clase. Nunca iba a pretender que bajo nuestro techo hubiera algo de valor, aparte de nuestros cuerpos y nuestras almas.

En casa, a Craig y a mí nos dejaban ser nosotros mismos. Él tenía un instinto protector y tendía a preocuparse por todo. Yo, en cambio, era luchadora e independiente. Nuestros padres eran conscientes de estas diferencias y, por consiguiente, nos trataban de forma distinta. Encaminaban sus esfuerzos como padres a potenciar los puntos fuertes de cada uno, a sacar lo mejor de nosotros, en vez de intentar encajarnos en un molde prefabricado. Mi hermano y yo respetábamos a nuestros mayores y obedecíamos ciertas reglas generales, pero también decíamos lo que pensábamos durante las comidas, nos lanzábamos la pelota dentro de casa, poníamos música a todo volumen en el estéreo y jugábamos a lo bruto en el sofá. Si algo se rompía —un vaso de agua, una taza de café o, muy de vez en cuando, una ventana—, no nos reñían demasiado.

Traté de aplicar el mismo enfoque a la crianza de Sasha y Malia. Quería que las dos se sintieran escuchadas, que expresaran su parecer sin cohibirse, que exploraran con toda libertad y que nunca tuvieran la sensación de que debían andar de puntillas en su propia casa. Barack y yo instituimos unas normas básicas y principios rectores para nuestro hogar: al igual que mi madre, enseñé a mis hijas a hacer sus respectivas camas en cuanto tuvieron edad para dormir en ellas. Al igual que su madre, Barack se empeñó en iniciar a las chicas en el placer de los libros desde una corta edad.

Sin embargo, no tardamos en descubrir que la crianza de niños pequeños seguía en esencia la misma trayectoria que habíamos experimentado con el embarazo y el parto: por más tiempo que inviertas en soñar, preparar y planearlo todo para que la vida familiar vaya como la seda, a la hora de la verdad acabas por lidiar con lo que va surgiendo. Puedes establecer sistemas y rutinas, elegir a los gurús del sueño, la alimentación y la disciplina que más te convenzan de entre toda la plétora que existe. Puedes redactar tus mandamientos familiares y proclamar a los cuatro vientos tu religión y tu filosofía, y discutirlo todo *ad nauseam* con tu pareja, pero lo más probable es que en algún momento, más temprano que tarde, acabes dándote por vencido, consciente de que, pese a tus enormes esfuerzos, controlas solo una pequeña parte —muy pequeña— de la situación. Aunque te hayas pasado años al mando de tu propio transatlántico ejerciendo una capitanía admirable y alcanzando niveles impecables de limpieza y orden, ahora tienes que afrontar el hecho de que han subido a bordo unos piratas en miniatura y que, quieras o no, van a ponerlo todo patas arriba.

Por mucho que te quieran, tus hijos vienen con sus propios planes bajo el brazo. Como individuos que son, aprenden las cosas a su manera, aunque hayas planificado su aprendizaje de forma minuciosa. Están llenos de curiosidad por explorar, examinar y tocar lo que los rodea. Irrumpirán en el puente de mando de tu barco, manosearán todas las superficies y romperán sin querer todas las cosas frágiles, incluida tu paciencia.

Voy a relatar un episodio del que no estoy especialmente orgullosa. Sucedió en la época en que aún vivíamos en Chicago, cuando Malia tenía unos siete años y Sasha apenas cuatro. Volví a casa después de una larga y ajetreada jornada de trabajo. Como era habitual en ese entonces, Barack había viajado hasta Washington para asistir a una sesión del Senado, por lo que yo seguramente estaba algo resentida. Después de servirles la cena a las niñas, preguntarles cómo les había ido el día y supervisar el momento del baño, estaba lavando los últimos platos. Me flaqueaban las piernas y me moría por terminar para sentarme tranquilamente al menos media hora.

Se suponía que las niñas debían estar lavándose los dientes antes de irse a la cama, pero las oía correr arriba y abajo por las escaleras que conducían al cuarto de juegos de la segunda planta, riéndose a carcajadas.

—¡Eh, Malia, Sasha! ¡Que ya no son horas! —grité desde el pie de la escalera—. ¡Parad de una vez!

Se produjo una pausa de unos tres segundos largos, tras la que se reanudaron las pisadas ruidosas y las carcajadas estridentes.

—¡Os he dicho que paréis! —rugí de nuevo.

Pero era evidente que estaba clamando en el desierto, pues mis propias hijas no me hacían ni caso. Noté que se me encendían las mejillas y la paciencia se me agotaba a medida que la rabia se acumulaba en mi interior; estaba a punto de perder los nervios.

Lo único que deseaba era que esas chiquillas se fueran a la cama.

Desde que yo era una niña, mi madre me aconsejaba que contara hasta diez en momentos como ese, que hiciera una pausa lo bastante larga que me permitiera aferrarme a la razón, para responder en lugar de reaccionar.

Creo que había llegado hasta ocho cuando la gota colmó el vaso. Estaba hasta el moño. Y furiosa. Corrí escaleras arriba y grité a las niñas que bajaran del cuarto de juegos al descansillo donde estaba yo. Entonces respiré hondo y conté los dos segundos que me faltaban para intentar aplacar mi ira.

Cuando aparecieron, ambas en pijama, coloradas y un poco sudadas por sus juegos, mostrándose indiferentes a las órdenes que yo había estado gritando desde abajo, les anuncié que me rendía. Que me negaba a seguir ejerciendo de madre.

Me esforcé por recuperar la calma.

—Veamos, no me escucháis —dije en un tono no muy calmado—. Por lo visto creéis que no necesitáis una madre. Parecéis encantadas de cuidar de vosotras mismas, así que, por mí, adelante... A partir de ahora podéis alimentaros y vestiros solas. Y meteros en la cama sin mi ayuda. Os entrego vuestras pequeñas vidas para que las llevéis como queráis. Me da igual. —Alcé las manos en un gesto que denotaba lo impotente y dolida que me sentía—. Yo he terminado —concluí.

En ese momento tuve una de las visiones más nítidas de con qué me estaba enfrentando.

A Malia se le abrieron mucho los ojos y le empezó a temblar el labio inferior.

—No, mami. No quiero que pase eso —dijo, y acto seguido se dirigió a toda prisa hacia el baño para lavarse los dientes.

Entretanto, la Sasha de cuatro años seguía allí plantada, agarrando con fuerza la mantita azul que llevaba a todas partes, tomándose un segundo para asimilar la noticia de mi dimisión antes de abandonarse a su respuesta emocional, que fue de puro y enorme alivio.

Instantes después de que su hermana se marchara obedientemente arrastrando los pies, Sasha dio media vuelta sin decir una palabra y subió las escaleras a saltitos hacia el cuarto de juegos, como diciendo: «¡Por fin! ¡Esta mujer va a dejarme en paz!». Unos segundos después, la oí encender el televisor.

En un momento de cansancio y frustración, yo le había entregado a esa cría las llaves de su vida, y ella las había aceptado de buen grado, mucho antes de que estuviera preparada para ello. Por más que me sedujera la idea de mi madre de acabar siendo innecesaria en la vida de mis hijas, era demasiado pronto para dejarla sola. Por tanto, ordené a Sasha que bajara del cuarto de juegos de inmediato, me aseguré de que se cepillara los dientes y la metí en la cama.

Este episodio aislado me enseñó una lección importante sobre cómo lidiar con mis hijas. Una quería que sus padres le marcáramos más límites y la otra quería menos; una respondía en el acto a mis emociones y la otra interpretaba mis palabras al pie de la letra.

Cada una tenía su carácter, su sensibilidad, sus necesidades, fortalezas y limitaciones, y su forma de interpretar el mundo que las rodeaba. Barack y yo constatábamos que esta dinámica se manifestaba una y otra vez conforme crecían. En las pistas de esquí, Malia realizaba giros suaves y precisos, mientras que Sasha prefería lanzarse cuesta abajo con la chaqueta ondeando al viento. Si le preguntábamos a Sasha cómo le había ido en el colegio, nos daba una respuesta de cinco palabras antes de marcharse brincando a su cuarto, mientras que Malia nos ofrecía un informe detallado de cada hora que había pasado fuera de casa. Malia a menudo nos pedía consejo —como a su padre, le gusta tomar decisiones tras haberlas meditado y teniendo en cuenta otros puntos de vista—, mientras que

Sasha, al igual que yo a su edad, se desenvolvía mejor cuando confiábamos en ella y la dejábamos a su aire. Ninguna de las dos actitudes era errónea o acertada, buena o mala. Ambas eran —y siguen siendo— simplemente distintas.

Como madre, acabé por hacer menos caso a los libros sobre crianza y a los gurús de la educación y más a mi instinto, inspirándome en el eterno recordatorio de mi madre de que me tranquilizara y confiara en mi criterio. Barack y yo aprendimos poco a poco a leer señales en el comportamiento de nuestras hijas, a adaptarnos a lo que cada una nos revelaba, a interpretar su desarrollo a través de lo que sabíamos acerca de sus cualidades y necesidades particulares. Empecé a considerar que la crianza es un arte similar a la pesca con mosca, en la que hay que pasarse horas con el agua hasta las rodillas en un río revuelto, intentando calcular no solo la fuerza de la corriente, sino los cambios en el viento y la posición del sol, una práctica en la que las mejores maniobras se ejecutan solo con movimientos sutiles de la muñeca. La paciencia es crucial, al igual que la perspectiva y la precisión.

Al final, tu hijo se convertirá en la persona que está destinada a ser. Aprenderá a vivir a su manera. Que las cosas le salgan bien o mal dependerá de ti solo en parte. No podrás erradicar el sufrimiento de su vida. Tampoco las dificultades. Lo que puedes ofrecer a tus hijos —lo que podemos ofrecer a todos los niños, en realidad— es la oportunidad de ser vistos y escuchados, la práctica que necesitan para tomar decisiones racionales basadas en valores importantes y tu alegría constante por el hecho de que existan.

5. «Vuelve a casa. Aquí siempre encontrarás cariño».

Esto fue lo que mi madre nos dijo a Craig y a mí no una vez, sino unas cuantas. Este mensaje prevalecía sobre todos los demás. Si necesitábamos cariño, podíamos volver a casa. El hogar era ese lugar donde a uno siempre lo recibían con alegría.

En estos capítulos he escrito mucho acerca de la idea de hogar. Soy consciente de que tuve la suerte de conocer uno bueno desde pequeña. Vivía rodeada de alegría, lo que supuso una clara ventaja para mí mientras crecía y me desarrollaba como persona. Mi familiaridad con la sensación de alegría me animó a salir en busca de más, a establecer amistades, relaciones y, a la larga, a encontrar a un compañero que aportó aún más luz, más alegría a mi mundo, una luz y una energía que después intenté volcar en mis hijas, con la esperanza de que les proporcionaran el mismo impulso. La práctica que he adquirido en percibir y valorar la luz propia de otras personas tal vez se ha convertido en la herramienta más valiosa de las que dispongo para superar la incertidumbre, afrontar tiempos difíciles, ver más allá del muro de cinismo y desesperación y, lo que es más importante, mantener intactas mis esperanzas.

Sé que para muchas personas el concepto de «hogar» tiene connotaciones más complicadas, más incómodas. Puede representar un lugar, un grupo de personas o una experiencia emocional que uno tiene motivos para intentar dejar atrás. El hogar también podría ser un lugar al que no deseamos volver porque nos despierta recuerdos dolorosos. Y eso está bien. Saber adónde no queremos ir nos confiere poder.

También nos confiere poder descubrir hacia dónde queremos encaminar nuestros pasos.

¿Cómo se construye un hogar en el que reine la alegría —para nosotros, para los demás y, sobre todo, para los niños— y al que siempre queramos volver?

Es posible que tengas que armarte de valor para replantearte tu concepto de hogar, improvisar un refugio a partir de las ruinas, avivar la llama que nadie supo apreciar o alimentar durante tu infancia. Es posible que tengas que cultivar tu relación con la familia que has elegido en vez de con tu familia biológica, proteger los límites que te proporcionan seguridad. Algunos tendremos que introducir cambios valientes en nuestra vida, reconstruir y repoblar nuestros espacios muchas veces para descubrir qué se siente al tener un hogar de verdad, qué significa ser aceptado, apoyado y querido.

Mi madre se mudó a Washington con nosotros —sí, renegando no poco— en parte para ayudarnos con las niñas, pero en parte también porque yo necesitaba su alegría. Yo misma, en el fondo, no soy más que una niña grande, alguien que después de una larga jornada llega a casa agotada y necesitada de consuelo, aceptación y tal vez un tentempié.

Con su sabiduría y franqueza características, mi madre nos sostuvo a todos. Se iluminaba por nosotros todos los días para que nosotros, a nuestra vez, nos ilumináramos por otras personas. Contribuyó a que en la Casa Blanca nos sintiéramos menos como en un museo y más como en un hogar. Durante esos ocho años, Barack y yo intentamos abrir de par en par las puertas de ese hogar a más gente, de razas y orígenes distintos, y en especial a más niños, a quienes animábamos a tocar los muebles y explorar zonas de la residencia. Nuestro propósito era que conectaran con la historia y al mismo tiempo tomaran conciencia de que eran lo bastante importantes —lo bastante valiosos— para forjar su futuro por sí mismos. Queríamos que vieran la Casa Blanca como un palacio de alegría que les infundiera una sensación de pertenencia y les telegrafiara un mensaje sencillo pero poderoso: «Aquí siempre encontraréis cariño».

Mi madre se niega a llevarse el mérito de nada de eso, por supuesto. Ella es la primera en asegurar —aún hoy— que no es nadie especial y que la cosa nunca ha ido con ella.

A finales de 2016, cerca de un mes antes de que un nuevo presidente jurara el cargo, mi madre hizo las maletas tan feliz. Su partida no se anunció a bombo y platillo y, por insistencia suya, no se celebró una fiesta de despedida. Simplemente se marchó de la Casa Blanca y regresó a Chicago, a su hogar en Euclid Avenue, a su antigua cama y sus viejas pertenencias, satisfecha por haber cumplido con su cometido.

TERCERA PARTE

Suponemos que lo que no vemos no puede ser.
Qué suposición tan destructiva.

OCTAVIA BUTLER[1]

Tras los sucesos del 6 de enero de 2021 en el Capitolio de Estados Unidos, los cuales me estremecieron hasta la médula, participar en el ritual democrático de la toma de posesión del presidente Joe Biden el 20 de enero fue una experiencia de afirmación.

CAPÍTULO 8

TODO LO QUE SOMOS

En ocasiones leo perfiles de mujeres de éxito y con elevados ingresos que aseguran ser capaces de hacerlo y tenerlo todo sin renunciar a nada. Suelen dar la impresión de que además lo consiguen sin apenas esfuerzo. Van bien vestidas y arregladas, y son excelentes directoras de sus respectivos imperios, lo que al parecer no impide que preparen la cena a sus hijos todas las noches, doblen toda la ropa que lavan en casa y aún les sobre tiempo para practicar yoga y desplazarse hasta los mercados de productos agrícolas los fines de semana. De vez en cuando dan pistas sobre cómo lo consiguen: trucos para gestionar el tiempo o consejos útiles relacionados con el rímel, el tipo de incienso que hay que quemar o los ingredientes del batido de acai. Nos ofrecen todo esto junto con una lista de cinco libros superliterarios que se acaban de leer.

Pues yo estoy aquí para decirte que la realidad es bastante más complicada. Por lo general, lo que vemos en esos perfiles es a una persona que está en lo más alto de una pirámide simbólica y que presenta una imagen elegante y equilibrada, propia de quien está al mando. Pero, para empezar, ese equilibrio es probablemente pasajero. En segundo lugar, si ocupa esa posición es solo gracias al esfuerzo colectivo de un equipo que suele estar formado por gestores, cuidadores infantiles, trabajadores del hogar, estilistas y otros profesionales que contribuyen con su trabajo y sus atenciones a la eficiencia de esa persona. Muchos, incluida yo misma, nos apoyamos en los discretos y a menudo no reconocidos esfuerzos de otras personas. Nadie alcanza el éxito por sí mismo. Creo que es importante que quienes contamos con ayuda entre bastidores nos aseguremos de mencionarla como parte de nuestra historia.

Aquellos que me conocen, también conocen a las personas de excepcional talento y buen humor que han formado parte de mi equipo durante años. Resuelven muchos problemas, controlan infinidad de detalles, y potencian mi eficiencia y operatividad. Cuando estaba en la Casa Blanca, conté con la colaboración de dos jóvenes llenas de energía —Kristen Jarvis durante el primer mandato y Kristin Jones en el segundo— que estuvieron a mi lado prácticamente en cada paso que daba en público, ayudándome a seguir adelante y a estar preparada para lo que requiriera el momento. Hoy en día, siguen siendo como hermanas mayores para Sasha y Malia.

Desde que nos marchamos de la Casa Blanca, he emprendido nuevos proyectos, desde escribir libros hasta ejercer como productora ejecutiva de televisión y colaborar en la dirección de la Obama Foundation, sin dejar de lado mi activismo en favor de causas como el derecho al voto, la educación de las niñas y la salud infantil. Nada de esto sucede sin el asesoramiento de Melissa Winter, que en 2007 dejó su empleo en Capitol Hill para echarme una mano en la campaña presidencial de Barak, luego ocupó el puesto de jefa de gabinete adjunta en el Ala Este y, quince años después, sigue conmigo como jefa de personal, dirigiendo mi oficina con mano experta y gestionando una amplia gama de responsabilidades relacionadas con todos los aspectos de mi vida profesional. Es difícil exagerar lo mucho que dependo de ella.

Durante los cinco primeros años tras nuestra salida de la Casa Blanca, tuve la suerte de contar con una asistente sumamente competente llamada Chynna Clayton, que se incorporó a mi equipo del Ala Este en 2015 y más tarde accedió a continuar a mi lado durante mi transición a una vida como ciudadana particular. Chynna hacía las veces de mi controladora aérea, coordinaba mi vida diaria, en cada momento. Cuando alguna amistad quería saber si estaba libre para ir a cenar a su casa el martes siguiente, por lo general yo le contestaba, riéndome, «Tendrás que preguntárselo a mi mamá»; que en este caso, claro está, era Chynna. Ella organizaba mi agenda.

Chynna guardaba mis tarjetas de crédito. Tenía el número de teléfono de mi madre. Hablaba con mis médicos, programaba mis viajes, colaboraba con los agentes del Servicio Secreto que me habían asignado y planeaba mis salidas con amigos. Se adaptaba a toda clase de ambientes y afrontaba los cambios sin inmutarse. En un día cualquiera yo podía pasar de mantener una conversación con un grupo de estudiantes en un colegio a grabar un programa de televisión o un pódcast. Podía reunirme con el dirigente de un país o el presidente de una organización benéfica y luego cenar con famosos de primera fila. Chynna lo organizaba todo.

Por la naturaleza de su trabajo, estábamos casi todo el día juntas. Íbamos juntas en el coche. Nos sentábamos juntas en el avión. En los hoteles, nos alojábamos en habitaciones contiguas. Los kilómetros que recorríamos nos unían cada vez más. Chynna lloró conmigo cuando perdimos a nuestro adorable y viejo perro Bo. Lo celebré con ella cuando se compró su primera casa. Chynna no solo se convirtió en una pieza fundamental en mi vida, sino también en una persona muy querida para mí.

Por eso me puse nerviosa cuando, cerca de un año después de irnos de la Casa Blanca, Chynna me pidió que mantuviéramos una reunión formal a solas. Considerando el tiempo que pasábamos juntas, era una petición extraña, y ella parecía inquieta en el momento de hacérmela, lo que a su vez me provocó ansiedad. Me imaginaba que aquello solo podía significar una cosa: iba a decirme que lo dejaba.

Cuando entró en mi despacho y se sentó, me preparé para recibir la noticia.

—¿Señora? —dijo. (Su costumbre de llamarme «señora» es un vestigio de la época en la Casa Blanca, una muestra de respeto que

varios miembros del personal veteranos insisten en mantener)—.
Hace unos días que quería comentarle algo...

—Adelante, soy toda oídos.

—Bueno, se trata de mi familia...

Observé que se removía en su asiento, incómoda.

—Entiendo —dije.

—Concretamente de mi padre.

—Continúa...

—Bueno, no se lo había mencionado, aunque seguramente debería haberlo hecho. Lo condenaron a prisión.

—Ay, Chynna —dije creyendo que se trataba de un hecho reciente. Conocía a su madre, Doris King, pero nunca había visto a su padre, y ella no me había hablado de él—. Debes de estar pasándolo fatal. Lo siento mucho. ¿Cuándo ha sido?

—Bueno, lo metieron preso cuando yo tenía tres años.

Me quedé callada un segundo mientras hacía cálculos en la cabeza.

—¿Me estás diciendo que lo encarcelaron hace veinticinco años?

—Sí, algo así. Salió cuando yo tenía trece. —Me escrutó con la mirada—. He pensado que debía usted saberlo, por si suponía un problema.

—¿Un problema? ¿Por qué habría de suponer un problema?

—No lo sé. Simplemente me preocupaba que lo fuera.

—A ver si me aclaro —dije—. ¿Llevas preocupada por esto desde que empezaste a trabajar conmigo?

Esbozó una leve sonrisa, como avergonzada.

—Un poquito, sí.

—¿Y por eso querías mantener esta reunión?

Chynna asintió.

—O sea, ¿que no piensas dimitir?

La mera idea pareció horrorizarla.

—¿Qué? Ni hablar.

Nos miramos unos segundos, creo que ambas enmudecidas por el alivio.

Luego estallé en carcajadas.

—Por poco me matas del susto, ¿sabes? Creía que te marchabas.

—No, señora, de eso nada. —Chynna también se sería—. Solo necesitaba compartir esa información con usted. Sentía que había llegado el momento.

Después nos quedamos un rato conversando, porque en realidad compartir «esa información» era muy importante.

Para Chynna, relatar esa parte de su historia fue una manera de quitarse un peso de encima, de soltar algo que había estado reteniendo durante mucho tiempo. Me explicó que durante toda su vida le había dado vergüenza contarle a la gente que su padre estuvo en la cárcel. Se lo había ocultado a sus profesores y amigos cuando era joven, pues no quería que la juzgaran o la encasillaran por la forma en que estaba estructurada su familia o por la situación que estaban atravesando. Cuando ingresó en la universidad y más tarde empezó a trabajar en la Casa Blanca, rodeada de lo que parecían personas de clase alta, sintió que lo que estaba en juego era cada vez más importante, que la brecha entre las circunstancias de su niñez y la posición a la que había llegado no hacía más que ensancharse. ¿Cómo le explicas a tu vecina de asiento en el Air Force One que de niña solo veías a tu padre durante las visitas a una prisión federal?

Para ella, omitir esa parte de su pasado se había convertido en una cuestión de hábito y de estrategia. Sin embargo, el esfuerzo que a veces le costaba soslayar el tema, evitar cualquier tipo de conversación que pudiera desviarse hacia su infancia, la había condicionado durante años a andar siempre en guardia y con cautela, a añadir una capa adicional a su coraza. Había estado viviendo en silencio, con miedo a que alguien la tildara de farsante. Cosa que, por supuesto, no era.

Aquel día, en mi despacho, intenté convencer por todos los medios a Chynna de que su historia no me suponía el menor problema;

ningún aspecto de ella. Al contrario, le agradecí que me la hubiese contado. En realidad, había acrecentado el respeto que le profesaba y me había ayudado a conocer mejor a aquella joven sumamente competente que estaba sentada frente a mí. El hecho de que hubiera conseguido capear la tensión derivada de tener a su padre preso durante toda su niñez ponía de manifiesto su resiliencia, su independencia, su capacidad de seguir adelante. Me ofrecía una visión de cómo había llegado a convertirse en una experta en la resolución de problemas y la logística, pues tuvo que aprender a pensar rápido y en múltiples niveles desde muy joven. Su inseguridad a la hora de abordar esa faceta de su vida explicaba por qué había sido una de las personas más reservadas de nuestro equipo. Tras su confesión, ya no veía solo una parte de alguien a quien respetaba, sino a toda ella..., o, por lo menos, una parte más grande. Lo que veía era que su historia constaba de muchos capítulos.

Sabía que Chynna había crecido en Miami, con una madre resuelta que la había criado sola y elegía el turno de noche para poder estar con su hija después de clase y animarla a aprovechar todas las oportunidades que se le presentaran. Yo había coincidido con Doris varias veces a lo largo de los años y era consciente de lo orgullosa que estaba de su hija. La trayectoria de Chynna, su carrera profesional, su inteligencia y su madurez constituían todo un triunfo. En parte, sus éxitos eran testimonio del tiempo y del esfuerzo que su madre había invertido en ella.

Por otro lado, yo sabía por experiencia propia que esta clase de apoyo a veces se traduce en una mayor presión, aunque esa no sea la intención de nuestros seres queridos. Cuando rompes moldes generacionales y eres la primera persona de tu familia en mudarte a otro barrio, ir a la universidad, comprar una casa o asentar los cimientos de cierta estabilidad, te acompañan el orgullo y las expectativas de todos los que te precedieron, de quienes te alentaron mientras emprendías el camino hacia la cima, convencidos de que la alcanzarías, aunque ellos no hubieran podido.

Estas esperanzas son algo maravilloso, pero a veces se convierten en una carga extra, algo valioso que no puedes tomarte a la ligera. Cuando te marchas de casa, sabes que llevas una bandeja repleta de ilusiones y sacrificios de otros. Haces malabarismos con la bandeja mientras andas sobre una cuerda floja, intentando abrirte paso en entornos académicos y profesionales donde te consideran diferente y nunca hay garantías de que te acepten.

En medio de todo ese esfuerzo y toda esa precariedad, sería comprensible que no te arriesgaras más compartiendo detalles de tu pasado. Sería comprensible tu reserva, tu prudencia, tu coraza de varias capas. En el fondo, no pretendes otra cosa que concentrarte, mantener el equilibrio y no caerte.

En la actualidad, Chynna asegura que aquella conversación entre nosotras desbloqueó algo en su interior, permitiéndole dejar atrás parte de ese miedo y librarse de la sensación de que era una impostora en su vida profesional. Dentro de la seguridad de nuestra intimidad, de la confianza que habíamos forjado con el tiempo, optó por abrir su cámara acorazada y sacar a la luz esa parte de sí misma, esa parte de su historia que siempre la había hecho sentirse vulnerable, un pedazo de su escollo.

Reconozco que, desde su punto de vista, compartir esa información representaba un riesgo, a pesar de que su relación conmigo era mucho más personal y estrecha que la que la mayoría de la gente tiene con su jefe. También reconozco que si Chynna hubiera trabajado en cualquier otra oficina, si hubiera llevado menos tiempo en el cargo o si hubiera estado más aislada como mujer o persona de color en nuestro equipo, el riesgo habría sido aún mayor. Lo que revelamos en entornos profesionales, lo que mostramos de nosotros mismos y el momento en que lo hacemos, no solo es una decisión personal, sino que tiene una complejidad intrínseca, pues suele ser una delicada cuestión de oportunidad, circunstancias y cuidada reflexión. Debemos tener siempre presente lo que está en juego y a quién le contamos nuestra verdad. No hay una regla de oro que pueda aplicarse en todos los casos.

Más adelante trataré en mayor profundidad la cuestión de cuándo y cómo podemos compartir nuestra intimidad de manera auténtica y eficaz, pero antes quiero explicar por qué considero importante que busquemos oportunidades para sentirnos más cómodos con nosotros mismos y nuestras historias, y, lo que es igual de importante, que creemos las condiciones para escuchar y aceptar las historias de los demás, ya sea en el trabajo, en nuestra vida personal o, en un mundo ideal, en los dos ámbitos.

A un nivel muy primario, asumir un riesgo calculado y sacar algo de la cámara acorazada puede resultar liberador, pues nos exime de la obligación de mantenerlo en secreto o de intentar compensar aquello que pueda diferenciarnos de las otras personas de nuestro entorno. A menudo, es señal de que empezamos a integrar esas partes de nosotros que habíamos rechazado en nuestro concepto más amplio de autoestima. Es una manera de descubrir nuestra luz propia, lo que con frecuencia ayuda a los demás a verla también. Para algunos, se trata de un proceso íntimo, llevado a cabo con el asesoramiento de un terapeuta y compartido solo en el seno de las relaciones más seguras. En ocasiones, el momento y las circunstancias adecuadas para abrirse a los demás tardan años en llegar. Muchos esperamos demasiado para intentar conocer o dar voz a nuestras propias historias. Lo esencial es encontrar formas de examinar lo que guardamos en nuestra cámara acorazada y meditar sobre si nos conviene o no mantenerlo oculto.

Chynna me dijo que, después de contarme más cosas sobre su infancia y de convencerse de que nada de eso iba a cambiar el concepto que tenía de ella, comenzó a sentirse más segura y cómoda al hablar de esta parte de su historia con otras personas de su vida, lo que a su vez redujo un poco sus temores y la animó a sentirse más segura y cómoda en general. Por otra parte, empezó a cobrar conciencia de la cantidad de energía que le había robado, incluso de modo inconsciente, su actitud reservada.

Había vivido durante años con miedo a que la juzgaran por algo que escapaba a su control, por no hablar de que es una circunstancia de lo más habitual en Estados Unidos. Cuando trabajaba en el enrarecido ambiente de la Casa Blanca, ella dio por sentado que el hecho de que su padre hubiera estado en la cárcel la convertía en una «única». Sin embargo, no era así. Según las estadísticas oficiales, en Estados Unidos, más de cinco millones de niños —es decir, cerca del 7 por ciento de los menores del país— han tenido en algún momento un progenitor en prisión provisional o cumpliendo pena de cárcel.[2] Sería lógico suponer que Chynna estaba menos sola de lo que creía. Pero nadie sacaba a colación el tema, por supuesto. ¿Por qué habrían de hacerlo? Tendemos a pensar que estamos más a salvo cuando guardamos nuestras vulnerabilidades bajo llave.

No obstante, a consecuencia de esto, muchos nos imaginamos que somos los «únicos» cuando tal vez no lo somos. Nuestras cámaras acorazadas pueden provocarnos sensación de soledad, aislarnos de los demás, exacerbar el dolor de la invisibilidad. Y eso es muy duro de sobrellevar. Todo lo que guardamos allí, fuera de la vista y custodiado por un miedo o una vergüenza instintivos, puede contribuir a que sintamos, en un nivel más general, que no encajamos o que no le importamos a nadie, que nuestra verdad nunca casará con la realidad del mundo en que vivimos. Al mantener en secreto nuestras vulnerabilidades, nunca se nos presenta la oportunidad de saber quién más está ahí fuera, quién más podría entender aquello que nos callamos o incluso a quién podríamos ayudar si lo sacáramos a la luz.

Cerca de un año después de aquella conversación, Chynna participó como invitada en un pódcast que yo presentaba en Spotify, en el que tocamos el tema de las relaciones entre mentores y discípulos. Durante la charla, ella comentó que había crecido con su padre en prisión, pero que había aprendido a desterrar la vergüenza que siempre acompañaba a esa parte de su historia, pues al final comprendió que se trataba de una experiencia que había contribuido a moldear a la persona de éxito en la que se había convertido.

Al dar una mayor visibilidad a su historia, Chynna no solo se ayudó a sí misma, sino también a otros. En cuanto publicamos el pódcast, nos llegó una avalancha de mensajes desde todos los rincones del país, un hermoso y brillante coro de voces a modo de respuesta. Le daban las gracias por sus palabras. Muchas personas —jóvenes, mayores, incluso algunos niños— decían que entendían muy bien los sentimientos que había descrito, pues ellos también se habían visto forzados a lidiar con la tensión de tener preso a un ser querido y buscar el modo de compartir esa información, de incorporarla a su propia historia.

El hecho de que Chynna no se hubiera mostrado avergonzada, sino, por el contrario, orgullosa y segura de sí misma, les parecía especialmente significativo. Esa parte de su historia también les pertenecía. En cierto sentido, los reivindicaba a todos al crear una esfera más amplia en la que podían sentirse visibles y saber que encajaban. La idea de que una niña que conocía la sala de visitas de una prisión federal hubiera conocido más tarde el interior de la Casa Blanca significaba mucho para ellos.

Cuando alguien decide desvelar lo que podría percibirse como una imperfección en su historia, una circunstancia o condición que suele considerarse una debilidad, con frecuencia lo que está desvelando es el código fuente de su firmeza y su fortaleza. Y, como hemos comprobado muchas veces a lo largo de nuestra historia, la fuerza de un espíritu resuelto puede convertirse en la fortaleza de muchos. Reflexioné sobre ello cuando tuve el privilegio de estar presente en el escenario de la toma de posesión el 20 de enero de 2021, mientras una joven escritora llamada Amanda Gorman se acercaba al micrófono con un abrigo de un amarillo alegre y electrizaba a millones de espectadores recitando un poema que estaba en perfecta sintonía con uno de los momentos más tensos y complicados de nuestra historia reciente.

Solo dos semanas antes, azuzada por el presidente saliente, una turba de unas dos mil personas había asaltado el Capitolio de Estados Unidos con la intención de evitar que el Congreso ratificara la victoria electoral de Biden. Rompieron ventanas, derribaron puertas a golpes, agredieron e hirieron a agentes de policía e irrumpieron por la fuerza en las cámaras del Senado, aterrorizando a los líderes de nuestro país y poniendo en peligro la propia democracia. Barack y yo, sobrecogidos, seguíamos en directo el desarrollo de los acontecimientos. Los sucesos de ese día me estremecieron hasta la médula. Yo era consciente de que en nuestro país las discrepancias políticas habían alcanzado un nivel tóxico, pero contemplar cómo esa retórica se traducía en una violencia desatada y brutal, cuyo fin era anular el resultado de unas elecciones, resultaba devastador. La imagen de un presidente americano animando a sus seguidores a sitiar a su propio gobierno fue tal vez lo más aterrador que había presenciado jamás.

Como ciudadanos, no siempre estamos de acuerdo con nuestros representantes. Sin embargo, como estadounidenses, siempre habíamos confiado en el bien superior de la democracia, un conjunto de ideales en los que hemos depositado nuestra fe. Como primera dama, tuve ocasión de conocer a decenas de funcionarios diligentes y atentos que habían dedicado su vida al servicio público, muchos de los cuales habían aportado su experiencia a lo largo de varios mandatos presidenciales, con independencia de qué partido estuviera en el poder. Me había encontrado una situación parecida en el gobierno estatal de Illinois durante la época en que Barack era legislador allí, así como en el Ayuntamiento de Chicago, cuando trabajaba en la oficina del alcalde. Los gobernantes iban y venían, ganaban o perdían elecciones, pero el gobierno en sí —una democracia participativa pacífica construida sobre la base de unas elecciones libres— se mantenía en su sitio, funcionando, como una rueda que giraba de forma lenta pero segura. No era un modelo perfecto, pero en eso consistía la esencia del pacto de nuestra unión, de nuestros Estados Unidos. Era lo que nos permitía ser y permanecer libres.

Aunque al final se restableció el orden y los líderes del Congreso corroboraron el resultado de las elecciones esa misma noche, los daños causados el 6 de enero fueron incalculables; era como si la psique del país se hubiera hecho pedazos. El dolor se palpaba en el aire y el trauma sufrido por muchas personas era muy real. La tensión no disminuía a medida que se acercaba el día de la investidura. El FBI envió un comunicado advirtiendo sobre posibles nuevos actos de violencia, lo que puso a los cincuenta estados en alerta. Para ser sincera, tenía miedo de lo que pudiera pasar.

No obstante, vi clara la posibilidad de elegir entre el miedo y la fe, no solo para quienes estaríamos en el escenario de la toma de posesión como testigos del juramento de un presidente electo, sino para la ciudadanía en general. ¿Qué actitud adoptaríamos? ¿Daríamos la cara por nuestra democracia, a pesar de la incertidumbre que acechaba entre las sombras? ¿Conseguiríamos mantener la calma y la entereza? Cuatro años antes, yo había participado en la misma ceremonia de investidura de un presidente cuya candidatura no había apoyado y en cuyo liderazgo no confiaba. No era algo que me hiciera ilusión, pero estuve presente de todos modos. Estaba allí por respeto al proceso democrático en su conjunto, para ayudar a reafirmar una creencia más elevada. Las ceremonias de investidura no eran más que eso, un ritual en el que se renovaba el compromiso de luchar por nuestros ideales, un llamamiento a adaptarnos a la realidad surgida de la voluntad del electorado y a seguir adelante.

Pero esta vez tenía la sensación de que nos jugábamos más que nunca. ¿Seríamos capaces de bloquear el ruido de fondo y recuperar la confianza?

Unas semanas antes, con la ayuda de mi estilista de hacía muchos años, Meredith Koop, para la ceremonia me decidí por un conjunto tan cómodo como práctico: un abrigo de lana color ciruela sobre un jersey de cuello alto y pantalones a juego, todo ello rematado con un cinturón dorado extragrande. Elegí unas botas de tacón cuadrado y guantes negros. Me puse una mascarilla —por supuesto— y opté por no llevar bolso. Ese día, Barack y yo, aun habiendo recibido muchas instrucciones de seguridad previas al acto, nos pusimos en marcha hacia el Capitolio con una confianza razonable en que no corríamos peligro. Como precaución, le indiqué a Chynna —que solía acompañarme y luego me esperaba en una sala VIP detrás del escenario— que se quedara en casa.

Tomé a Barack de la mano y avanzamos juntos por la plataforma construida para la ocasión, intentando encarnar la valentía que el momento parecía exigir. Cuando tomamos asiento, hice lo mismo que en las tres ceremonias de investidura consecutivas a las que había asistido antes: respiré hondo y canalicé la calma.

No exagero si digo que aquella mañana, en el National Mall, se respiraba todo a la vez: la tensión y la determinación, el profundo anhelo de cambio, el fantasma de la violencia que se había vivido en el Capitolio, las preocupaciones más generales sobre el futuro, el sol de un nuevo día. Todos estos elementos estaban allí, latentes y tácitos, contradictorios y un poco inquietantes. Nos habíamos reunido de nuevo en nombre de la historia. A través del proceso democrático, se nos había brindado una nueva oportunidad para relatar la historia de Estados Unidos, para que la rueda siguiera girando. Pero nadie la había expresado con la voz de la verdad.

Hasta que una mujer se puso en pie y nos regaló su poema.

La declamación de Amanda Gorman fue vibrante. Su voz era pura fuerza. Posee unas dotes de oratoria extraordinarias, sobre todo para una persona de veintidós años. Ese día utilizó sus palabras para infundir esperanza a un país abatido, de luto. «No os rindáis. Seguid trabajando», nos decía el poema.

He aquí un fragmento de la arenga final. Como ocurre con cualquier poesía, merece la pena leerla en voz alta:

> *Así pues, dejemos tras nosotros un país mejor*
> *que el que heredamos.*
> *Con cada aliento de nuestro golpeado*
> *pecho broncíneo*
> *transformaremos este mundo herido*
> *en otro extraordinario.*

¡Nos alzaremos desde las doradas colinas
  del Oeste!
¡Nos alzaremos desde el Noreste azotado
  por el viento, allí donde, por vez primera,
  nuestros antepasados hicieron la revolución!
¡Nos alzaremos desde las ciudades bañadas
  por lagos de los estados del Medio Oeste!
¡Nos alzaremos desde el agostado Sur!

Reconstruiremos, reconciliaremos y recuperaremos...[3]

El poema relataba la historia de nuestro país justo cuando más necesitábamos recobrar nuestra resiliencia. Con él, Amanda consiguió aplacar los nervios. Creo que influyó en el estado de ánimo de muchos de nosotros y, de forma casi milagrosa, disipó buena parte de nuestros temores, infundiéndonos no solo esperanza, sino también valor.

No supe hasta más tarde que Amanda Gorman había crecido con un trastorno del procesamiento auditivo y que había batallado buena parte de su vida con un defecto del habla que le dificultaba sobre todo pronunciar la letra erre. No logró decir bien su nombre hasta que tenía cerca de veinte años.

Recomiendo al lector que relea el fragmento del poema, a ser posible en su versión original, y se fije en la cantidad de erres que contiene. Estoy segura de que redoblará su admiración.

Cuando tuve ocasión de entrevistar a Gorman poco después de la toma de posesión, me explicó que con el tiempo había llegado a ver su trastorno del habla menos como una discapacidad y más como algo de lo que se alegraba. Los desafíos que había afrontado a lo largo de los años para pronunciar determinadas palabras sin duda habían sido difíciles, pero también la habían llevado a profundizar en la práctica de explorar y experimentar con el sonido y el lenguaje, primero de niña, luego de adolescente y por último como intrépida joven poeta. El empeño que había tenido que poner en superar aquel defecto la había impulsado a descubrir nuevas capacidades en sí misma.

«Durante mucho tiempo, lo vi como una debilidad —me dijo—. Ahora lo veo como una ventaja».[4] Había convertido algo que parecía una vulnerabilidad en un activo único, algo potente y útil. El trastorno que había acarreado durante toda su vida, aquello que la diferenciaba de los demás niños del colegio, lo que la mayoría consideraría un impedimento, también le había permitido llegar a ser quien era.

En su imponente intervención durante la ceremonia de toma de posesión, lo que habíamos presenciado era a una joven mujer que alcanzaba una cima. Sin embargo, aquello solo había sido un día más en su vida, una parte de su historia, y ella quería asegurarse de que la gente entendiera mejor cómo era la colina que había ascendido. Aprovechando el altavoz que le estaban proporcionando las loas a su deslumbrante talento, Gorman hizo un esfuerzo por recalcar que su éxito no había sido instantáneo y que por el camino había contado con el apoyo de muchas personas: parientes, logopedas, profesores. «Quiero destacar que esto ha llevado toda una vida, y se ha necesitado todo un pueblo», me explicó. Su victoria más visible no llegó hasta después de años de pequeños reveses y paulatinos avances. Con cada erre que lograba dominar, daba otro paso adelante. Y con cada nuevo paso, se familiarizaba un poco más con su propio poder y sus recursos. A base de pronunciar había marcado el camino de su seguridad y, mediante ese trabajo, había encontrado el código fuente de su fortaleza.

Una vez conocida, sabía cómo ponerla a su servicio. Era suya y podía conservarla y utilizarla siempre que quisiera. Y quedaban muchas cumbres por escalar.

«Especialmente en el caso de las chicas de color, se nos trata como un relámpago, como flor de un día, como algo efímero —dijo—. Una tiene que aferrarse a la creencia de que su esencia y su objetivo van más allá del momento presente. Estoy aprendiendo que no soy un relámpago que cae solo una vez, soy el ciclón que llega todos los años sin excepción, y cuenta con que volverás a verme pronto».

Muchas personas de éxito que conozco han aprendido a sacar provecho de sus impedimentos de esta manera. Los utilizan como campo de entrenamiento. Eso no significa necesariamente que las personas más exitosas de nuestro alrededor hayan superado de algún modo todos los obstáculos, o que vayan por la vida viendo arcoíris y unicornios donde otras ven sistemas de opresión o muros que son demasiado altos para saltarlos. A menudo significa tan solo que han hecho lo que el poema de Gorman nos instaba a todos a hacer: «No os rindáis. Seguid trabajando».

Allá donde mire, veo a personas inteligentes y creativas que se abren camino paso a paso hasta alcanzar un mayor poder y una mayor visibilidad, y en muchos casos lo hacen descubriendo cómo aprovechar, en lugar de ocultar, aquello que las distingue. Cuando hacemos eso, empezamos a reconocer todas las contradicciones e influencias que nos vuelven únicos. Normalizamos la diferencia; revelamos más del gran mosaico humano; contribuimos a que todas las historias personales sean un poco más aceptables.

Una de mis humoristas favoritas es Ali Wong, una mujer sin pelos en la lengua con un talento enorme. Me llamó la atención por primera vez en 2016, cuando estrenó en Netflix un monólogo titulado *Baby Cobra*. En él, se contonea por el escenario embarazada de siete meses, luciendo un vestido corto y ceñido y gafas de pasta roja, estupenda y desafiantemente femenina, mientras ofrece su monólogo descarnado y sin tapujos sobre el sexo, la raza, la fertilidad y la maternidad. Se las arregla para ser mordaz, sexy y auténtica a la vez, y lo hace guiada, obstaculizada y al mismo tiempo absolutamente inalterada por la circunferencia de su barriga. Nos muestra todo su ser, y el efecto es fascinante.

Un periodista de *The New Yorker* le preguntó una vez a Wong qué le decía a las cómicas más jóvenes que quisieran conocer el secreto para triunfar en el mundo de la comedia, donde, como mujer asiática americana y madre de niños pequeños, ella representaba una profunda minoría. Wong respondió que, para ella, la clave era no ver ninguna de esas cosas como obstáculos. «Hay que cambiar la perspectiva y pensar: "Oye, un momento, ¡soy una mujer! Y la mayoría de los monologuistas son hombres" —dijo—. ¿Sabes lo que no pueden hacer los humoristas varones? Quedarse embarazados. No pueden actuar embarazados. Así que mi actitud es aprovechar todas esas diferencias».[5]

Nuestras diferencias son tesoros y también son herramientas. Son útiles, válidas y respetables, y es bueno compartirlas. Al reconocer esto, no solo en nosotros mismos, sino también en las personas que nos rodean, empezamos a reescribir más y más historias sobre lo que realmente importa. Empezamos a cambiar los paradigmas acerca de quién encaja y creamos más espacio para más personas. Paso a paso, podemos reducir la soledad de la no pertenencia.

El reto consiste en cambiar nuestra perspectiva y celebrar el valor de la diferencia en nosotros mismos y en los demás, viéndola como un motivo para dar un paso adelante en lugar de retroceder, para levantarse en lugar de sentarse, para decir más en lugar de menos. No es un trabajo sencillo; a menudo requiere valentía y nunca está garantizada una buena acogida. Sin embargo, cada vez que alguien lo consigue y llega al otro lado de esa cuerda floja, vemos que, a resultas de ello, más perspectivas empiezan a cambiar. Es importante que una humorista asiática americana embarazada haga reír a millones de personas. Importa que una mujer negra de veintidós años se levante y recomponga casi ella sola el estado de ánimo de una nación. Importa que alguien que es musulmán sea director general de una empresa o una persona trans sea elegida delegada de su clase. Importa que nos sintamos lo bastante seguros para mostrarnos sin vergüenza y encontremos maneras de hablar sin tapujos de las experiencias que nos han convertido en las personas que somos. Y, como hemos visto en los últimos años, importa cuando tenemos la oportunidad de reafirmar una voz valiente y reducir el aislamiento de otra persona con un par de palabras tan sencillas como *Me too*, «Yo también».

Todas esas historias amplían el panorama de lo posible, y además agudizan nuestra comprensión de las partes constituyentes del ser humano. Gracias a ellas, de pronto hay más cosas que ver. El mundo en el que vivimos empieza a parecer más grande y nítido, un reflejo más fidedigno del lugar grande y nítido que en verdad es.

«No os rindáis. Seguid trabajando». Es un mantra valioso, pero no puedo continuar sin abordar también la desigualdad que encierra este mensaje. El trabajo de la visibilidad es difícil y no se distribuye de forma equitativa. A decir verdad, no tiene nada de justo. Resulta que conozco bien el peso de la representación y el doble rasero que hace que las colinas que tantos de nosotros intentamos ascender se vuelvan más empinadas. Sigue siendo tristemente cierto que en esta vida pedimos demasiado a quienes están marginados y demasiado poco a quienes no lo están.

Así que ten esto en cuenta cuando te hable de los obstáculos como elementos básicos y de las vulnerabilidades como puntos fuertes. No hablo a la ligera; nada de eso me parece sencillo.

Mi propia experiencia me ha mostrado que los riesgos son reales y que el trabajo no termina nunca. Y no solo eso: muchos ya hemos llegado a un punto en el que nos sentimos cansados, recelosos, asustados o tristes. Como ya he dicho, los obstáculos a los que te enfrentas a menudo están colocados adrede; son minas terrestres escondidas en el interior de unos sistemas y unas estructuras cuyo poder se basa en que algunas personas encajan, pero no todas. Esto puede parecer muy difícil de superar, sobre todo si crees que estás haciendo el trabajo tú solo. Una vez más, te recuerdo el poder de las pequeñas acciones, de los pequeños gestos, de las maneras sencillas que te ayudan a recomponerte y recuperarte. No todo el mundo será un león o un ciclón, pero eso no significa que tu trabajo no cuente. O que tu historia no deba ser contada.

La pura y llana verdad es que, para muchos de nosotros, habrá desengaños. Puedes dejarte la piel para alcanzar una posición de visibilidad y poder relativo en este mundo y aun así sentir que se te cae el alma a los pies con lo que te encuentras a la llegada. Puedes escalar hasta la cumbre que deseas coronar, sea cual sea —un empleo, un centro de enseñanza, una oportunidad—, cargando noblemente con las esperanzas y las expectativas de tus seres queridos, rechazando los mensajes de vergüenza y otredad como un superhéroe, sin aflojar el paso. Y cuando por fin termina el ascenso y llegas, agotado y sudoroso, a esa cima con esas vistas preciosas con las que llevas tanto tiempo soñando, hay algo que verás casi con toda seguridad: un autobús turístico de lujo con aire acondicionado y un grupo de personas que, sin haberse esforzado lo más mínimo, porque las han llevado directas a la cumbre por carretera, ya han extendido sus mantas de pícnic y llevan un rato de fiesta.

Es una sensación que desmoraliza. La he visto y la he sentido en mis carnes.

Habrá momentos —quizá muchos— en los que tendrás que respirar hondo y volver a estabilizarte. Es posible que mires a tu alrededor y tengas que recordarte que, en realidad, eres más fuerte y estás más en forma por haber consumado el ascenso, por haber llevado ese peso a la espalda. Puedes decirte a ti mismo que el terreno escabroso que has tenido que escalar te ha vuelto más ágil, y tal vez te sientas mejor por esa agilidad.

Aunque eso no lo convierte en más justo.

Sin embargo, cuando haces el trabajo, eres dueño de tus habilidades. No las puedes perder ni te las pueden arrebatar. Son tuyas para siempre y puedes usarlas cuando las necesites. Eso es lo que espero que recuerdes por encima de todo.

Existe una última ironía y es la siguiente: por mucho que te esfuerces y por muy lejos que llegues, siempre habrá gente que te acuse de tomar atajos o de ser indigno de ese lugar en la cumbre. Tendrán un arsenal de expresiones —«discriminación positiva», «becado», «cuota de género» o «plaza de inclusión»— y las utilizarán como armas despectivas. El mensaje ya resulta muy familiar a esas alturas: «No considero que tengas derecho a lo que tienes».

Lo único que te puedo decir es que no escuches. No dejes entrar ese veneno.

He aquí otra historia para que la tengas en cuenta. Hace unos veinte años, los ejecutivos de la NBC decidieron adaptar para la televisión estadounidense una popular comedia británica. La cadena contrató a un grupo de ocho guionistas para que se pusieran manos a la obra. El equipo solo incluía a dos personas de color, una de las cuales, quizá por casualidad, además era la única mujer. Tenía veinticuatro años, era su primer trabajo de guionista en televisión y estaba muerta de miedo. No solo era minoría por partida doble, sino que se la veía con una capa adicional de timidez porque la habían contratado al amparo de un programa de diversidad de la NBC que era relativamente nuevo. La preocupaba que, al haber sido fichada para cumplir con la cuota, en vez de tener en cuenta su talento la consideraran como alguien cuya presencia tenía como único fin marcar una determinada casilla.

«Durante mucho tiempo, me sentí avergonzada por eso —le explicó la guionista más tarde a un entrevistador—. Nadie me dijo nada al respecto, pero todos lo sabían. Y yo era muy consciente de ello».[6] Lo comparó con llevar una letra escarlata, algo que la señalaba.[7]

Se llamaba Mindy Kaling. La serie era *The Office*. Acabó participando durante ocho temporadas como una de las estrellas. También escribió veintidós episodios, más que cualquier otro guionista del programa, y se convirtió en la primera mujer de color nominada a un Emmy como guionista de comedia.

En la actualidad, Kaling habla a menudo y con orgullo sobre haber sido contratada para cubrir la cuota de diversidad, y considera que es una parte significativa de su historia y que es importante que otros sepan lo que hizo falta para llegar adonde ha llegado profesionalmente. No es algo que esconder bajo llave. Ella fue capaz de dejar a un lado sus complejos y desprenderse de las dudas, dice, una vez que empezó a comprender las ventajas de las que habían gozado sus compañeros desde el principio: los contactos derivados de la familiaridad y el privilegio de ser blancos y varones dentro de un sistema construido y mantenido en buena medida por otros iguales que ellos. Dice Kaling: «Tardé un tiempo en comprender que, sencillamente, me estaban proporcionando el mismo acceso que otras personas tenían gracias a la gente a la que conocían».[8]

Podría haber dado un paso atrás, pero en lugar de eso dio un paso adelante. Soportó la incomodidad de ser «la única», se volcó en el trabajo y, a través de él, consiguió crear más espacio para las que han llegado después de ella; hizo sitio para más narradoras y más historias. Escribió literalmente su visibilidad. Desde entonces, ni que decir tiene, Kaling se ha convertido en una figura destacada en su ámbito, y ha creado, producido, guionizado y protagonizado numerosos éxitos tanto en televisión como en el cine, casi todos con historias de mujeres de color. Con su trabajo, ha ampliado el espacio donde la gente puede sentir que encaja.

Cuando compartimos nuestras historias de manera plena y sincera, a menudo descubrimos que estamos menos solos y más conectados de lo que jamás hubiésemos creído. Creamos nuevas plataformas entre nosotros. Es algo que he sentido en diversos momentos de mi vida de manera muy profunda, como en los meses posteriores a la publicación de *Mi historia*, que fueron una lección de humildad. Me asombró la cantidad de personas que acudían a mis actos, deseosas de conectar por lo que teníamos en común. Me contaban sus historias, me mostraban su corazón. Sabían lo que era tener un progenitor con esclerosis múltiple; habían sufrido abortos espontáneos; el cáncer les había robado amigos. Sabían lo que era enamorarse de alguien que da un giro brusco e imprevisible a tu vida.

«El lenguaje es un lugar para encontrarse, no para esconderse»,[9] ha observado la escritora Jeanette Winterson, y es algo que en mi caso se ha demostrado cierto. Al abrir mi cámara acorazada y arrojar algo de luz sobre los momentos en los que me había sentido más vulnerable o perdida, terminé descubriendo más lazos comunitarios que nunca. Sí, a esas alturas ya era «conocida», pero aquello fue diferente. Las líneas más generales de mi historia ya se habían contado en multitud de ocasiones —por mi parte y por la de otros— y, aun así, con el espacio y la energía necesarios para escribir un libro y, por primera vez en décadas, desvinculada del mundo político que habitaba mi marido, me descubrí incluyendo las partes que antes había obviado, los sentimientos y las experiencias que eran más personales, menos susceptibles de aparecer en la Wikipedia o en el perfil de una revista. Con el libro abrí mi corazón y me expuse como nunca, y me sorprendió descubrir la rapidez con la que otros bajaban igualmente la guardia a modo de respuesta.

Casi nada de lo que los lectores ardían en deseos de hablar conmigo tenía que ver con el color de nuestra piel o el partido político al que pertenecíamos. Nuestros puntos en común parecían ir más allá de esas cosas —empequeñeciéndolas, casi—, a pesar de que el territorio que explorábamos no era especialmente exaltado o glamuroso. En las presentaciones del libro, nadie me abordaba desesperado por hablar del vestido que había llevado en una gala, de mi última conversación con un senador o de alguien que visitó la Casa Blanca. Tampoco nadie parecía interesado por mis logros profesionales.

En lugar de eso, conectábamos por cosas como que muchos habíamos insistido de niños en seguir una dieta casi exclusiva de manteca de cacahuete, o que habíamos luchado para encontrar la carrera profesional adecuada ya de adultos, o que habíamos necesitado dos intentos para aprobar el examen de conducir, o que habíamos tenido un perro imposible de domesticar o que nos sacaba de nuestras casillas que nuestro cónyuge siempre llegara tarde. Descubrí que era la rutina del ser humano la que tendía plataformas entre nosotros, la que ponía por delante aquello que nos hacía iguales y no lo que nos diferenciaba. Ni siquiera puedo describir la frecuencia con la que, en ciudades de todo el país, me abordaron mujeres que me cogían las manos con fuerza, me miraban a los ojos y me decían: «¿Sabes cuando dices que te comías un bol de Chipotle dentro del coche, en el aparcamiento de un centro comercial durante la pausa para el almuerzo, y que ese era tu «tiempo para ti»? Conozco bien esa sensación. Mi vida también es así».

Cada pequeño punto de contacto entre nosotros me permitía vislumbrar una clase de comprensión que iba más allá de las vivencias que compartíamos. Porque la verdad es que, con todo lo que tenemos en común, también hay muchas cosas que no. Somos diferentes. Del mismo modo que tú no puedes conocer realmente los recovecos más íntimos de mi vida o mis sentimientos, yo no puedo entender los tuyos. Nunca podré ponerme del todo en la piel de alguien de Tucson, Vietnam o Siria. No sabré con exactitud qué se siente cuando esperas un despliegue militar o lo que es plantar sorgo en Iowa, pilotar un avión o luchar contra una adicción. Tengo mis experiencias de ser negra y mujer, pero eso no significa que sepa por lo que ha pasado el cuerpo negro y femenino de otra persona.

Lo único que puedo hacer es acercarme a tu singularidad, sentirme conectada por las pequeñas coincidencias entre nosotros. Así funciona la empatía. Así es como la diferencia empieza a convertirse en unión. La empatía llena los huecos que nos separan, aunque nunca los cierra del todo. Nos vemos arrastrados a las vidas de los demás en virtud de lo que se sienten seguros y capaces de mostrarnos, y de la generosidad con la que somos capaces de encontrarnos con ellos. Pieza a pieza, persona a persona, empezamos a aprehender el mundo de forma más completa.

Creo que lo máximo que podemos hacer, en realidad, es cruzar una parte del puente que lleva a otra persona, y aún eso hay que saber agradecerlo con humildad. Es algo en lo que pensaba cuando me tumbaba junto a Sasha y Malia a la hora de acostarse. Las miraba adormecerse, con los labios separados y la curva del pequeño torso subiendo y bajando debajo de las sábanas, y me asaltaba la certeza de que, por mucho que me esforzara, jamás conocería ni la mitad de sus pensamientos. Estamos solos, todos y cada uno de nosotros. Ese es el dolor del ser humano.

Lo que nos debemos unos a otros es la posibilidad de construir las plataformas que podamos entre nosotros, aunque estén hechas de manteca de cacahuete y boles de Chipotle y solo nos lleven hasta la mitad del camino. Esto no es un argumento para ir contando todos nuestros secretos de manera indiscreta. Tampoco significa que haya que hacer algo notorio y público como escribir un libro o salir en un pódcast. No es preciso desvelar todas y cada una de las angustias privadas que llevamos dentro o las opiniones que tenemos en la cabeza. A lo mejor, durante un rato, basta con escuchar. A lo mejor te conviertes en un recipiente seguro para las historias ajenas, practicando lo que se siente al recibir la verdad de otra persona con amabilidad, recordando proteger la dignidad de quienes son lo bastante valientes para compartirla con sinceridad. Sé digno de confianza y tierno con tus conocidos y sus historias. Guarda las confidencias, resístete al chismorreo. Lee libros de personas cuya perspectiva sea diferente a la tuya, escucha voces que no hayas oído antes, busca narraciones que sean nuevas para ti. En ellos y con ellos quizá acabes encontrando más espacio para ti mismo.

No hay manera de eliminar el dolor del ser humano, pero sí creo que podemos rebajarlo. Es algo que empieza cuando nos retamos a tener menos miedo de compartir, a estar más dispuestos a escuchar: cuando tu historia, en su totalidad, se suma a la totalidad de la mía. «Veo un poco de ti. Ves un poco de mí». No podemos saberlo todo, pero estamos mejor si nos tenemos confianza.

Cada vez que nos damos la mano con otra alma y reconocemos algún fragmento de la historia que intenta contar, reconocemos y afirmamos dos verdades a la vez: estamos solos y, sin embargo, no estamos solos.

La Convención Nacional Demócrata de 2008 en Denver.

CAPÍTULO 9

LA CORAZA QUE LLEVAMOS

Cada vez que pronuncio un discurso importante, intento aprenderme el texto de memoria mucho antes de subir al estrado. Ensayo, me preparo con semanas de antelación y procuro dejar lo menos posible al azar. La primera vez que hablé en directo por televisión para un gran público fue en 2008, cuando intervine en horario de máxima audiencia en la Convención Nacional Demócrata que se celebraba en el Centro Pepsi de Denver. Fue apenas unos meses antes de las elecciones, cuando Barack y yo todavía nos estábamos dando a conocer al público, y el acto estuvo marcado por un pequeño desastre.

Habían elegido a mi hermano Craig para que me diera paso esa noche. Me dedicó una presentación encantadora, que remató pidiendo a todos los presentes que lo ayudaran a dar la bienvenida al escenario a «mi hermana pequeña y próxima primera dama de nuestra nación, ¡Michelle Obama!».

El público prorrumpió en aplausos cuando me vio salir. Me crucé con Craig a medio camino del atril y le di un abrazo. Notaba un hormigueo de nervios pero sabía que mi hermano estaba allí para calmarme con un último mensaje de apoyo. Mientras me envolvía en sus brazos, noté que me estrechaba un poco más de lo esperado y me pegaba los labios a la oreja para que pudiera oírle por encima de la música festiva y el rugido de los más de veinte mil asistentes. Esperaba que me insuflara ánimos con un «¡Tú puedes!» o un «¡Estoy orgulloso de ti, hermanita!», pero en lugar de eso inclinó la cabeza y dijo:

—El teleprónter izquierdo está MUERTO.

Al separarnos, Craig y yo nos dedicamos sendas sonrisas exageradas, de esas de «todo va bien, estamos en directo en la televisión», antes de seguir cada uno su camino. A mí la cabeza me iba a mil, porque todavía estaba intentando procesar lo que me había dicho. Me dirigí hacia el atril saludando al público con la mano, sintiendo que apenas estaba dentro de mi cuerpo, sin dejar de pensar: «¿Qué me acaba de decir?».

Ocupé mi sitio delante del micro e hice un esfuerzo por serenarme, aprovechando el prolongado aplauso para situarme. Eché un vistazo a la izquierda y resolví el misterio en tiempo real.

Uno de los dos teleprónteres se había quedado fuera de juego por algún problema técnico. Eso significaba que, cuando mirase hacia el lado izquierdo del pabellón, no podría leer el texto de mi discurso proyectado en la pantalla de cristal, que estaba colocada allí precisamente para ayudarme a mantener el ritmo y no perderme. La pantalla estaba en negro. Allí estaba yo, plantada ante las cámaras de televisión, sabiendo que debía hablar durante dieciséis minutos seguidos. No había manera de detener el espectáculo ni de pedir ayuda. Durante un segundo, me sentí muy sola, y también muy muy expuesta.

Seguí sonriendo y saludando con la mano, ganando tiempo en un intento de calmar los nervios. El público ya estaba en pie y seguía lanzando vítores para animarme. Eché un vistazo rápido hacia el otro lado para confirmar que por lo menos el teleprónter derecho funcionaba. «Vale, algo es algo», me dije.

También recordé que había otra herramienta, algo conocido como el «monitor de confianza», una pantalla digital enorme montada en el centro del estadio, un poco por encima del público, pero justo por debajo de la hilera de cámaras de las cadenas de noticias que filmaban hasta el último segundo de la convención. Al igual que el teleprónter, por el monitor de confianza irían desfilando las palabras de mi discurso en letras grandes, lo que me permitiría mirar directamente a cámara sin perder el hilo. Habíamos hecho un ensayo aquel mismo día en el gigantesco estadio vacío, y todo había funcionado a la perfección.

Consciente de que había llegado el momento de hablar, miré al frente y busqué la tranquilizadora presencia del monitor de confianza en el centro del recinto.

Entonces caí en la cuenta de que teníamos otro problema.

De cara a mi discurso, el Partido Demócrata había distribuido millares de preciosos carteles blanquiazules en los que ponía MICHELLE. A ojo se diría que, en esos momentos, una de cada tres personas del público agitaba uno con brío por encima de su cabeza. Para evitar quizá que alguien se llevara un golpe en la cara, los habían diseñado en vertical. Eran alargados y medían más de un metro de alto: rectángulos estrechos con un listón enganchado.

Lo que al parecer nadie había previsto era que, cuando la gente se levantaba del asiento y enarbolaba los carteles para mostrar su apoyo, todas aquellas pancartas formaban una valla enorme y ondulante, tan alta y tupida que ocultaba la mayor parte de las palabras que mostraba el monitor de confianza. Yo no veía casi nada.

Una de las grandes lecciones que me ha enseñado la vida es que adaptarme y estar preparada, aunque resulte paradójico, van de la mano. En mi caso, la preparación forma parte de la coraza que llevo. Planifico, ensayo y hago los deberes por adelantado siempre que se avecina algo que se parezca, aunque sea remotamente, a una prueba. Eso me sirve para desenvolverme con más calma en circunstancias de estrés, sabedora de que las más de las veces, con independencia de lo que pase, encontraré una manera de salir adelante. Ser organizada y estar preparada me ayuda a sentir el suelo más firme bajo los pies.

Como escribí en *Mi historia*, Craig solía someter a nuestra familia a estrictos simulacros de incendios, programados a intervalos regulares, porque quería asegurarse de que los cuatro conocíamos todas las salidas de nuestro pequeño apartamento. Debíamos ensayar cómo abrir las ventanas, tener localizados los extintores y, por si se diera el caso, transportar el cuerpo frágil de nuestro padre escaleras abajo. En su momento todo aquello nos parecía un tanto exagerado, pero ahora entiendo por qué importaba. Craig, como ya he comentado, era un sufridor nato, y aquella era su manera de convertir sus preocupaciones en algo más concreto y manejable. Nos hacía más agiles como familia, nos mostraba todas las vías de escape, todas las maneras posibles de sobrevivir a un momento difícil. Quería que conociéramos todas nuestras opciones y, más allá de eso, que practicáramos el uso de todas las herramientas a nuestra disposición por si nos golpeaba el desastre. No he olvidado aquella lección. La preparación se convierte en un dique contra el pánico. Y el pánico es lo que conduce al desastre.

Aquella noche en Denver me apoyé en lo único con lo que sabía que podía contar con absoluta certeza, algo en lo que me apoyaría muchas veces en los ocho años que estaban por venir: mi propia previsión. Tras semanas de cuidadosa, y algo agobiada, preparación, había logrado acorazarme contra el pánico. Había memorizado y ensayado hasta la última palabra de aquel discurso. Me lo sabía al dedillo. Había dedicado muchas horas a escribirlo, corregirlo y recitarlo hasta conseguir que una línea diese paso a la siguiente con fluidez y la cadencia me saliera de forma sencilla y natural, como un verdadero reflejo de mis sentimientos. En aquel momento de vulnerabilidad y exposición, tenía un último recurso protector: había hecho el simulacro de incendios. Podía dejar de angustiarme por aquello que estaba averiado y oculto a mis ojos y confiar en lo que llevaba en la cabeza y también en el corazón. Resultó que disponía de lo que necesitaba, aunque tuviera los nervios a flor de piel y a decenas de miles de personas mirándome, aunque hubiera un teleprónter roto y un monitor de confianza tapado por una marea de carteles. Hablé durante los dieciséis minutos siguientes sin saltarme una sola palabra.

Desde que era pequeña, me ha gustado la sensación de logro, superar desafíos a base de empuje e imponerme al miedo dándome charlas motivadoras a mí misma. Quería que mi vida fuera extraordinaria, aunque no tuviese ni idea de qué era eso exactamente ni de cómo podía abordar ese objetivo una cría del South Side de Chicago. Solo sabía que quería apuntar alto. Quería ser excelente.

Como a tantos niños, me fascinaban las historias de pioneros y exploradores, de gente que superó obstáculos y derribó barreras; cualquiera que hubiese puesto a prueba los límites o desplazado los márgenes de lo que se consideraba posible. Saqué de la biblioteca libros que contaban la historia de Amelia Earhart, Wilma Rudolph y Rosa Parks. Adoraba el personaje de Pippi Calzaslargas, la niña sueca pelirroja que navegaba por los siete mares con un mono de mascota y una maleta llena de monedas de oro.

Por la noche me dormía con alguna de esas travesías en la cabeza. Quería ser una ampliadora de límites y una desplazadora de márgenes, pero tampoco era una ilusa. Incluso de pequeña era consciente del contrarrelato que existía para las niñas como yo. Ya notaba la presión de las bajas expectativas, esa sensación omnipresente de que, como niña negra de una comunidad de clase trabajadora, no se esperaba de mí que destacara mucho ni llegase demasiado lejos.

Aquella sensación flotaba no solo en mi escuela, sino en mi ciudad y en todo mi país. Es algo extraño pero real, y también, creo, increíblemente habitual: saber a esa edad que eres inteligente y capaz de alcanzar la excelencia en muchos ámbitos, pero a la vez reconocer que casi todo el mundo tiene una visión de ti muy distinta. Es un punto de partida difícil, que puede generar desesperación y exige estar alerta. Ya en el primer curso, mi escuela colocaba a los alumnos en «pistas de aprendizaje», para lo que seleccionaba a un puñado de niños de alto rendimiento para dirigirlos hacia niveles superiores de enseñanza, mientras dejaba atrás al resto de estudiantes, a los que se asignaba un lugar inferior dentro del sistema y, por tanto, se invertía menos en ellos. Quizá fuéramos demasiado jóvenes para articular lo que ocurría a nuestro alrededor, pero creo que muchos lo percibíamos. Éramos conscientes de que, si cometíamos un error, dábamos un paso en falso o vivíamos en casa una crisis desestabilizadora, podíamos vernos relegados, de inmediato y de manera permanente, al grupo de los que recibían menos.

Cuando eres un niño en este tipo de entorno, puedes percibir de forma palpable que tus oportunidades son escasas y que desaparecen enseguida. El éxito es como un bote salvavidas al que hay que saltar. La lucha por la excelencia es un intento de no ahogarse.

La buena noticia es que, cuando eres joven, la ambición puede ser muy atractiva y pura: una convicción latente de que, pese a todo, eres imparable, de que tienes lo que hay que tener. Esa combinación de sueño y empeño es algo que llevas dentro, encendido como una llama. Es lo que Tiffany, la adolescente sobre la que he escrito antes, quería expresar cuando afirmó: «Quiero conquistar el mundo como Beyoncé, pero más a lo grande».

En un momento dado, sin embargo, es inevitable que la vida complique cualquier sueño, ya sea el de abrirse paso en determinado ámbito profesional, actuar en un gran escenario o efectuar un cambio social significativo. Los límites aparecen enseguida; brotan los obstáculos; surgen detractores; la injusticia bloquea el camino. A menudo se imponen las consideraciones prácticas: el dinero escasea, el tiempo apremia. Cada vez son más las concesiones que se hacen, y a menudo son claramente necesarias. Basta preguntarle a cualquiera que haya llegado aunque sea a la mitad del camino que quiere recorrer. Llegar hasta allí, en algún momento, por necesidad, habrá empezado a vivirse como una lucha.

Es ahí cuando la agilidad resulta crucial. Tienes que jugar al ataque y a la defensa al mismo tiempo, avanzar con ímpetu a la vez que te repliegas para proteger tus recursos; dirigirte hacia tus objetivos sin agotar tus fuerzas. La cosa puede complicarse enseguida; también tendrás que blindarte. He descubierto que si quieres romper barreras y derribar muros tendrás que localizar y proteger tus propios límites, vigilando tu tiempo, tu energía, tu salud y tu espíritu a medida que avanzas. Resulta que el mundo está lleno de líneas y límites; cruzarlos es, en algunos casos, complicado, y en otros, necesario; otras veces lo mejor es no cruzarlos. Muchas personas nos pasamos la vida intentando discernir cuáles se pueden sortear y cuáles no.

La cuestión es que nadie sobrevive al viaje del héroe sin defenderse. Si quieres tener una vida extraordinaria, el desafío consiste en encontrar maneras de proteger tus sueños y tu motivación, en mantenerte firme sin llegar a desconfiar de todos, en conservar la agilidad y la disposición a crecer, permitiendo que los demás te vean tal y como eres. La clave es aprender a resguardar tu llama sin esconder su luz.

Hace un par de años conocí a una joven brillante y locuaz llamada Tyne. Trabajaba en el mundo editorial y había acudido a nuestras oficinas de Washington con un grupo de colegas para hablar de mis ideas para este nuevo libro.

Durante aquel encuentro, Tyne mencionó algo que le había llamado la atención después de leer *Mi historia*. Se trataba de una breve anécdota en la que describía cómo, durante mi primera visita a Inglaterra como primera dama, mientras asistía a una recepción en el palacio de Buckingham, sentí un punto de conexión y afecto durante una conversación con la reina de Inglaterra y de forma instintiva le puse una mano en el hombro. Su Majestad, que a la sazón tenía ochenta y dos años, no pareció molesta en absoluto. Su respuesta, de hecho, fue pasarme un brazo por la espalda. Aun así, nuestro gesto no pasó desapercibido a las cámaras y no tardó en causar un gran revuelo en la prensa británica y dar pábulo a titulares en todo el planeta: «¡Michelle Obama se atreve a abrazar a la reina!». Me acusaron de falta de respeto, de saltarme el protocolo real y de trastornar el orden establecido. La insinuación que flotaba de fondo no era tan sutil: era una intrusa, indigna de la compañía con la que me estaba codeando.

Yo no tenía ni idea de que no se podía tocar a la reina de Inglaterra. Lo único que intentaba, en aquel extraño primer año como primera dama, y en aquel extraño entorno palaciego, era ser yo misma.

La anécdota apenas ocupa una página en mis memorias, pero a Tyne se le quedó grabada. ¿Por qué? Porque podía leer entre líneas. Como mujer de color, reconocía cierta sensación, algo que ambas compartíamos, que es el desafío permanente de sentirte cómoda en lugares donde eres una minoría.

Para ella, trabajar en la industria editorial —un ámbito que siempre había estado liderado por personas blancas, cuyas inquietudes le habían dado forma—, desde un punto de vista simbólico, no difería en nada de ser invitada a una recepción en el palacio de Buckingham. Las dos conocíamos la misma incomodidad; había líneas por todas partes. Aquellos lugares estaban cargados de protocolos tácitos y tradiciones profundas, que enfrentaban a los recién llegados con una curva de aprendizaje abrupta, si no imposible, que debían remontar sin ayuda de mapas. Había montones de pistas sutiles que nos recordaban que apenas pertenecíamos a ese lugar, que nuestra presencia era casi experimental, condicionada a que nos ajustáramos al concepto de buen comportamiento de otra persona. Nadie necesitaba decirlo en voz alta, porque la historia tenía raíces muy hondas: durante mucho tiempo, a la gente como nosotras la hubieran parado en la puerta.

Lo que he descubierto es que esa sensación de ser una intrusa no se pierde con facilidad, ni siquiera cuando se está dentro. Hay una tensión que siempre te acompaña, pegada como una neblina. No puedes evitar preguntarte de vez en cuando: «¿Cuándo dejará de ser tan difícil?».

Muchos practicamos el «cambio de código» cuando nos relacionamos, y cambiamos nuestro comportamiento, apariencia y manera de hablar para encajar mejor en la cultura de nuestro lugar de trabajo. Descubrí la necesidad de cambiar de código bastante temprano en la vida, como muchos otros niños, y empecé a usarlo como herramienta. Mis padres nos inculcaron la importancia de la dicción que ellos consideraban «adecuada», y nos enseñaron a evitar los coloquialismos más habituales. Sin embargo, cuando sacaba esa dicción en mi barrio, los demás niños se me echaban encima enseguida y me acusaban de «pija» o de «hablar como una blanca». Como no quería que me excluyeran, me adapté un poco para asemejarme a esos chicos. Más tarde, al llegar a lugares como Princeton y Harvard, me apoyé mucho en mi supuesta dicción pija para salir adelante, para asemejarme a los estudiantes que me rodeaban, con la esperanza de que no me estereotipasen.

Con el tiempo, me volví cada vez más experta en interpretar los entornos por los que me movía, captando pequeñas señales a mi alrededor. Deducía, de forma casi inconsciente, cómo cambiar de comportamiento para ajustarme al ambiente y al contexto, ya fuera un encuentro en un centro social del South Side al que asistían sobre todo mujeres trabajadoras afroamericanas —durante la etapa en que trabajé para el Ayuntamiento de Chicago—, un consejo de administración lleno de hombres blancos y ricos o, más adelante, una audiencia con la reina de Inglaterra. Me volví versátil, tenía fluidez para comunicarme, porque sentía que eso me ayudaba a conectar con más personas y a superar las barreras de raza, género y clase. No me lo pensaba demasiado porque, durante la mayor parte de mi vida, había intuido que no tenía más remedio que efectuar esos ajustes.

En este sentido, el cambio de código ha sido una habilidad de supervivencia para muchas personas negras, indígenas y de color (BIPOC) desde hace ya mucho tiempo. Aunque a menudo es una respuesta a un estereotipo negativo, también puede servir como una especie de pasaporte; yo lo usé como medio para llegar más lejos, sortear más barreras y entrar en espacios en los que de otro modo no hubiese encajado en absoluto.

Y aun así, normalizar esa práctica o contemplarla como un camino sostenible hacia la igualdad tiene su parte negativa. Muchas personas reaccionan no solo ante la tensión de tener que efectuar ajustes continuos, sino ante la injusticia básica de la premisa, sobre todo cuando esos ajustes conllevan esconder o minimizar la propia identidad racial, étnica o de género para avanzar en el plano profesional o hacer que quienes no están marginados se sientan más cómodos. ¿Qué estamos sacrificando? ¿A quién beneficia? ¿No estaremos renunciando a demasiado o negando nuestro auténtico yo para ser aceptados? Eso suscita un interrogante amplio e importante sobre la inclusión: ¿por qué tienen que intentar cambiar las personas individuales cuando, en realidad, es su lugar de trabajo el que tiene que cambiar?

El problema es que se trata de cuestiones de peso y de problemas sociales complicados que son difíciles de asumir, sobre todo cuando la mayoría lo único que desea es sobrevivir a la jornada laboral. El cambio de código puede resultar agotador, pero también lo es desafiar los prejuicios sistémicos, incluso con algo tan supuestamente simple como vestirse con la ropa con la que nos sentimos cómodos o acudir al trabajo con nuestro peinado natural. Todas las opciones pueden ser costosas.

Aquel día, en Washington, Tyne comentó que, incluso con años de experiencia profesional y varios ascensos en su haber, a veces seguía peleando con la sensación de ser una extraña en el trabajo, de tener que analizar una cultura que no siempre parecía la suya. A menudo tanteaba las barreras, me contó, pues intuía que su aceptación dependía de su capacidad de adaptarse a las normas de los otros, de presentarse quizá ella misma como menos «otra». Me dijo que llevaba un tiempo haciendo un esfuerzo consciente por cambiar menos de código en el trabajo, con la esperanza de desprenderse de parte de sus inseguridades por ser una mujer negra en un espacio blanco. Confiaba en que, en realidad, aquello la ayudaría en su desempeño profesional, porque perdería menos tiempo preocupándose por si violaba algún código tácito y podría intentar ser ella misma. Sin embargo, estaba sopesando los riesgos, consciente de que, para alguien como ella, buscar un poco más de libertad podía interpretarse fácilmente como tomarse libertades.

—Casi todos los días, en el trabajo —me contó, con un toque de cansancio y una pizca de humor—, siento que estoy decidiendo si debo abrazar o no a la reina.

He pensado mucho en los comentarios de Tyne desde entonces, impresionada por la potencia de la metáfora. Lo que me describió me resultaba familiar, porque es una sensación con la que he lidiado durante buena parte de mi vida profesional. Era parecida a la tensión que muchos de mis amigos afirmaban sentir dentro de sus propios entornos de trabajo: los desafíos que conlleva intentar navegar por un mar de líneas invisibles y averiguar la diferencia entre buscar libertad y tomarse libertades.

Al igual que Tyne, se encontraron sopesando los riesgos y las recompensas de quitarse una parte de la coraza para que los vieran y oyeran más como ellos mismos. ¿Quién puso las reglas con las que juego? ¿Hasta qué punto debo ser precavido? ¿Hasta qué punto debo ser asertivo? ¿Hasta qué punto debo ser yo mismo? En muchos casos, lo que intentaban averiguar era si podían durar en su empleo; si encontrarían o no ancho de banda suficiente para progresar y mejorar, o si esconderse y preocuparse acabaría por desmoralizarlos y agotarlos.

Hace años, cuando empecé mi andadura profesional en el Derecho de sociedades, tuve ocasión de conocer a algunas de las pocas mujeres que tenía por encima en el escalafón del bufete, las que habían llegado a socias en el gran despacho internacional en el que trabajábamos, a menudo superando tremendos obstáculos. Habían pasado años escalando el organigrama y orientándose en una estructura de poder que había sido construida, mantenida y protegida casi en exclusiva por hombres, y que se remontaba a la fundación del bufete por parte de dos veteranos de la Guerra Civil allá en 1866. Estas mujeres siempre se mostraron acogedoras y me apoyaron, demostrando un interés personal en mi éxito. No puede evitar observar, sin embargo, que se comportaban con la brusquedad propia de las pioneras.

La mayoría eran duras como el acero; siempre iban mal de tiempo y dejaban muy claro que en su despacho debía reinar la eficiencia. Era raro oír hablar a ninguna de ellas sobre la familia. Si mal no recuerdo, ninguna salió disparada nunca para acudir a un partido de la liga infantil o una cita con el pediatra. Las fronteras se mantenían intactas. Llevaban la coraza puesta y escondían su vida personal de un modo casi prodigioso. No había cabida para el afecto y los sentimientos; si acaso, su excelencia iba acompañada de una intensidad añadida. Al empezar en el trabajo, me había dado cuenta de que un par de mis superiores mujeres parecían observarme con cierto recelo, como si se preguntaran: «¿Podrá trabajar duro?». Evaluaban con discreción si mis habilidades jurídicas y mi nivel de compromiso estarían a la altura del suyo, si podría mantener el ritmo y por tanto no menoscabar el prestigio de las mujeres en general dentro del bufete. Por supuesto, era otro aspecto desafortunado de contarse entre «las únicas» en un castillo que no estaba construido para nosotras. Nos metían en el mismo saco, lo que tendía a sumar presión para todas. Nuestros destinos parecían entrelazados. «Si metes la pata, nos ven a todas como metepatas». Todas sabíamos lo que había en juego.

Lo que aquellas socias me estaban comunicando —lo que tenían que comunicarme, en realidad— era que su nivel de exigencia era mucho más alto que el de cualquier otro miembro del bufete. Se habían ganado a pulso el llegar a lo más alto, pero aun así sentían que su aceptación estaba condicionada, como si nunca dejaran de tener que demostrar que aquel era su sitio.

Como joven abogada, recuerdo leer en *The New York Times* un artículo sobre una encuesta que documentaba el grado de fatiga e insatisfacción de los abogados en su trabajo, y muy en especial las mujeres. Aquello hizo que me planteara una serie de preguntas irritantes al pensar en todo lo que había invertido en mi relativamente corta carrera en ese momento: los préstamos que había pedido para pagar la universidad, todas las horas que ya había acumulado. Tuve que considerar cómo quería que fuese mi futuro, cuánto estaba dispuesta a sufrir o soportar. ¿Qué responsabilidad tenía de pretender ser un modelo de perfección y rendir siempre por encima de lo esperado, solo para justificar que ocupaba una plaza que de otro modo iría a parar a un hombre? ¿Qué clase de poder tenía yo para cambiar una cultura que funcionaba según esas normas? ¿Y cuánta energía podría reunir para esa lucha en concreto en aquel ámbito en concreto?

Las mujeres que habían abierto brecha en el mundo del Derecho de sociedades llevaban, a grandes rasgos, una vida que yo no envidiaba, haciendo sacrificios que no estaba segura de poder hacer yo misma. Sin embargo, si yo llegué a alcanzar aquella posición, si conseguí aquel puesto y dispuse de cierta libertad para decidir el camino que quería seguir en mi vida, fue en buena parte gracias al trabajo que habían realizado ellas, a la coraza que se habían puesto. Aquellas mujeres habían pagado el precio de empujar y atravesar unas puertas que antes estaban cerradas a cal y canto, y con ello habían allanado el camino para que una nueva generación pudiéramos acceder con mayor facilidad y luego luchar por cambiar las cosas o retirarnos, según nos pareciera más oportuno. Ellas construyeron la plataforma sobre la que yo me encontraba entonces.

Es fácil criticar a nuestros predecesores y sus decisiones, juzgarlos por sus renuncias o responsabilizarlos de los cambios que no pudieron efectuar. La coraza que llevaban en la generación anterior seguramente nos parecerá rígida y desfasada a los más jóvenes, pero es importante tener en cuenta el contexto. Que cada vez más mujeres negras se sientan libres hoy en día para incorporar su estética a la vida profesional, para llevar el pelo trenzado o con rastas al trabajo, o que los jóvenes puedan lucir modificaciones corporales o el cabello teñido sin sentirse marginados, o que las mujeres dispongan de espacios seguros para dar el pecho en la oficina, todo eso tiene no poco que ver con el trabajo realizado por personas como aquellas socias de mi bufete. Ellas tuvieron que demostrar su valía a cada paso del camino, para que el resto de nosotras tuviéramos que demostrar como mínimo un poco menos.

Al final, tracé una línea que a mí me funcionó. Asumí el riesgo de renunciar a la abogacía para buscar lugares de trabajo con un código de comportamiento diferente, empleos que me permitieran escaparme, por lo menos de vez en cuando, para asistir a un festival de danza o una visita al pediatra. Dejé la profesión de abogada, sabiendo que contribuiría con más pasión y eficacia trabajando en otro lugar. Con todo, la orientación que recibí en aquel bufete, sobre todo por parte de las mujeres más veteranas, me aportó algo que acabaría necesitando en la Casa Blanca también. Me ayudaron a aprender a pensar con detenimiento cómo quería elegir mis batallas y gestionar mis recursos. Me enseñaron que, para empezar a cambiar un paradigma, debes tener la piel gruesa y demostrar más disciplina profesional y trabajo duro que nadie.

Nada de aquello resultaba ideal, pero era la realidad del momento. También fue, en cierto sentido, un paso más en mi educación sobre la vida en cualquier clase de frontera, una confirmación de lo que había captado en Princeton y, después, en la facultad de Derecho de Harvard, no a través de los libros, sino de la experiencia de pertenecer a una doble minoría, de ser una intrusa en aquellos lugares tan privilegiados. Había que ponerse una coraza sin perder la agilidad. Había que ser dura para salir adelante.

Casi todo el mundo, creo, se pone una coraza para ir al trabajo. Y es apropiado. En cierto sentido, es una de las máximas de ser profesional: tienes la responsabilidad de llevar al trabajo una versión más fuerte y dura de ti mismo. Mantienes a raya tus vulnerabilidades, y tus problemas se quedan, en buena medida, en casa. Respetas los límites y confías en que tus compañeros y tus jefes hagan lo mismo. Estás ahí para hacer un trabajo, no necesariamente para establecer amistades duraderas o solucionar tus problemas personales o los de los demás. Sea educando a preadolescentes, dirigiendo una clínica, haciendo pizza o gestionando una empresa tecnológica, se supone que debes contribuir al proyecto común, practicar la disciplina y guardarte los sentimientos, en su mayor parte, en otro lugar. El trabajo se convierte en tu objetivo, en tu obligación. Es la razón por la que te pagan.

Sin embargo, ninguna empresa humana es nunca tan ordenada. No hay líneas que aguanten tan limpias. Con resultado positivo en algunos casos, y en otros no, la pandemia ha derribado muchos muros, dejando al descubierto más disparidades y más verdades entre nosotros. Al intentar hablar por videoconferencia con un niño pequeño retorciéndose en nuestro regazo, con el telón de fondo de nuestra cocina a medio limpiar, al intentar charlar de negocios a pesar de los ladridos de los perros o los compañeros de piso que hablaban por otra pantalla allí cerca, hemos visto reducirse los límites y ampliarse el margen para el desorden, todo lo cual posiblemente ha resaltado algo que siempre ha estado ahí: somos personas completas e incontenibles, con vidas completas e incontenibles. Nuestros problemas a veces viajan con nosotros al trabajo. Nuestras vulnerabilidades afloran a la superficie, nuestras preocupaciones desbordan los límites. Nuestras personalidades, por no hablar de las de los demás, no son tan fáciles de moldear.

¿Encajo en mi trabajo? ¿Encaja mi trabajo en mí? ¿Qué ajustes puedo hacer? ¿Qué ajustes es razonable esperar que hagan las personas que me rodean? ¿Hasta qué punto podemos ser humanos o no? ¿Dónde están los límites? ¿Con quién puedo conectar? ¿Cómo lo afronto? Estas parecían ser algunas de las preguntas que Tyne se planteaba aquel día.

Sé por experiencia que nuestra coraza a menudo puede sernos de utilidad —una parte de ella siempre será necesaria—, pero también creo que, en muchos casos, puede resultar frustrante; o, por lo menos, agotadora. Si vas por ahí con una coraza demasiado rígida, estás demasiado a la defensiva, demasiado preparado para el combate, te ralentizará, entorpecerá tus movimientos y menoscabará tu fluidez, tu capacidad de avanzar en el trabajo. Cuando te escondes detrás de una máscara, es posible que te alejes incluso de ti mismo. Cuando intentas mantenerte duro e invulnerable, puedes perder la oportunidad de entablar relaciones profesionales auténticas que te ayuden a crecer, avanzar y utilizar todo tu conjunto de habilidades. Si piensas lo peor de la gente que te rodea, será más probable que ellos piensen lo peor de ti. Hay costes asociados a cada elección que hacemos. La conclusión es que cuando pasamos mucho tiempo preocupándonos por cómo encajamos y si ese es nuestro lugar —si continuamente tenemos que hacer contorsiones y ajustes, escondernos y protegernos en el trabajo—, nos arriesgamos a perder oportunidades de que nos vean en nuestra mejor y más genuina versión, como alguien expresivo, fructífero y lleno de ideas.

En eso consiste el desafío y el desgaste de sentirse otro. Muchos nos sentimos obligados a invertir un tiempo y una energía preciosos en reflexionar sobre los límites reales, la diferencia entre la libertad y tomarse libertades, tan difícil de precisar. Debemos pensar mucho en nuestros recursos y en cómo los gastamos. ¿Estoy seguro de expresar mi opinión en una reunión? ¿Está bien ofrecer un punto de vista o una posible solución a un problema que se basa en mi diferencia? ¿Se verá mi creatividad como insubordinación? ¿Se juzgará mi perspectiva como una falta de respeto, un inoportuno desafío a las normas?

Cuando me mudé a Washington en 2009, no sabía mucho de cómo funcionaba la vida en la Casa Blanca, pero sí sabía bastante sobre lo que era empezar en un nuevo empleo.

Lo había hecho ya unas cuantas veces, y también había supervisado a muchas personas recién contratadas en los diversos puestos directivos que había ocupado. Después de trabajar en la abogacía, la administración municipal, el tercer sector y la asistencia sanitaria, entendía que no se llega a un nuevo puesto esperando que el trabajo se adapte perfectamente a ti. Hay que investigar, tomárselo con un poco de calma y pensar de forma estratégica mientras aprendes y te adaptas al nuevo empleo. En otras palabras, hay que seguir la línea antes de empezar a pensar en intentar desplazarla.

Ya he escrito en otra parte que ser primera dama de los Estados Unidos es una suerte de «no empleo» extraño y extrañamente poderoso. No tiene salario, ni supervisor, ni manual del empleado. Pero estaba decidida a asegurarme de que lo hacía todo bien; pensaba llegar preparada. Cuando Barack fue elegido presidente, me puse de inmediato a investigar qué se esperaba de mí y cómo podía cumplir con mis obligaciones lo mejor posible a la vez que intentaba aportar mi propia energía y creatividad. Y pensé que, a lo mejor, si lo hacía lo bastante bien, podría cambiar algunos de los paradigmas que rodeaban la percepción pública del puesto.

Una de las primeras medidas que tomé fue pedirle a mi nueva jefa de gabinete que repasara el calendario oficial de Laura Bush, día a día y semana a semana, y redactase una lista de las apariciones que hacía y los actos que organizaba. Mi plan era pasarme el primer año replicando punto por punto lo que había hecho Laura, a la vez que desarrollaba un conjunto propio de prioridades y planes para lanzar iniciativas. Entretanto, nadie podría acusarme de tomar atajos. Era una especie de póliza de seguros, otra herramienta. Como primera mujer negra que ocupaba el puesto, era consciente de que caminaría por la cuerda floja. Sabía que iba a tener que ganarme a pulso la aceptación, lo que significaba que debía buscar la excelencia con redoblado afán. Quería estar segura, más allá de toda duda, de que la gente entendía que era capaz de ejecutar todas las tareas que había heredado, para que no se me pudiera acusar de ser perezosa o irrespetuosa con el cargo.

Resultó que muchas de las responsabilidades de la primera dama eran fruto de la tradición, a menudo acumuladas durante centenares de años. No había nada escrito en ninguna parte; las expectativas estaban integradas en el cargo. Se suponía que debía ser la anfitriona de una serie de actos, desde cenas de gala hasta la Carrera de

Huevos de Pascua. Se esperaba que tomase el té con los cónyuges de los dignatarios que nos visitaban y que aportara ideas para la decoración navideña todos los años. Por lo demás, podía elegir las causas que quisiera apoyar y los temas que me interesara abordar.

Lo que no había previsto eran algunas expectativas más sutiles y tácitas que venían con el puesto. Mientras nos preparábamos para la toma de posesión de Barack, me informaron, por ejemplo, de que mis cuatro predecesoras inmediatas habían llevado a la ceremonia elegantes bolsos creados por el mismo diseñador neoyorquino. Me enteré de que otro diseñador emblemático, Óscar de la Renta, se jactaba de haber vestido a todas las primeras damas desde Betty Ford, lo que daba a entender que esperaba lo mismo de mí. Nadie sugería que yo tomara esas mismas decisiones, pero la suposición parecía flotar en el aire.

Cuando Barack y yo entramos en aquella casa histórica y asumimos aquellos cargos históricos, daba la sensación de que las cosas siempre se habían hecho de una manera determinada, que incluso algunas de las tradiciones más modestas existían como una forma de honor, un cortés estilo de continuidad que se transmitía de una época a la siguiente. Cualquier opción que no fuera ceñirse a ellas parecía conllevar un gesto de insolencia. Y si creciste negro en nuestro país, conoces los peligros asociados a que te tachen de insolente.

En la ceremonia de la toma de posesión, no llevé el bolso del diseñador estipulado y esperé seis años antes de vestirme de Óscar de la Renta, optando en cambio por aprovechar mi plataforma para dar a conocer el talento de diseñadores infrarrepresentados. Fueron decisiones que me pareció seguro tomar, líneas que me hacía feliz dibujar, en parte porque tenían que ver con mi propia apariencia, lo que ponía sobre mi cuerpo. Aun así, no abandoné la cautela respecto de mi imagen, mis palabras, mis planes y mis proyectos. Sopesaba con cuidado cada una de mis opciones, consciente del peligro de que se percibiera que me estaba tomando libertades. El mero hecho de que hubiéramos llegado a la Casa Blanca a algunos ya les parecía radical, un vuelco del orden establecido. Sabíamos que si queríamos avanzar, tendríamos que ser prudentes con cómo nos ganábamos e invertíamos la credibilidad.

La herencia de Barack incluía dos complicadas guerras exteriores y una incipiente recesión económica que se agravaba cada semana. El departamento de comunicación del Ala Oeste dejó claro que su éxito iba ligado, en cierto modo, al mío. —«Si metes la pata, nos ven a todos como metepatas»—. Cualquier paso en falso por mi parte —cualquier declaración o movimiento profesional que provocara críticas— podía hacer mella en los índices de aprobación de Barack entre el público, lo que a su vez podía menoscabar su influencia sobre los legisladores y echar por tierra sus esfuerzos por conseguir que el Congreso aprobase leyes importantes, lo que a su vez podía traducirse en que perdiera sus opciones de ser reelegido, lo que a su vez les costaría el empleo a muchas personas de la administración. No solo eso; yo era consciente de que si el primer presidente no blanco fracasaba o se apagaba de alguna manera, podía cerrar y bloquear la puerta para futuros candidatos de color.

Vivía con esas advertencias resonando en mi cabeza. Las tenía presentes cada vez que hablaba con un periodista y cada vez que lanzaba una nueva iniciativa como primera dama. Me acompañaban cada vez que comparecía en público y veía el mar de cámaras de móvil en alto, todos esos centenares de espejitos falsos levantados, todas esas impresiones individuales que estaba causando.

Y aun así, sabía que si me preocupaba demasiado por esos asuntos, jamás lograría ser yo misma. Tuve que construir un muro entre las preocupaciones de los otros y las mías propias. Tenía que confiar en mi instinto, recordar mi propio centro y evitar que me paralizara la autoconciencia, que la ansiedad o el impulso de ponerme a la defensiva me hicieran llevar una coraza demasiado rígida. Lo que intenté fue no perder la agilidad, yendo y viniendo entre las familiares orillas de la cautela y el atrevimiento. Vivía según el código que había aprendido de pequeña en Euclid Avenue, el que siempre ponía la preparación y la adaptabilidad por delante del miedo.

Sin embargo, mientras tanto, me enfrentaba a otra etiqueta, una aún más perniciosa y de la que no podía deshacerme.

Pasar tiempo con niños es el mejor antídoto que he encontrado
contra los efectos de afrontar la injusticia, el miedo o el dolor.

CAPÍTULO 10

ELEVARSE

Cuando Barack se presentó a las elecciones presidenciales, recibí una rápida e hiriente lección sobre cómo los estereotipos se reconstituyen como una forma de «verdad». Cuanto más me involucraba en su campaña y más influyente me volvía, más empezaba a ver mis gestos manipulados y malinterpretados, mis palabras tergiversadas, mis expresiones faciales caricaturizadas. Mi apasionada fe en la candidatura de mi marido, la convicción de que él tenía algo que ofrecer a nuestro país, se presentó más de una vez como una especie de furia poco apropiada.

Para los que daban crédito a la imaginería y la palabrería de la derecha, yo era una especie de monstruo que escupía fuego. Iba por ahí con el ceño fruncido, siempre hirviendo de rabia. Por desgracia, eso entroncaba con una percepción más general y enquistada que los investigadores han documentado recientemente en estudios sobre los lugares de trabajo: si una mujer negra expresa cualquier cosa que recuerde a la ira, es más probable que la gente lo perciba como un rasgo de su personalidad en vez de algo relacionado con cualquier tipo de circunstancia desencadenante, lo que, por supuesto, hace que sea más fácil marginarla y descartarla.[10] Cualquier cosa que hagas —cualquier acción que emprendas— puede interpretarse como si cruzaras un límite. De hecho, se te puede descartar por entenderse que vives en el lado equivocado de la línea. Todo el contexto se borra cuando te endosan esa etiqueta: «¡Mujer Negra Enfadada! ¡Eso es lo que eres!».

No es muy diferente de cuando califican a un barrio como «gueto». Es un rechazo rápido y eficaz, un prejuicio codificado para que la gente se mantenga lejos, se marche asustada y se lleve sus inversiones a otra parte. Pasan por alto su riqueza, su vitalidad, su singularidad y su potencial, y en su lugar lo destierran a los márgenes. ¿Y qué pasa si verte atrapado en esos márgenes te hace enfadar? ¿Qué sucede si vivir en un barrio en el que nadie invierte te hace comportarte como alguien que está, a todos los efectos, acorralado y desesperado? Pues bien, tu comportamiento de pronto no hace sino confirmar y agravar el estereotipo, arrinconándote más todavía, y deslegitimando más todavía lo que tengas que decir al respecto. Puedes encontrarte sin voz y sin que te escuchen, viviendo los fracasos que otros han dictaminado para ti.

Es una sensación terrible. Y yo la entiendo bien.

Por tranquila que estuviera y diligente que fuese en mi trabajo como primera dama, en ocasiones era casi imposible contrarrestar la impresión que se tenía de mí de una mujer agresiva y colérica, y por lo tanto indigna de respeto. Cuando en 2010 empecé a hablar en público sobre la epidemia de obesidad infantil en nuestro país y a proponer unos cambios relativamente sencillos para ofrecer opciones alimentarias más saludables en las escuelas, un grupo de destacados comentaristas conservadores aprovecharon el viejo estereotipo y lo utilizaron para atacarme. Me pintaron como una exagerada que se excedía en sus funciones, empeñada en destrozar la felicidad de los niños y meter las narices donde no debía. Sugirieron que iba a enviar a gente a la cárcel por comer patatas fritas, que estaba promoviendo una dieta impuesta por el gobierno. A partir de ahí, las conspiraciones se multiplicaron. «Si se permite al gobierno dictar nuestra dieta, ¿qué será lo siguiente? —despotricaba un comentarista de Fox News—. ¿Empezarán a decidir con quién nos casamos o dónde trabajamos?».[11]

Nada de todo aquello era cierto, por supuesto. Pero cuando las mentiras se construyen sobre estereotipos muy arraigados, es mucho más fácil que se perpetúen. Y desmontar los estereotipos es una labor compleja y tediosa. Enseguida comprendí que había trampas por todas partes. Si intentaba abordar el estereotipo de frente, comentándolo en una entrevista cordial y animada —en este caso con Gayle King, en el programa *CBS This Morning* en 2012—, me encontraba con reacciones como una primera página del *New York Post* encabezada por los titulares: «¡Michelle está furiosa! La primera dama: "NO soy una mujer negra enfadada"».

¿Podía enfadarme por el hecho de que me percibieran siempre enfadada? Desde luego que sí, pero ¿a quién beneficiaría? ¿Qué poder tendría yo entonces?

En lugar de eso, tenía que elevarme.

De todas las preguntas que suelen hacerme, hay una que surge con más frecuencia y es más predecible que cualquier otra. Casi siempre que hablo con un entrevistador o me siento con un grupo nuevo de gente, cuento con que alguien la plantee, mientras que los demás se inclinan para escuchar.

¿Qué significa realmente eso de «elevarse»?

Tengo la sensación de que podría estar años respondiendo a esta pregunta. Así que permíteme que lo intente aquí.

Mientras hablaba en la Convención Nacional Demócrata de 2016 en Filadelfia, pronuncié estas palabras por primera vez en público: «Cuanto más bajo caen ellos, más nos elevamos nosotros». Hilary Clinton se presentaba como candidata a la presidencia, al igual que Donald Trump. Mi trabajo consistía en animar a los votantes demócratas, recordarles que debían seguir implicados y hacer el esfuerzo necesario para que su candidata fuera elegida, y eso incluía votar el día de las elecciones. Como suelo hacer a menudo, hablé de cómo los temas candentes en aquel momento me importaban como madre de dos hijas, de cómo Barack y yo tomábamos nuestras decisiones siguiendo siempre unos principios que queríamos que nuestras niñas supieran apreciar.

A decir verdad, no tenía ni idea de que la frase «Más nos elevamos nosotros» se vincularía tanto a mí en los años venideros que acabaría convertida prácticamente en un sinónimo de mi nombre. En realidad, lo único que estaba haciendo era compartir un lema sencillo que mi familia intentaba seguir en su vida, una máxima útil con la que Barack y yo solíamos recordarnos que debíamos aferrarnos a nuestra integridad cuando veíamos que otros se olvidaban de la suya. Lo de «elevarse» era una forma de describir el camino que intentábamos seguir; un camino donde siempre nos esforzábamos más y reflexionábamos más. Era una simplificación de nuestros ideales; una especie de olla que habíamos llenado de ingredientes, donde habíamos ido cociendo a fuego lento todo lo que habíamos aprendido durante nuestros años formativos: decir la verdad, hacer lo mejor por los demás, mantener la perspectiva, ser duros. Básicamente, esa ha sido nuestra receta para sobrevivir.

En privado, Barack y yo nos hemos comprometido muchas veces con la idea de elevarnos, sobre todo cuando hemos vivido campañas y batallas políticas agresivas, sometidos al escrutinio público. Recurrimos a ella cuando tenemos la sensación de que se nos somete a prueba, como un recordatorio para mantenernos firmes cuando nos enfrentamos a un desafío moral. ¿Qué haces cuando otros caen tan bajo que actúan de la peor manera posible? ¿Cómo responde uno cuando se siente atacado? A veces es muy fácil saberlo, ya que las respuestas están claras; pero otras veces puede ser más difícil, las circunstancias pueden ser más ambiguas, se requiere reflexionar más para elegir el camino correcto.

Elevarse es como trazar una línea en la arena, un límite que podemos hacer visible para luego detenernos un momento a considerarlo. ¿En qué lado quiero estar? Es un recordatorio para hacer una pausa y pensar, una llamada a responder tanto con el corazón como con la cabeza. Tal y como yo lo veo, elevarse siempre supone ponerse a prueba. Por eso, me sentí obligada a plantear esta idea en la Convención Nacional de 2016 delante de toda aquella gente; como nación, estábamos siendo puestos a prueba. Nos enfrentábamos a un desafío moral. Nos estaban exhortando a reaccionar. No era la primera vez, desde luego, y seguramente no sería la última.

Aun así, supongo que el problema que plantea cualquier lema sencillo es que resulta más fácil acordarse de él o repetirlo —o imprimirlo en una taza de café, una camiseta, un bolso de mano, una gorra de béisbol, unos lápices del número 2, una botella de agua de acero inoxidable, unas mallas deportivas, el colgante de un collar o un tapiz de pared; todo lo cual se puede encontrar a la venta por internet— que aplicarlo de forma activa a diario.

¿«No te preocupes por tonterías»? ¿«Mantén la calma y sigue adelante»?

Sí, claro, amén a todo eso. Pero ahora explícame cómo lo hago.

Hoy en día, cuando la gente me pide que explique qué significa «elevarse», a veces percibo una pregunta algo menos educada de trasfondo, con un cierto escepticismo que resulta lógico, con ese sentimiento de hartazgo que surge cuando nuestros esfuerzos son infructuosos y estamos siendo continuamente puestos a prueba.

«Pero, espera, ¿no has visto cómo está el mundo últimamente? ¿Hasta qué punto pueden empeorar las cosas? ¿De dónde saco las energías para luchar?».

Después de que George Floyd muriera asfixiado por un agente de policía, que le aplastó el cuello al inmovilizarlo con la rodilla, en la esquina de una calle de Mineápolis en mayo de 2020, la gente me escribió para preguntarme si elevarse era realmente la respuesta correcta. Después de que el Capitolio fuera asaltado, después de que los representantes republicanos continuaran apoyando la acusación falsa y sediciosa de que se había manipulado el resultado de las elecciones, la gente se preguntaba algo similar. Las provocaciones no tienen fin. Hemos visto que más de un millón de estadounidenses han muerto en una pandemia que ha resaltado todas las desigualdades de nuestra cultura. Hemos visto a las tropas rusas masacrar a civiles en Ucrania. Los talibanes han prohibido que las niñas vayan a la escuela en Afganistán. En Estados Unidos, nuestros propios líderes han criminalizado el aborto mientras las comunidades se ven asoladas constantemente por la violencia de las armas y los delitos de odio. Los derechos de las personas transgénero, los derechos de los gais, los derechos de los votantes, los derechos de las mujeres..., todos están siendo atacados. Cada vez que tiene lugar otra injusticia, otra brutalidad, otro incidente por culpa de un mal liderazgo, otro caso de corrupción u otra violación de derechos, recibo cartas y correos electrónicos que de alguna forma plantean la misma pregunta:

«¿Se supone que todavía debemos elevarnos?».

«Vale, ¿y ahora también?».

Mi respuesta es sí. Sigue siendo sí. Debemos seguir intentando elevarnos. Debemos aferrarnos una y otra vez a esa idea. Actuar con integridad es importante. Lo será siempre. Es una herramienta.

Al mismo tiempo, quiero ser clara: elevarse es algo que se hace, no es un mero sentimiento. No se trata de ser complaciente y esperar a que se produzca el cambio ni de mantenerse al margen mientras otros luchan. No se trata de aceptar unas condiciones opresivas ni de dejar que la crueldad y el poder campen a sus anchas. La idea de elevarse no debería llevarnos a preguntarnos si debemos sentirnos obligados a luchar por más equidad, honradez y justicia en este mundo, sino más bien a plantearnos cómo vamos a luchar, cómo vamos a intentar resolver los problemas con los que nos topamos y cómo vamos a resistir el tiempo suficiente para que nuestros actos den resultado y no nos quememos por el camino. Algunos consideran que aferrarnos a esa idea es algo injusto e inútil, una mera aplicación de la política de la respetabilidad, por la cual optamos por cumplir las normas en vez de desafiarlas para poder sobrevivir. «¿Por qué tenemos que intentar ser razonables todo el rato?», se pregunta la gente.

Entiendo que algunos piensen que la razón no deja espacio a la ira. Comprendo que se perciba que elevarse supone, de alguna manera, apartarse del mundanal ruido para que no te moleste todo aquello que de otro modo te enfadaría y te provocaría.

Pero no se trata de eso en absoluto.

Cuando dije por primera vez esas palabras en el escenario de la

Convención Nacional de 2016 en Filadelfia, yo no me sentía apartada del resto del mundo ni indiferente. De hecho, estaba bastante alterada. En ese momento, la bilis que estaban soltando los representantes republicanos era una provocación constante. Después de casi ocho años, estaba cansada de ver cómo echaban por tierra el trabajo de mi marido y lo denigraban como persona, incluso se atrevieron a cuestionar su ciudadanía. —Volvemos a lo de siempre: «No considero que tengas derecho a lo que tienes»—. Y estaba furiosa porque el principal instigador de esos ataques fanáticos estaba ahora haciendo campaña para ser presidente.

Pero ¿qué podía hacer al respecto? Con mi sufrimiento y mi rabia, nada, al menos mientras no consiguiera moldearlos, pulirlos. Pero tenía que hacer algo con ese sufrimiento y esa rabia, estaba en mi mano decidir hacia dónde llevarlos, qué clase de destino darles. Todo dependía de si sería capaz o no de elevarme por encima de esos sentimientos tan básicos para construir algo que fuese más difícil que otros ignoraran, que transmitiera un mensaje claro, una llamada a actuar, y que llevara a un resultado por el que estaba dispuesta a esforzarme.

Eso es lo que para mí significa «elevarse»: coger un sentimiento abstracto, y normalmente negativo, y esforzarse por convertirlo en una especie de plan que se pueda implementar, para superar esos sentimientos tan básicos y avanzar hacia una solución más amplia.

Quiero dejar claro que esto es un proceso y no siempre es rápido. Puede requerir tiempo y paciencia. Está bien sentarse y reflexionar un tiempo, sentir la inquietud causada por la injusticia o el miedo o la pena, o que expreses tu dolor. Está bien que te concedas el espacio que necesitas para recuperarte o sanar. Para mí, elevarse suele acarrear hacer una pausa antes de reaccionar. Es una forma de autocontrol, una línea que separa nuestros mejores y nuestros peores impulsos. Elevarse consiste en resistir la tentación de dejarse llevar por la rabia sin sentido y el desprecio mordaz; en vez de eso, hay que averiguar cómo responder con claridad ante cualquier cosa sin sentido y corrosiva que te rodee. Eso es lo que ocurre cuando partes de una reacción y logras transformarla en una respuesta.

Porque aquí está la clave, las emociones no son planes. No resuelven problemas ni corrigen injusticias. Puedes sentirlas —las sentirás, inevitablemente—, pero ten mucho cuidado, no te dejes llevar por ellas. La rabia puede ser como un parabrisas sucio. El dolor, como un volante roto. La decepción se limitará a viajar, enfurruñada y sin ayudar en nada, en el asiento de atrás. Si no haces algo constructivo con tus emociones, te llevarán directamente al abismo.

Y mi poder siempre ha dependido de mi capacidad para mantenerme fuera de ese abismo.

Cuando la gente me pregunta qué significa «elevarse», le explico que para mí se trata de hacer lo necesario para que tu esfuerzo cuente y tu voz se oiga, a pesar de los escollos. Ayuda que seas capaz de seguir siendo flexible y adaptarte a los cambios cuando se presenten. Y he comprobado que todo eso se vuelve posible cuando estás preparado y tienes práctica con una amplia gama de herramientas. Elevarse tampoco se reduce a lo que sucede en un día o un mes o dentro de un ciclo electoral. Es algo que sucede a lo largo de toda una vida, en el curso de una generación. Elevarse es una actitud demostrativa, un compromiso para enseñar a tus hijos, tus amigos, tus colegas y tu comunidad qué es vivir con amor y actuar con decencia. Porque al final, al menos según mi experiencia, uno cosecha lo que siembra —ya sea esperanza u odio—.

Pero no te confundas, elevarse requiere trabajo; a menudo duro, a menudo tedioso, a menudo incómodo, a menudo doloroso. Tendrás que ignorar a los que odian y a los que dudan. Tendrás que levantar algunos muros entre aquellos a quienes les encantaría verte fracasar y tú. Y tendrás que seguir esforzándote cuando otros a tu alrededor se hayan hartado o vuelto cínicos y se hayan rendido. El difunto líder de los derechos civiles John Lewis ya nos lo recordó: «La libertad no es un estado, sino un acto —escribió en su día—. No es un jardín encantado que se encuentra en lo alto de una meseta distante donde podemos al fin sentarnos a descansar».[12]

Vivimos en una época en la que reaccionar se ha vuelto casi demasiado fácil, demasiado cómodo. La ira se extiende fácilmente, junto con el sufrimiento, la decepción y el pánico. La información y la desinformación parecen fluir al mismo ritmo. Nuestros pulgares nos crean problemas, convirtiéndose en vectores que transmiten fácilmente nuestra furia. Podemos teclear unas cuantas palabras enfadados y lanzarlas como cohetes a la estratosfera digital, sin saber nunca con precisión dónde o cómo o contra quién impactarán esas palabras. Y sí, nuestra rabia a menudo está justificada, así como nuestra desesperación, pero la pregunta que debemos hacernos es qué estamos haciendo con ella. ¿Podemos reconducirla para hacer algo que no sea mero ruido, algo que sea más duradero? Hoy en día, la complacencia suele llevar la máscara de la comodidad: podemos dar un «me gusta» o apretar el botón de reenviar y luego aplaudirnos por ser activos, o por considerarnos activistas, tras haber hecho un esfuerzo de tres segundos. Nos hemos vuelto expertos en generar ruido y felicitarnos por ello, pero a veces se nos olvida hacer el trabajo. Invirtiendo tres segundos, quizá estés dando una determinada imagen, pero no estás provocando ningún cambio.

¿Estamos reaccionando o estamos respondiendo? Merece la pena pensar en ello. Es una pregunta que me hago antes de postear nada en las redes sociales o de hacer cualquier comentario en público. ¿Estoy siendo impulsiva?, ¿solo intento sentirme mejor? ¿He vinculado mis sentimientos a algo concreto para hacer algo o simplemente me dejo llevar por ellos? ¿Estoy dispuesta a hacer el trabajo real que conlleva provocar un cambio?

Para mí, escribir puede ser una herramienta increíblemente útil cuando se trata de elevarse. Es un medio que me permite navegar por mis emociones y moldearlas hasta darles una forma provechosa.

Durante la campaña de Barack y a lo largo de los años que estuve en la Casa Blanca, tuve la suerte de trabajar con unos escritores de discursos de gran talento que se sentaban conmigo y dejaban que volcara verbalmente mi cerebro en el de ellos; mientras yo exponía mis sentimientos más viscerales, ellos tomaban notas y me ayudaban a dar sentido y forma a mis pensamientos.

Decir las cosas en voz alta a alguien que te escucha y en quien confías siempre me ha animado a probar mis ideas a la brillante luz del día. Me permite desahogarme, soltar mi rabia y airear mis preocupaciones, y empezar a razonar de un modo más amplio. Soy capaz de ver lo que es productivo y lo que no, de dar con un conjunto de verdades más elevadas. He aprendido que rara vez mis pensamientos iniciales son tan valiosos; solo son el punto de partida desde el cual avanzamos. Tras ver todo eso plasmado en unas páginas, sigo afinándolo, revisándolo y repensándolo para hallar el camino hacia algo que tenga un propósito real. Escribir se ha convertido en una de las herramientas más poderosas de mi vida.

Si ese primer discurso para la Convención Nacional de 2008 en Denver marcó un comienzo para mí, la rampa de entrada que me llevó a mi vida como primera dama, entonces el que di en 2016 da un poco la impresión de que fue la rampa de salida, el principio del fin.

Tenía claras las palabras, el mensaje, los sentimientos que quería transmitir en general. Lo tenía todo memorizado y bien ensayado, bien estructurado en mi cabeza. Aunque, una vez más, las cosas se torcieron ligeramente. Esta vez no fue por culpa de un teleprónter roto, sino por una tormenta veraniega de proporciones épicas que se instaló sobre Filadelfia justo cuando mi avión iniciaba su aproximación.

Viajaba con unos cuantos miembros de mi equipo y estaba previsto que diera mi discurso en una hora cuando, de repente, sentimos los temblores y nos tambaleamos en nuestros asientos. Oímos la voz de nuestro piloto de la Fuerza Aérea por el intercomunicador, quien nos dijo que todo el mundo debía abrocharse el cinturón de seguridad. Mencionó que tal vez tuviéramos que desviarnos para aterrizar en Delaware debido al mal tiempo. De inmediato, cundió el pánico entre los miembros de mi equipo, que no paraban de hablar sobre cómo afrontar el retraso: esa noche, yo era la oradora principal de la convención, el eje en torno al cual se había diseñado la agenda del evento.

Resultó que los temblores solo eran el aperitivo, ya que un minuto más tarde el avión se inclinó violentamente, como si un enorme monstruo nocturno flotara en algún lugar bajo la lluvia torrencial y lo hubiera golpeado para desviarlo de su rumbo. Durante un par de segundos parecía que estábamos cayendo en picado y de costado, totalmente fuera de control. A mi alrededor, escuché gritar y sollozar a la gente mientras los relámpagos brillaban al otro lado de las ventanillas y el avión atravesaba las nubes. Podía distinguir las luces tenues de la ciudad allá abajo. No estaba pensando en morir. Solo quería dar ese discurso.

Por aquel entonces, yo ya llevaba casi ocho años siendo la primera dama. Me había sentado a la cabecera de la cama de unos soldados que se estaban curando de unas heridas de guerra devastadoras. Había llorado con una madre cuya hija de quince años había recibido un disparo mortal en un parque de Chicago cuando volvía a casa tras salir del instituto. Había estado dentro de la diminuta celda donde Nelson Mandela había pasado gran parte de los veintisiete años que estuvo encarcelado en soledad, quien, a pesar de todo, había hallado las fuerzas necesarias para seguir adelante. Había celebrado la aprobación de la Ley del Cuidado de Salud a Bajo Precio, la confirmación por parte del Tribunal Supremo del matrimonio igualitario y decenas de otros triunfos grandes y pequeños. Y había ido al Despacho Oval a abrazar a Barack, ambos sin palabras y destrozados, aquel día que un tirador en Connecticut disparó y mató a veinte alumnos de una escuela de primaria.

Una y otra vez, me había sentido confundida, humillada y sacudida por el mundo en el que vivíamos, mi trabajo me había hundido y luego había vuelto a elevarme. Me había visto expuesta a lo que parecían ser todas las facetas de la condición humana, golpeada por oleadas alternas de alegría y angustia, recordando constantemente que muy pocas cosas eran predecibles y que, por cada dos pasos que diéramos adelante, inevitablemente habría algo que abriría viejas heridas y nos haría retroceder a todos.

No había un solo día que no pensara en mi padre y en la enfermedad que le había ido robando lentamente sus fuerzas y su movilidad, en la paciencia y la elegancia con las que se había enfrentado a los obstáculos emocionales y físicos que traía consigo; en la manera en que había continuado estando ahí para su familia y se había mantenido esperanzado y confiado en sus posibilidades, más o menos a diario, para seguir adelante. Con su ejemplo, me había explicado qué era «elevarse». Yo era consciente de a qué nos enfrentábamos como nación en 2016, a una contienda electoral que tenía visos de ser la más cruda que había conocido. Sentada en ese avión, me noté alterada. Preocupada. Pero también llevaba mi coraza. Sabía que si algo iba a desviar mi rumbo en ese momento, tendría que ser algo más grande que una capa de aire inestable sobre Filadelfia.

Logramos tomar tierra. Llegamos al centro de convenciones. Rápidamente, me puse el vestido y unos zapatos de tacón, me pinté los labios y subí al escenario. Me calmé, comprobé que tanto los teleprónteres como el monitor de confianza funcionaban, sonreí y saludé con la mano a los miles de asistentes. Y entonces hablé.

Resulta extraño afirmar que, después de hacerlo un par de veces, te vas sintiendo más cómoda cuando hablas ante una multitud que llena un estadio, pero es verdad. O quizá, siendo más precisa, te acostumbras al desasosiego que se siente al hablar. Te sientes cómodamente asustada. Los nervios de la adrenalina, todas las dudas que te asaltan al enfrentarte a un público entregado en vivo y en directo, te afectan menos que antes. La sensación general pasa a ser algo que te da energías en vez de miedo. Sobre todo cuando tienes un mensaje que realmente quieres transmitir.

El discurso que di esa noche en Filadelfia no fue menos sentido y sincero que el primero que di en Denver. La diferencia estribaba en que pronto dejaríamos nuestros cargos. Con independencia de lo que sucediera en esa convención o en las elecciones, con independencia de quién fuera presidente, mi familia abandonaría la Casa Blanca en unos seis meses y se iría de vacaciones. De un modo u otro, dejaríamos atrás todas las responsabilidades presidenciales.

Esa noche sentí un carrusel de emociones. Pero intentaba canalizarlas todas en un plan. Recordé a los asistentes que no hay nada inevitable. Dije que no podíamos permitirnos el lujo de dejarnos llevar por el cansancio o la frustración o el cinismo en las inminentes elecciones. Que debíamos optar por elevarnos. Y que tendríamos que ganarnos a pulso esa victoria, llamando a todas las puertas posibles y peleando por cada voto. Concluí mi discurso diciendo: «Así que a trabajar».

Luego volví al aeropuerto y me subí de nuevo al avión, que despegó en el aire aún alterado.

Lo que dije esa noche quizá haya ayudado a que la frase «Cuanto más bajo caen ellos, más nos elevamos nosotros» se haya incorporado al espíritu de una época, pero al final el resto del mensaje no caló. Por cada uno que respondió a la llamada, demasiados de los nuestros se olvidaron de hacer ese esfuerzo. En 2016, más de noventa millones de votantes se quedaron en casa el día de las elecciones. Y así fue como nos dirigimos directamente al abismo. Durante cuatro años, sufrimos las consecuencias de esos resultados. Todavía seguimos sufriéndolas.

¿Cómo enderezamos el rumbo bajo una tormenta que no da señales de amainar? ¿Cómo hallamos estabilidad cuando seguimos notando las turbulencias y el suelo parece moverse constantemente bajo nuestros pies? Creo que comienza, al menos en parte, cuando somos capaces de encontrar un propósito y una finalidad dentro de este estado de cambio constante, cuando recordamos que, por muy pequeño que sea el poder que uno tiene, este es muy importante. Tu voto es importante. Ayudar a un vecino es importante. Invertir tu tiempo y tu energía en una causa en la que crees es importante. Alzar la voz cuando ves que una persona o un grupo de personas son denigradas o deshumanizadas es importante. Mostrar que te alegras por otra persona, ya sea tu hijo, un compañero de trabajo o incluso alguien con quien te cruzas por la calle, es importante. Tus pequeños actos se convierten en un instrumento que te visibiliza, que te proporciona estabilidad y una sensación de conexión con los demás. Sí, pueden ayudarte a recordar que tú también eres importante.

Los problemas que nos rodean se multiplican. Tenemos que volver a confiar en los demás, recuperar en parte nuestra fe perdida, ya que todo eso nos lo han arrebatado en los últimos años. Pero nada se consigue por arte de magia. Muy poco cambiará si nos encerramos en nuestros grupitos homogéneos, si estamos en contacto únicamente con gente que comparte nuestros puntos de vista, hablando más que escuchando.

Unos días antes de dar ese discurso en Filadelfia, la revista online *Slate* publicó un artículo con este titular: «¿Es 2016 el peor año de la historia?».[13] En él se hacía referencia a un montón de cosas, desde la aparente popularidad de Trump a los tiroteos policiales, el virus Zika y el Brexit, como posibles pruebas de que era así. Pero lo más interesante de esto es que no habíamos llegado a 2017, año que se convirtió, según comentaron en las noticias, al informar sobre los resultados de una encuesta global de salud emocional realizada por Gallup, en «el peor año del mundo en al menos una década».[14]

Al que siguió, por supuesto, un nuevo año y luego otro, cada uno marcado por nuevas crisis y nuevas catástrofes. La revista *Time* declaró 2020 como «el peor año de la historia», aunque muchos sostienen que 2021 no fue mucho mejor.[15] La cuestión es que la incertidumbre es una constante; continuaremos luchando, enfrentándonos al miedo, en busca de alguna sensación de tener el control. Tampoco vamos a tener nunca del todo claro qué está ocurriendo en el momento histórico que nos ha tocado vivir. ¿Acaso las cosas van a mejor o a peor? ¿Para quién? ¿Y esto cómo lo medimos? Lo que podría ser un buen día para ti podría ser un día horrible para tu vecino. Una nación podría prosperar mientras otra sufre. La alegría y el dolor suelen vivir muy cerca; se entremezclan. La mayoría vivimos en un lugar intermedio, siguiendo el impulso humano más innato, que es aferrarse a la esperanza. «No te rindas», nos decimos unos a otros. «Sigue esforzándote».

Esto también es importante.

Cuando me convertí en madre y le pregunté a la mía qué tenía que hacer para ser una buena mamá, una de las cosas que me dijo fue: «Nunca actúes como si tuvieras todas las respuestas. No pasa nada por decir: "No lo sé"».

Empecé este libro hablando de las preguntas que me hacen los demás. Y lo voy a terminar recordando que, en realidad, no tengo muchas respuestas que dar. Creo que las respuestas de verdad surgen de un diálogo más largo y profundo, de una conversación que intentamos tener entre todos.

Aunque no podemos saber a ciencia cierta qué nos deparará el futuro, me parece importante recordar que tampoco estamos indefensos a la hora de lidiar con nuestras preocupaciones. Somos capaces de generar cambios si nos lo proponemos, cambios que son una respuesta al estado de cambio constante en vez de una reacción a él. Podemos actuar guiados por la esperanza en lugar de por el miedo, al emparejar la razón con la ira. Pero tendremos que ir renovando nuestra idea de lo que es posible muchas veces. Pienso en la máxima que mi padre seguía en silencio cuando el bastón le fallaba y se estrellaba contra el suelo: «Si te caes, te levantas y sigues adelante».

Un lema como el de «nos elevamos» no sirve para nada si únicamente lo escuchamos y lo repetimos. No podemos quedarnos solo con las palabras. No podemos decir que estamos tristes o enfadados o comprometidos o esperanzados y luego sentarnos a descansar. Sí, esta es una de esas lecciones que tendremos que seguir aprendiendo. Como vimos en las elecciones de 2016, dar por sentado que todo saldrá a tu favor puede ser presuntuoso, y dejar tu destino en manos de otros cuando se trata de elegir a tus líderes puede ser peligroso. Tenemos que tomar decisiones con esperanza y estar más que dispuestos a hacer el esfuerzo que eso requiere. La libertad no es un jardín encantado, tal y como señaló John Lewis. Son unas pesas que debemos seguir levantando.

A veces, cuando te elevas, tienes que tomar la decisión de actuar dentro de ciertos márgenes, aunque esos márgenes de por sí sean una provocación. Quizá necesites subir por una gran escalera para que se te vea y se te oiga mejor cuando te dirijas a esa multitud que está en la sala de baile.

Mientras estuvimos en la Casa Blanca, supe que tenía que ponerme una coraza y también aceptar que debía hacer algunos sacrificios, pues entendía que representaba algo que era más grande que yo misma. Tenía que aferrarme a mi trabajo, mis planes, mis esperanzas, para centrarme en la acción y no en la reacción. Ponerme a la defensiva solo sería contraproducente. Tenía que cimentar mi legitimidad y mi credibilidad paso a paso, sorteando de la mejor manera posible las trampas y evitando caer en el abismo. ¿Acaso esto requería diseñar una estrategia y mucho compromiso? Sí, así era. A veces tienes que despejar el camino para poder recorrerlo tú mismo, así como para que esté preparado para que lo recorran otros. Como ya he dicho, a menudo es un trabajo tedioso, incómodo y doloroso. Pero sé por experiencia que es lo que se necesita si intentas adentrarte en una nueva frontera.

Hay una serie de preguntas que suelen hacerme los jóvenes que se sienten a la vez motivados e impacientes, hartos de cómo son las cosas. Son preguntas que cuestionan la naturaleza del activismo, la resistencia y el cambio de un modo más general: ¿Hasta qué punto debemos acatar lo que hay y hasta dónde debe llegar nuestro rechazo? ¿Derribamos nuestros sistemas o procuramos mantener la calma y reformarlos desde dentro? ¿Somos más eficaces si promovemos el cambio desde los márgenes o desde dentro de lo establecido? ¿En qué consiste la valentía? ¿Cuándo el civismo se convierte en una excusa para no actuar?

Estas preguntas no son nuevas. No es un debate nuevo. Cada generación las redescubre a su manera. Y las respuestas no son claras. Por eso el debate sigue candente, las preguntas continúan sin tener respuesta y, si tienes suerte, esa será la razón por la que tus hijos y nietos acudirán a ti algún día, con vehemencia, frustración e impaciencia, dispuestos a desafiar el sistema, reflexionando sobre esos mismos límites que tú mismo intentaste ampliar para ellos, haciendo estas mismas preguntas otra vez.

Yo apenas tenía un año cuando John Lewis y unos seiscientos defensores de los derechos civiles cruzaron el puente Edmund Pettus en Selma, Alabama, donde tuvieron que soportar los violentos ataques de los ayudantes de un sheriff segregacionista y de agentes de la policía estatal, mientras intentaban llamar la atención para transmitir el mensaje de que el derecho al voto tenía que estar protegido por la ley federal. Era demasiado joven para recordar ese día en que el doctor Martin Luther King Jr. se plantó en las escaleras del capitolio del estado de Montgomery y se dirigió no solo a las alrededor de veinticinco mil personas que se acabaron uniendo a Lewis y los demás en la marcha, sino también al país que por fin estaba prestando atención a esa lucha. Lo que el doctor King dijo ese día, entre otras cosas, fue que el final de la lucha aún quedaba lejos, que la meta aún quedaba lejos. «Sé que hoy os estáis preguntando cuánto nos queda», le dijo a la muchedumbre.[16]

La respuesta que dio, mientras animaba a los estadounidenses a seguir el camino de la no violencia y continuar luchando por la justicia, a la vez que exhortaba a todo el mundo a que siguiera teniendo fe y fortaleza, fue: «No mucho».

A veces pienso que cuando debatimos sobre la naturaleza del cambio y del progreso, en gran parte estamos debatiendo sobre el significado de la frase: «No mucho». ¿Se tardarán años, o décadas, o generaciones en alcanzar algo que se asemeje a la justicia y la paz? ¿Llegaremos ahí dando pasos o zancadas o saltos? ¿Qué estrategias habrá que implementar? ¿Qué compromisos será necesario alcanzar? ¿Qué sacrificios habrá que realizar? ¿Cuánto tiempo es «no mucho»?

Cuando los padres de Barack se casaron en Hawái en 1961, el matrimonio interracial era ilegal en casi la mitad del país, ya que estaba prohibido en veintidós estados. Hasta que yo no tuve diez años, las mujeres estadounidenses no tenían derecho a solicitar una tarjeta de crédito sin permiso de su marido. Mi abuelo creció en el Sur, en una época donde se disparaba a las personas negras solo por intentar ejercer el derecho al voto. Pensaba en esto cada vez que me hallaba en el Balcón Truman de la Casa Blanca, observando a mis dos niñas de tez oscura mientras jugaban en el jardín.

Como primera dama negra, era una «única». Eso quería decir que debía ayudar al mundo a adaptarse y ajustarse a mí a la vez que yo me adaptaba y me ajustaba a mi papel. A Barack le ocurría lo mismo como presidente. Éramos distintos, sí, pero tampoco lo éramos realmente. Teníamos que mostrarle esto a la gente una y otra vez, al mismo tiempo que soportábamos que desafiaran nuestra integridad. Teníamos que ser flexibles e intentar no caer en ninguna trampa. Mucha gente que conozco debe afrontar estos mismos obstáculos en sus propias esferas personales y profesionales —tienen que afrontar el reto de educar y explicar ciertas cosas a los demás y de representar a una minoría, todo a la vez— aunque no deseen ni disfruten con esa tarea extra. Se requiere paciencia, habilidad y, a menudo, una capa adicional en la coraza.

Por mucho que la Casa Blanca diera la sensación de ser un palacio, yo seguía siendo la misma de siempre. Con el paso del tiempo, me fui sintiendo más cómoda en ese espacio y fui mostrando más mi personalidad. Si me apetecía bailar, podía bailar. Si me apetecía hacer bromas, también podía hacerlas. A medida que aprendía a desempeñar mi papel, fui ensanchando los límites más y más, permitiéndome ser cada vez más expresiva y creativa, logrando así que mi trabajo como primera dama reflejara aún más mi personalidad. En consecuencia, iba a la televisión y me divertía bailando con Jimmy Fallon o haciendo flexiones con Ellen DeGeneres para promocionar mi iniciativa de salud infantil llamada «¡Movámonos!». Podía saltar a la cuerda y jugar al fútbol con unos críos en el jardín de la Casa Blanca. Podía rapear con una estrella de *Saturday Night Live* para recordar a los jóvenes por qué es importante intentar obtener un título universitario. Mi meta siempre ha sido hacer un trabajo serio de una manera divertida, mostrarle a la gente lo que es posible conseguir si seguimos optando por elevarnos.

Llegué a la conclusión de que el mejor modo de combatir un estereotipo desagradable era ser yo misma, continuar demostrando lo erróneo que era, aunque tardara años, aunque algunas personas nunca hicieran nada aparte de creérselo. Y al mismo tiempo trabajé con perseverancia para cambiar los sistemas que habían creado el estereotipo en primer lugar. Tuve que cultivar mi poder con criterio y usar mi voz con consideración, de una forma que esperaba que únicamente ampliara los límites a quienquiera que viniera detrás. Sabía que tendría más posibilidades de éxito si centraba mis esfuerzos en alcanzar los objetivos que me había puesto como primera dama, y si lograba evitar que me desviaran o distrajeran de mis metas aquellos a los que les encantaría verme fracasar. Lo consideré un desafío, una suerte de prueba moral. Como siempre, medí mis fuerzas con cuidado, medí cada paso que daba.

La magistrada del Tribunal Supremo Ketanji Brown Jackson cuenta una anécdota sobre sus vivencias cuando era estudiante en Harvard. Había llegado al campus en 1988, procedente del sur de Florida, deseosa de estudiar Ciencias Políticas. Le encantaba el teatro y se moría de ganas de presentarse a las audiciones. También se unió a la Asociación de Estudiantes Negros.

Cuando un estudiante blanco colgó una bandera confederada en la ventana de una residencia que daba a uno de los recintos del campus, la AEN organizó rápidamente una serie de protestas. Jackson pertenecía a un grupo de estudiantes en su mayoría negros que lo dejaron todo para presentar quejas, repartir folletos y ayudar a montar manifestaciones, lo que sirvió para presionar a la administración de la universidad y captar la atención de los medios de comunicación de Estados Unidos de modo considerable. Aunque su presión dio sus frutos, la futura magistrada del Tribunal Supremo era ya lo bastante inteligente como para darse cuenta de cuál era la trampa.

«Mientras estábamos atareados haciendo todas esas cosas tan nobles, no estábamos estudiando en la biblioteca», contó más tarde.[17] Su protesta conllevaba un precio: tuvieron que ponerse a la defensiva. Eso les robaba energía y les impedía ir a los ensayos de las obras de teatro, las salas de estudio y los eventos sociales. Impedía que se los viera en otros campos igual de creativos y fructíferos y repletos de ideas interesantes que los demás. «Recuerdo pensar que eso era muy injusto», afirmó.

Se percató de que, de hecho, era una treta que formaba parte de un sistema más complejo de prejuicios; de esa manera se impedía que los marginados pudieran llegar demasiado lejos, se los expulsaba de las escaleras y se les echaba a patadas de la sala de baile. «Era justo lo que quería el estudiante que había colgado la bandera, que estuviéramos tan distraídos que suspendiéramos y, por tanto, quedara reforzado el estereotipo de que no teníamos cabida en un sitio como Harvard», dijo.

Estar fuera es difícil. Luchar por la equidad y la justicia desde fuera es aún más complicado. Por eso creo que hay que elegir bien las batallas, tener cuidado con los sentimientos y pensar en los objetivos a largo plazo. Los más eficientes en este sentido han aprendido que esto, en sí mismo, es muy importante; una parte crucial del proceso que nos permite elevarnos.

Hablo a menudo con gente joven que se enfrenta al problema de cómo aprovechar mejor su energía, su tiempo y sus recursos. Suelen sentirse presionados, atrapados entre mundos, luchando contra una especie de síndrome del superviviente, tras haber dejado una familia o una comunidad atrás para perseguir sus sueños. Cuando consigues alguno de tus objetivos, la gente que nunca te consideró diferente puede empezar a verte de un modo distinto o pensar que has cambiado. Dan por hecho que, como has logrado cruzar las puertas, ahora debes vivir en el palacio. Esto te complica aún más la vida. Tienes que aprender a sobrellevarlo. A asimilarlo. Puedes obtener una beca para la universidad y convertirte rápidamente en el orgullo de tu casa o tu barrio, pero eso no quiere decir que cuentes con los recursos necesarios para pagar la factura del suministro eléctrico de tu tío o ir a casa todos los fines de semana para cuidar de tu abuela o tus hermanos pequeños. El éxito conlleva tener que tomar muchas decisiones difíciles y establecer unos límites, confiar en que tus avances darán fruto con el paso del tiempo si eres capaz de no desviarte del camino. Solo tienes que repetirte una y otra vez: «No mucho».

La magistrada Jackson ha dicho que el mayor regalo que le hicieron sus padres de niña fue su tenacidad, su confianza obstinada. Creció con un nombre africano peculiar y a menudo era una «única» en la escuela, como también lo fue más tarde al trabajar de abogada; aprendió a construir un muro entre ella y los prejuicios de los demás, permaneció centrada en sus metas a largo plazo y se negó a que las injusticias o la hostilidad la desviaran de su camino. Ella atribuye su éxito a tres cosas: a que trabaja muy duro, a que ha sabido aprovechar grandes oportunidades y a que tiene la piel gruesa. Con lo de «la piel gruesa» se refiere a que debes aprender qué hacer con tu rabia y tu dolor, dónde ponerlos, cómo convertirlos en un poder real. Significa elegir un destino y comprender que se tardará un tiempo en llegar ahí. En 2020, mientras hablaba con un grupo de estudiantes negros, Jackson dijo: «Lo mejor que podéis hacer por vosotros mismos y vuestra comunidad es estar centrados».[18]

Elevarse consiste en aprender a mantener el veneno fuera y el poder dentro. Significa que tienes que ser sensato a la hora de usar tus energías y claro en tus convicciones. En algunos casos empujarás hacia delante; en otros, retrocederás, dándote la oportunidad de descansar y recuperarte. Si admites que tienes unos límites, al igual que todos, eso te ayudará. Cuando se trata de nuestra atención, nuestro tiempo, nuestra credibilidad y nuestra buena voluntad, contamos con unos recursos limitados, aunque son renovables. A lo largo de la vida, nuestros bolsillos se llenan y se vacían varias veces. Ganamos, ahorramos y gastamos.

Cuando éramos críos, mi hermano le preguntó a mi padre: «¿Somos ricos?».

Mi padre se limitó a reír y contestó: «No». Pero la siguiente vez que le pagaron su sueldo, fue al banco y en vez de depositar el cheque, lo cobró y volvió a casa con un montón de billetes, los cuales extendió a los pies de su cama para que Craig y yo viéramos todos y cada uno de esos dólares. A mí me pareció que había una tonelada.

Durante unos minutos, hasta me dio la impresión de que éramos ricos.

A continuación, mi padre se fue a por el montón de facturas que llegaban cada mes y fue abriendo los sobres de uno en uno y nos dijo cuánto teníamos que pagar por cada cosa: tanto por la electricidad, tanto por el plazo del coche, tanto por el gas con el que hacíamos la comida y tanto por los alimentos con los que llenábamos la nevera. Fue metiendo la cantidad de dinero aproximada que debíamos en los sobres, mientras hablaba de otras cosas que también pagábamos: la gasolina, por ejemplo; el alquiler, que iba a manos de la tía Robbie cada mes; la ropa nueva para el cole; la semana de vacaciones que pasábamos en verano en un centro turístico familiar de Míchigan; también había que ahorrar algo para el futuro.

Billete a billete, la montaña de dinero fue menguando hasta que solo quedó uno de veinte dólares sobre la cama, que representaba lo que nos sobraba para darnos algunos caprichos, como comer unos helados e ir al autocine.

Mi padre nos decía que no éramos ricos, pero sí sabios. Éramos precavidos. Éramos conscientes. Podíamos ver el abismo, pero eso no quería decir que fuéramos a caer por él. Intentaba demostrarnos que, si controlábamos nuestros gastos de un modo inteligente, siempre estaríamos bien. Tendríamos helados. Iríamos al cine. Iríamos a la universidad algún día. Nuestra prudencia era lo que nos permitía alcanzar nuestras metas.

Este fue el enfoque que le di a mi trabajo como primera dama; debía ser consciente de los recursos: cuánto tenía para dar y cuánto tenía que conseguir. Intentaba racionalizar mis esfuerzos de un modo estratégico, seguir planes factibles y dejar la ira irracional a otros. Me puse la coraza más sana que pude hallar. Me mantenía físicamente en forma. Comía bien y respetaba mis horas de sueño. Gracias al tiempo que pasaba con los amigos y la familia, y a la fuerza de mi Mesa de la Cocina, alimentaba mi felicidad y mi sensación de estabilidad. Cuando mi mente miedosa se aceleraba, le contestaba para calmarla. Cuando sentía que mis sentimientos cogían mucha fuerza —cuando algo me enfadaba, cuando me sentía frustrada y a punto de estallar—, me tomaba mi tiempo para asimilar esos sentimientos en privado, a menudo utilizando a mi madre y a mis amigos como caja de resonancia, e intentaba elaborar mejores planes.

Conocía mi historia. Me conocía a mí misma. También sabía que no podía serlo todo para todo el mundo. Esto me ayudó a mantenerme firme ante las críticas más duras y las tergiversaciones. Como sabía cuáles eran mis prioridades y ya llevaba muchos años estableciendo ciertos límites, era capaz de decir «no» con claridad y amabilidad a muchas de las peticiones que recibía. Abracé el poder de lo pequeño limitando mi enfoque, eligiendo trabajar solo en unos pocos temas clave que eran importantes para mí mientras seguía dedicándome a mi familia. E intenté ser amable conmigo misma, para proteger y compartir mi luz al mismo tiempo que aprovechaba la luz ilimitada que me ofrecían los demás; esas muchas personas que me he encontrado en este mundo tan hermoso y caótico.

Siempre que notaba que mi nivel de estrés subía o que se despertaba mi lado más cínico, insistía en que debía visitar una escuela o invitar a un grupo de niños a la Casa Blanca, lo que me hacía recuperar de inmediato la perspectiva de las cosas y me ayudaba a tener claro de nuevo mi propósito. Los niños siempre me recuerdan que todos nacemos amando y con la mente abierta, libres de odio. Son la razón por la que el resto mantenemos la piel gruesa y seguimos intentando despejar el camino. Al ver cómo un niño se convierte en adulto, entiendes lo mundano y profundo que puede ser ese proceso, cómo sucede lenta y rápidamente a la vez, dando pasos y también zancadas. Empiezas a comprender el significado de «no mucho».

A mis hijas les encanta mirar fotos antiguas de la familia y reírse tontamente de lo que ven; no me refiero a esas fotografías en las que salen ellas de bebés muy monas o celebrando algún cumpleaños infantil, sino a las antiguas de verdad. A lo mejor dan con una foto de cuando yo tenía diecisiete años, en los años ochenta, en la que llevo el pelo a lo afro y voy vestida con vaqueros, o una en la que se ve a Barack de niño, con la cara redondita, chapoteando en unas olas poco profundas en Hawái. Y ellas se ríen. O se maravillan al ver un retrato en tonos sepia de finales de los años cincuenta de mi madre, en el que está muy joven y elegante. Dicen que no cabe duda de que somos nosotros y les parece casi un milagro que se mantenga esta constancia a lo largo del tiempo.

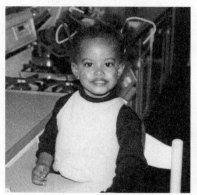

Y lo curioso es que es verdad y no es verdad. Sí, sin duda somos nosotros —ahí está esa curva atemporal que traza la mejilla de mi madre, ese entusiasmo tan reconocible en la sonrisa infantil de Barack—, pero también somos distintos a como éramos entonces. Nuestra ropa, nuestro pelo, la suavidad de nuestra piel, la calidad de la propia fotografía... todo ello habla de los años que han pasado, de los viajes emprendidos, de pérdidas y ganancias, del interminable ciclo de pasar de una época a la siguiente. Eso es lo que hace que mirar fotos antiguas sea tan entretenido, tan divertido: nos muestran nuestra propia constancia. Y también, lo mucho que hemos cambiado.

Algún día echaremos la vista atrás y contemplaremos esta época que ahora estamos viviendo. La veremos desde una perspectiva histórica distinta, inmersos en un conjunto de circunstancias futuras que ahora nos cuesta imaginarnos. Me pregunto qué pensaremos sobre estos tiempos, qué nos parecerá reconocible y qué nos parecerá antiguo. ¿Qué historias se contarán? ¿Qué cambios habremos logrado realizar? ¿Qué habremos olvidado y qué habremos consagrado?

Puede ser difícil hablar de ideas esperanzadoras —de cosas como sanar, recuperarse y reinventarse—, en parte porque en comparación con todo lo que nos ha atemorizado y entristecido en los últimos años, con todas las maneras tangibles y concretas en que hemos sufrido, puede dar la impresión de que se trata de conceptos abstractos. Pero el progreso requiere de creatividad e imaginación. Siempre lo ha requerido. El ingenio nace de la audacia. Tenemos que ser capaces de imaginar qué es posible, invocándolo desde lo desconocido —cualquier cosa que aún no exista, la clase de mundo donde esperamos vivir—, para poder siquiera empezar a trazar un plan para llegar allí.

Todo sueño latente se despierta únicamente cuando alguien se alegra por él. Cuando un profesor dice: «Me alegro de que hayas venido hoy al colegio». O un colega dice: «Me alegro de que estés diciendo lo que piensas». O tu pareja te dice: «Me alegro de que, después de tanto tiempo, sigas despertándote a mi lado por las mañanas». Podemos acordarnos de dar prioridad a estos mensajes, de ponerlos en primer lugar: «Me alegro de que trabajemos codo con codo. Me alegro de que seas como eres. Y también me alegro de ser como soy». Esta es la luz que llevamos y la luz que somos capaces de compartir.

¿Y qué pasa con lo de elevarnos? ¿Aún podemos hacerlo? ¿Deberíamos seguir intentándolo? Frente a todo lo desalentador y despiadado y angustioso y exasperante que tiene el mundo en que vivimos, ¿sirve para algo? ¿Adónde nos lleva la integridad en estos tiempos difíciles?

Sé que estas preguntas vienen envueltas en unos sentimientos muy básicos: la ira y la decepción, el dolor y el pánico que muchos sentimos, y es comprensible. Pero ten en cuenta lo rápido que pueden llevarnos al abismo.

Lo que quiero decir, lo que siempre querré recordarte, es esto: elevarse implica un compromiso, y no especialmente glamuroso, para seguir avanzando. Y solo funciona cuando hacemos el trabajo.

Un lema se queda en palabras huecas si solo lo repetimos y lo imprimimos en una serie de productos que podemos vender en internet. Debemos ser la encarnación de ese lema, fusionarnos con él; incluso volcar nuestra frustración y nuestro dolor en él. Cuando levantamos las pesas, obtenemos resultados.

Lo que quiero decir, entonces, es que conserves tu fortaleza y tu fe, que sigas siendo humilde y empático. Di la verdad, trata de la mejor manera posible a los demás, mantén la perspectiva, entiende la historia y el contexto. Sigue siendo sensato y tenaz, y sigue indignándote.

Pero, sobre todo, no te olvides de hacer el trabajo.

Seguiré abriendo tus cartas. Continuaré respondiendo a la pregunta. Y seguiré dando la misma respuesta sobre si elevarse importa.

Sí, siempre.

AGRADECIMIENTOS

He tenido la suerte de contar con el apoyo de mucha gente maravillosa mientras este libro cobraba forma. Lo que quiero decir a cada una de esas personas, desde lo más hondo de mi corazón, es: «Me alegro por vosotros».

Quiero darle las gracias a Sara Corbett por haber sido una verdadera amiga y compañera a lo largo de los años. Gracias por tu pasión, tu compromiso y tu fe inquebrantable en este libro. Gracias por haberte sumergido sin miedo en esta obra con tanta amabilidad, por haber viajado conmigo por todo el país y por escucharme cuando he compartido mis pensamientos e ideas. Por voluntad propia, has habitado en mi mente y has formado parte mi vida, escuchándome de una manera perspicaz y compasiva; no me puedo imaginar haciendo esto con nadie más. Eres un regalo para mí.

En Crown, Gillian Blake dirigió con destreza nuestra labor en cada paso del camino; es una editora sabia, infatigable y con un talento fantástico, que lo dio todo para lograr que este libro fuera aún mejor. Maya Millett también nos prestó su gran corazón y su agudo intelecto literario para editar estas páginas, ofreciéndonos toda clase de sugerencias importantes y ánimos. Juntas, me ayudaron a aclarar mis pensamientos y organizar mis ideas, y fueron una presencia maravillosa y un apoyo constante a lo largo de unos meses frenéticos. Os estoy profundamente agradecida a ambas, y lo mismo puedo decir de Daniel Crewe, quien nos proporcionó unas notas editoriales muy útiles desde el Reino Unido.

La ventaja de publicar dos libros en cuatro años es que vuelves a colaborar con muchas personas por segunda vez y la experiencia es todavía mejor: David Drake ha desempeñado un papel vital para que mis dos últimos libros vieran la luz. Es increíblemente generoso a la hora de compartir su sabiduría y da gusto ver lo abierto que está a pensar de una forma original y creativa; además, trabaja las horas que hagan falta para asegurarse de que todo tenga una calidad excelente y ha trabado amistad con todos los miembros de mi equipo. Del mismo modo, Madison Jacobs nos ha prestado a todos su apoyo brillante e infatigable, se ha involucrado en todos los aspectos de la edición y la hemos llegado a querer de verdad.

Una vez más, debo darle las gracias a Chris Brand por la hermosa portada que ha diseñado y su labor como director creativo, y a Dan Zitt por producir el audiolibro. Gillian Brassil regresó para ayudarnos a investigar y comprobar datos de una manera experta. Es tan fácil trabajar con ella; es rigurosa y curiosa, tan alegre como eficiente. Miller Mobley, mi fotógrafo favorito, ha hecho las fotos que aparecen en las portadas de mis dos últimos libros. Él y su equipo trabajan con una gran energía y profesionalidad y siempre me han hecho sentir muy cómoda. Os respeto y aprecio a todos.

Sigo aprovechándome del considerable talento de la estilista Meredith Koop, quien tiene muy buen ojo y un espíritu maravilloso. Yene Damtew y Carl Ray han estado a mi lado en cada paso de este viaje, aportando su talento artístico y su afecto y reforzando mi confianza. Katina Hoyles nos ha apoyado a todos de innumerables formas. Estas personas tienen mucho más valor para mí de lo que pueda parecer. Ocupan lugares muy importantes en mi Mesa de la Cocina y es como si fueran de la familia.

A través de nuestra oficina en Washington D. C., cuento con el apoyo de un increíble equipo de mujeres brillantes, que comparten su luz conmigo a diario y cuya diligencia, trabajo duro y optimismo son la energía que alimenta todo lo que hago. Gracias a Crystal Carson, Chynna Clayton, Merone Hailemeskel y Alex May-Sealey. Y, por supuesto, a Melissa Winter: nada de esto sería posible sin tu equilibrio y excelente liderazgo. También me alegro muchísimo por cada una de vosotras.

En Penguin Random House, es un privilegio contar con la colaboración del perseverante Markus Dohle, cuyo entusiasmo y compromiso permanente con la edición de calidad son extraordinarios. Madeline McIntosh, Nihar Malaviya y Gina Centrello han guiado este proyecto de forma experta y admirable, trabajando siempre de un modo excelente y aplicando los estándares más altos. Gracias por todo lo que hacéis.

Estoy en deuda con el equipo de producción de Crown porque trabajó muy duro —Sally Franklin, Linnea Knollmueller, Elizabeth Rendfleisch y Mark Birkey—, así como con Denise Cronin por ayudarnos a encontrar lectores para este libro en el extranjero. Michelle Daniel, Janet Renard, Lorie Young, Liz Carbonell y Tricia Wygal realizaron una labor excelente de corrección y revisión; Scott Cresswell coprodujo el audiolibro; Jenny Pouech nos ayudó con la investigación fotográfica; Michelle Yenchochic y su equipo de Diversified Reporting se encargaron de la transcripción, y North Market Street Graphics ayudó con la maquetación. Me alegro por todos y cada uno de vosotros. Gracias también a la gran cantidad de gente con talento que trabaja en Penguin Random House: Isabela Alcantara, Todd Berman, Kirk Bleemer, Julie Cepler, Daniel Christensen, Amanda D'Acierno, Annette Danek, Michael DeFazio, Camille Dewing-Vallejo, Benjamin Dreyer, Sue Driskill, Skip Dye, Lisa Feuer, Lance Fitzgerald, Lisa Gonzalez, Carisa Hays, Nicole Hersey, Brianna Kusilek, Cynthia Lasky, Sarah Lehman, Amy Li, Carole Lowenstein, Sue Malone-Barber, Matthew Martin, Lulu Martinez, Annette Melvin, Caitlin Meuser, Seth Morris, Grant Neumann, Ty Nowicki, Donna Passannante, Leslie Prives, Aparna Rishi, Kaitlyn Robinson, Linda Schmidt, Matt Schwartz, Susan Seeman, Damian Shand, Stephen Shodin, Penny Simon, Holly Smith, Pat Stango, Anke Steinecke, Kesley Tiffey, Tiana Tolbert, Megan Tripp, Sarah Turbin, Jaci Updike, Valerie Van Delft, Claire von Schilling, Gina Wachtel, Chantelle Walker, Erin Warner, Jessica Wells y Stacey Witcraft.

El tema del que trata este libro surgió gracias a una serie de conversaciones en mesas redondas que he mantenido con diversos grupos a lo largo de los últimos años, tanto virtualmente como en persona; me he reunido con chicas jóvenes en Chicago, Dallas, Hawái y Londres; recuerdo una discusión memorable con estudiantes procedentes de veintidós universidades distintas de todo el país; así como una infinidad de interacciones con clubes del libro y grupos comunitarios durante la gira de presentación de *Mi historia*. Fueron unas experiencias profundas y estimulantes, un valioso recordatorio de qué es realmente bello en este mundo. Gracias a todas y cada una de las personas que compartieron conmigo sus opiniones, preocupaciones y esperanzas a lo largo del camino, que confiaron en mí lo suficiente como para mostrarme todo su ser. Vuestra luz me importa, más de lo que os imagináis.

Gracias a Tyne Hunter, Ebony LaDelle, Madhulika Sikka y Jamia Wilson; os estoy especialmente agradecida por vuestros sinceros comentarios y reflexiones en las primeras fases del proyecto. Nuestro diálogo valió para delimitar algunas ideas centrales de este libro.

Por último, quiero dar las gracias a mi familia y al resto de mi Mesa de la Cocina: el amor y la firmeza que me dais son inconmensurables y me han mantenido con los pies en el suelo y esperanzada durante estos tiempos extraños e inciertos. Gracias por ayudarme siempre a seguir adelante.

RECURSOS

988 Línea de Prevención del Suicidio y Crisis (ayuda disponible en español)
24 horas del día, los 7 días de la semana
Orientación para momentos de crisis suicidas y emocionales.
Llama al 988 o 1-888-628-9454
https://988lifeline.org/help-yourself/en-espanol/

Crisis Text Line (ayuda disponible en español)
24 horas del día, los 7 días de la semana
Orientación para momentos de crisis
Envía un mensaje de texto con la palabra AYUDA al 741741
https://www.crisistextline.org/es/

The Trevor Lifeline
24 horas del día, los 7 días de la semana
Orientación para momentos de crisis para juventud LGBTIQ+
Llama al 1-866-488-7386 o envía un mensaje de texto con la palabra START al 678-678
www.thetrevorproject.org/get-help

The Trans Lifeline (ayuda disponible en español)

24 horas del día, los 7 días de la semana

Línea de apoyo entre pares para personas transgénero

Llama al 1-877-565-8860 si estás en Estados Unidos o

(877) 330-6366 si estás en Canadá

Para ayuda en español oprime 2

www.translifeline.org

Call BlackLine

24 horas del día, los 7 días de la semana

Línea de apoyo entre pares para personas afroamericanas, personas de color e indígenas

Llama o envía un mensaje de texto al 1-800-604-5841

www.callblackline.com

La Alianza Nacional Sobre Enfermedades Mentales (NAMI en inglés)

Línea de apoyo entre pares y lista recursos

Llama al 1-800-950-NAMI (6264), envía un mensaje de texto al 62640 o un correo electrónico a helpline@nami.org

Lunes a viernes de 10 a.m. a 10 p.m. ET

Algunos recursos en línea están disponibles en español

www.nami.org/help

Postpartum Support International Helpline (PSI) (ayuda disponible en español)

Línea de apoyo entre pares y lista recursos para padres primerizos

Llama o envía un mensaje de texto al 1-800-944-4773

Para ayuda en español oprime 1 o envía un mensaje de texto al 971-203-7773

PSI no atiende emergencias

www.postpartum.net/get-help

211 (ayuda disponible en español)
Lista de recursos e información sobre salud mental, acceso a alimentos y servicios de apoyo de vivienda
Llama al 211
www.211.org/en-espanol

ENCONTRAR Y PAGAR POR TERAPIA

The Loveland Therapy Fund
Asistencia financiera para mujeres y niñas afroamericanas que buscan terapia
thelovelandfoundation.org/therapy-fund/

Colectivo de Psicoterapia Open Path
Red de terapias asequibles para aquellos con ingresos familiares menores a US$100,000 al año
www.openpathcollective.org

Psychology Today (disponible en español)
Directorio de terapistas que incluye filtros de seguros y escala móvil de tarifas.
www.psychologytoday.com/us/therapists

NOTAS

1. Alberto Ríos, «A House Called Tomorrow» [«Una casa llamada mañana»], en *Not Go Away Is My Name*, Port Townsend, Washington, Copper Canyon Press, 2020, p. 95.

INTRODUCCIÓN

2. Barbara Teater, Jill M. Chonody y Katrina Hannan, «Meeting Social Needs and Loneliness in a Time of Social Distancing Under COVID-19: A Comparison Among Young, Middle, and Older Adults», *Journal of Human Behavior in the Social Environment* 31, n.° 1-4 (2021), doi.org/10.1080/10911359.2020.1835777; Nicole Racine *et al.*, «Global Prevalence of Depressive and Anxiety Symptoms in Children and Adults During COVID-19: A Meta-Analysis», *JAMA Pediatrics* 175, n.° 11 (2021), pp. 1142-1150, doi.org/10.1001/jamapediatrics.2021.2482.

3. Imperial College London, COVID-19 Orphanhood Calculator, 2021, imperialcollegelondon.github.io/orphanhood_calculator/; Susan D. Hillis *et al.*, «COVID-19-Associated Orphanhood and Caregiver Death in the United States», *Pediatrics* 148, n.° 6 (2021), doi.org/10.1542/peds.2021-053760.

PRIMERA PARTE

1. Maya Angelou, *Rainbow in the Cloud: The Wisdom and Spirit of Maya Angelou*, Nueva York, Random House, 2014, p. 69.

2. Kostadin Kushlev *et al.*, «Do Happy People Care About Society's Problems?», *Journal of Positive Psychology* 15, n.º 4 (2020), doi.org/10.1080/17439760.2019.1639797.

3. Brian Stelter y Oliver Darcy, *Reliable Sources*, 18 de enero de 2022, web.archive.org/web/20220119060200/https://view.newsletters.cnn.com/messages/1642563898451efea85dd752b/raw.

4. *CBS Sunday Morning*, «Lin-Manuel Miranda Talks Nerves Onstage», 2 de diciembre de 2018, www.youtube.com/watch?v=G_LzZiVuw0U.

5. *The Tonight Show Starring Jimmy Fallon*, «Lin-Manuel Miranda Recalls His Nerve-Wracking Hamilton Performance for the Obamas», 24 de junio de 2020, www.youtube.com/watch?v=wWk5U9cKkg8.

6. «Lin-Manuel Miranda Daydreams, and His Dad Gets Things Done», *Taken for Granted*, 29 de junio de 2021, www.ted.com/podcasts/taken-for-granted-lin-manuel-miranda-daydreams-and-his-dad-gets-things-done-transcript.

7. *The Oprah Winfrey Show*, «Oprah's Book Club: Toni Morrison», 27 de abril de 2000, reemitido el 10 de agosto de 2019, www.facebook.com/ownTV/videos/the-oprah-winfrey-show-toni-morrison-special/2099095963727069/.

8. Clayton R. Cook *et al.*, «Positive Greetings at the Door: Evaluation of a Low-Cost, High-Yield Proactive Classroom Management Strategy», *Journal of Positive Behavior Interventions* 20, n.º 3 (2018), pp. 149-159, doi. org/10.1177/1098300717753831.

9. «Toughest Admissions Ever», *Princeton Alumni Weekly*, 20 de abril de 1981, 9, books.google.com/books?id=AxNbAAAAYAAJ&pg=RA16-PA9; «Slight Rise in Admissions», *Princeton Alumni Weekly*, 3 de mayo de 1982, 24, books.google.com/books?id=IhNbAAAAYAAJ&pg=RA 18-PA24.

10. «Toughest Admissions Ever».

11. W. E. B. Du Bois, *The Souls of Black Folk*, Nueva York, Penguin, 1989, p. 5. [Hay trad. cast.: *Las almas del pueblo negro*, Madrid, Capitán Swing, 2020].

12. Monument Lab, *National Monument Audit*, 2021, monumentlab.com/audit.

13. Stacey Abrams, «3 Questions to Ask Yourself About Everything You Do», noviembre de 2018, https://www.ted.com/talks/stacey_abrams_3_questions_to_ask_yourself_about_everything_you_do/transcript; Jim Galloway, «The Jolt: That Day When Stacey Abrams Was Invited to Zell Miller's House», *The Atlanta Journal-Constitution*, 10 de noviembre de 2017, www.ajc.com/blog/politics/the-jolt-that-day-when-stacey-abrams-was-invited-zell-miller-house/mBxHu03q5Wxd4uRmRklGQP/.

14. Sarah Lyall y Richard Fausset, «Stacey Abrams, a Daughter of the South, Asks Georgia to Change», *The New York Times*, 26 de octubre 2018, www.nytimes.com/2018/10/26/us/politics/stacey-abrams-georgia-governor.html.

15. «Stacey Abrams: How Can Your Response to a Setback Influence Your Future?», *TED Radio Hour*, 2 de octubre de 2020, www.npr.org/transcripts/919110472.

SEGUNDA PARTE

1. Gwendolyn Brooks, *Blacks* (Third World Press, 1991), p. 496.

2. Daniel A. Cox, «The State of American Friendship: Change, Challenges, and Loss», 8 de junio de 2021, Survey Center on American Life, www.americansurveycenter.org/research/the-state-of-american-friendship-change-challenges-and-loss/.

3. Vivek H. Murthy, *Together: The Healing Power of Human Connection in a Sometimes Lonely World*, Nueva York, HarperCollins, 2020, p. xviii. [Hay trad. cast.: *Juntos. El poder de la conexión humana*, Barcelona, Crítica, 2021].

4. *Ibidem*, p. xvii.

5. Munirah Bangee *et al.*, «Loneliness and Attention to Social Threat in Young Adults: Findings from an Eye Tracker Study», *Personality and Individual Differences* 63 (2014), pp. 16-23, doi.org/ 10.1016/j. paid.2014.01.039.

6. Damaris Graeupner y Alin Coman, «The Dark Side of Meaning-Making: How Social Exclusion Leads to Superstitious Thinking», *Journal of Experimental Social Psychology* 69 (2017), pp. 218-222, doi.org/10.1016/j.jesp.2016.10.003.

7. Tracee Ellis Ross, post de Facebook del 27 de diciembre de 2019, facebook.com/TraceeEllisRossOfficial/posts/10158020718 132193.

8. Julianne Holt-Lunstad, Timothy B. Smith y J. Bradley Layton, «Social Relationships and Mortality Risk: A Meta-Analytic Review», *PLOS Medicine* 7, n.º 7 (2010), doi.org/10.1371/journal. pmed.1000316; Faith Ozbay *et al.*, «Social Support and Resilience to Stress», *Psychiatry* 4, n.º 5 (2007), pp. 35-40, www.ncbi.nlm.nih. gov/pmc/articles/PMC2921311/.

9. Geneviève Gariépy, Helena Honkaniemi y Amélie Quesnel-Vallée, «Social Support and Protection from Depression: Systemic Review of Current Findings in Western Countries», *British Journal of Psychiatry* 209 (2016), pp. 284-293, doi.org/ 10.1192/bjp.bp.115.169094; Ziggi Ivan Santini *et al.*, «Social Disconnectedness, Perceived Isolation, and Symptoms of Depression and Anxiety Among Older Americans (NSHAP): A Longitudinal Mediation Analysis», *Lancet Public Health* 5, n.º 1 (2020), doi.org/10.1016/S2468-2667(19)30230-0; Nicole K. Valtorta *et al.*, «Loneliness and Social Isolation As Risk Factors for Coronary Heart Disease and Stroke: Systematic Review and Meta-Analysis of Longitudinal Observational Studies», *Heart* 102, n.º 13 (2016), pp. 1009-1016, dx.doi.org/10.1136/heartjnl-2015- 308790.

10. Gillian M. Sandstrom y Elizabeth W. Dunn, «Social Interactions and Well-Being: The Surprising Power of Weak Links»,

Personality and Social Psychology Bulletin 40, n.º 7 (2014), pp. 910-922, doi.org/10.1177/0146167214529799.

11. Barómetro de Confianza Edelman, «The Trust 10», 2022, www.edelman.com/sites/g/files/aatuss191/files/2022-01/Trust% 2022_Top10.pdf.

12. Jonathan Haidt, «Why the Past 10 Years of American Life Have Been Uniquely Stupid», *The Atlantic*, 11 de abril de 2022, www.theatlantic.com/magazine/archive/2022/05/social-media-democracy-trust-babel/629369/.

13. Toni Morrison, *Beloved*, Nueva York, Knopf, 1987, pp. 272-273. [Hay trad. cast.: *Beloved*, Barcelona, Debolsillo, 2015].

14. Simone Schnall *et al.*, «Social Support and the Perception of Geographical Slant», *Journal of Experimental Social Psychology* 44, n.º 5 (2008), pp. 1246-1255, doi.org/10.1016/j.jesp.2008.04.011.

15. Scott Helman, «Holding Down the Obama Family Fort, "Grandma" Makes the Race Possible», *The Boston Globe*, 30 de marzo de 2008.

16. Matt Schulz, «U.S. Workers Spend Up to 29% of Their Income, on Average, on Child Care for Kids Younger than 5», LendingTree, 15 de marzo de 2022, www.lendingtree.com/debt-consolidation/child-care-costs-study/.

TERCERA PARTE

1. *Octavia E. Butler: Telling My Stories*, guía de la exposición de la Biblioteca Huntington, 2017, media.huntington.org/uploadedfiles/Files/PDFs/Octavia_E_Butler_Gallery-Guide.pdf.

2. David Murphey y P. Mae Cooper, Parents Behind Bars: What Happens to Their Children?, *Child Trends*, octubre de 2015, www.childtrends.org/wp-content/uploads/2015/10/2015-42 ParentsBehindBars.pdf.

3. Amanda Gorman, *La colina que ascendemos*, trad. Nuria Barrios, Barcelona, Lumen, 2021.

4. «"Unity with Purpose": Amanda Gorman and Michelle Obama Discuss Art, Identity, and Optimism», *Time*, 4 de febrero de 2021, time.com/5933596/amanda-gorman-michelle-obama-inter view/.

5. Ariel Levy, «Ali Wong's Radical Raunch», *The New Yorker*, 26 de septiembre de 2016, www.newyorker.com/magazine/2016/10/03/ali-wongs-radical-raunch.

6. Hadley Freeman, «Mindy Kaling: "I Was So Embarrassed About Being a Diversity Hire"», *The Guardian*, 31 de mayo de 2019, www.theguardian.com/film/2019/may/31/mindy-kaling-i-was-so-embarrassed-about-being-a-diversity-hire.

7. Antonia Blyth, «Mindy Kaling on How "Late Night" Was Inspired By Her Own "Diversity Hire" Experience & the Importance of Holding the Door Open for Others», *Deadline*, 18 de mayo de 2019, deadline.com/2019/05/mindy-kaling-late-night-the-office-disruptors-interview-news-1202610283/.

8. Hadley Freeman, «Mindy Kaling».

9. Jeanette Winterson, «Shafts of Sunlight», *The Guardian*, 14 de noviembre de 2008, www.theguardian.com/books/2008/nov/15/ts-eliot-festival-donmar-jeanette-winterson.

10. Daphna Motro *et al.*, «Race and Reactions to Women's Expressions of Anger at Work: Examining the Effects of the "Angry Black Woman" Stereotype», *Journal of Applied Psychology* 107, n.° 1 (2021), pp. 142-152, doi.org/10.1037/apl0000884.

11. John Stossel, «Michelle Obama and the Food Police», *Fox Business*, 14 de septiembre de 2010, web.archive.org/web/2010 1116141323/http://stossel.blogs.foxbusiness.com/2010/09/14/michelle-obama-and-the-food-police/.

12. John Lewis, *Across That Bridge: Life Lessons and a Vision for Change*, Hyperion, Nueva York, 2012, p. 8.

13. Rebecca Onion, «Is 2016 the Worst Year in History?», Slate, 22 de julio de 2016, www.slate.com/articles/news_ and_po litics/history/2016/07/is_2016_the_worst_year_in_history.html.

14. Jamie Ducharme, «Gallup: 2017 Was the World's Worst

Year in at Least a Decade», *Time*, 12 de septiembre de 2018, time.com/5393646/2017-gallup-global-emotions/.

15. *Time*, portada de 14 de diciembre de 2020, time.com/5917394/2020-in-review/.

16. Martin Luther King Jr., «Our God Is Marching On!» (discurso dado en Montgomery, Alabama, el 25 de marzo de 1965), American RadioWorks, americanradioworks.publicradio.org/features/prestapes/mlk_speech.html.

17. Ketanji Brown Jackson, «Three Qualities for Success in Law and Life: James E. Parsons Award Dinner Remarks» (discurso realizado en Chicago, Illinois, el 24 de febrero de 2020), www.judiciary.senate.gov/imo/media/doc/Jackson%20SJQ%20Attachments%20Final.pdf.

18. Ketanji Brown Jackson, *ibidem*.

CRÉDITOS FOTOGRÁFICOS

PÁGINA 14: Cortesía del Obama-Robinson Family Archive.

PÁGINA 22: Fotos de Isaac Palmisano.

PÁGINA 32: Foto de Merone Hailemeskel.

PÁGINA 58: Fotos de Pete Souza, cortesía de la Barack Obama Presidential Library.

PÁGINA 82, ARRIBA: Foto de Chuck Kennedy, cortesía de la Obama Presidential Library.

PÁGINA 82, CENTRO, A LA IZQUIERDA: Foto de Amanda Lucidon, cortesía de la Barack Obama Presidential Library.

PÁGINA 82, CENTRO, A LA DERECHA: Foto de Chuck Kennedy, cortesía de la Barack Obama Presidential Library.

PÁGINA 82, ABAJO: Foto de Samantha Appleton, cortesía de la Barack Obama Presidential Library.

PÁGINA 92: Cortesía del Obama-Robinson Family Archive.

PÁGINA 120, ARRIBA: Foto de Lawrence Jackson.

PÁGINA 120, ABAJO: Foto de Jill Vedder.

PÁGINA 148: Cortesía del Obama-Robinson Family Archive.

PÁGINA 178: Cortesía del Obama-Robinson Family Archive.

PÁGINA 204: © DOD Photo/Alamy.

PÁGINA 230: © Gary Caskey/UPI/Alamy.

PÁGINA 252, ARRIBA: Foto de Sonya N. Herbert, cortesía de la Barack Obama Presidential Library.

PÁGINA 252, CENTRO: Foto de Lawrence Jackson, cortesía de la Barack Obama Presidential Library.

PÁGINA 252, ABAJO: Foto de Samantha Appleton, cortesía de la Barack Obama Presidential Library.

PÁGINA 277, TODAS: Cortesía del Obama-Robinson Family Archive.

MICHELLE OBAMA ejerció como primera dama de Estados Unidos entre 2009 y 2017. Tras graduarse en la Universidad de Princeton y en la facultad de Derecho de Harvard, inició su carrera profesional como abogada en Sidley & Austin, un bufete de Chicago donde conoció a Barack Obama, su futuro esposo. Más tarde trabajó en la oficina del alcalde de dicha ciudad, así como en el centro médico de la Universidad de Chicago. Michelle Obama fundó la delegación de Public Allies en Chicago, una organización que prepara a los jóvenes para trabajar en el sector de servicios públicos. Es la autora de *Becoming. Mi historia*, número uno en ventas a nivel mundial, y *American Grown*, número uno en ventas en Estados Unidos. En la actualidad, los Obama viven en Washington D. C. y tienen dos hijas, Malia y Sasha.